本书为中国社会科学院政治学研究所创新工程项目"中外政治比较与海外中国研究"(2021ZZXB02)的相关成果

新时代政治学研究书系

日本迈进非洲
—— 援助与摄取的外交

周石丹 著

中国社会科学出版社

图书在版编目(CIP)数据

日本迈进非洲:援助与摄取的外交/周石丹著.—北京:中国社会科学出版社,2021.12
ISBN 978-7-5203-9395-9

Ⅰ.①日… Ⅱ.①周… Ⅲ.①外交关系—研究—日本、非洲—现代 Ⅳ.①D831.32②D840.2

中国版本图书馆 CIP 数据核字(2021)第 250769 号

出 版 人	赵剑英
责任编辑	张 湉
责任校对	韩天炜
责任印制	李寡寡

出　　版	中国社会科学出版社
社　　址	北京鼓楼西大街甲 158 号
邮　　编	100720
网　　址	http://www.csspw.cn
发 行 部	010-84083685
门 市 部	010-84029450
经　　销	新华书店及其他书店
印　　刷	北京明恒达印务有限公司
装　　订	廊坊市广阳区广增装订厂
版　　次	2021 年 12 月第 1 版
印　　次	2021 年 12 月第 1 次印刷
开　　本	710×1000　1/16
印　　张	18.75
字　　数	301 千字
定　　价	98.00 元

凡购买中国社会科学出版社图书,如有质量问题请与本社营销中心联系调换
电话:010-84083683
版权所有　侵权必究

目　录

前　言 …………………………………………………………（1）

第一章　日本与非洲的历史交往 ……………………………（1）
　　第一节　近代之前日本初遇非洲 ……………………………（1）
　　第二节　近代日本与非洲的交往 ……………………………（9）

第二章　冷战时期日本的对非洲关系 ………………………（17）
　　第一节　战后日本对外关系的理念和准则 …………………（17）
　　第二节　战后影响日本对外关系的诸因素 …………………（23）
　　第三节　冷战时期日本对非洲的政治外交 …………………（35）
　　第四节　冷战时期日本对非洲的经济外交 …………………（63）

第三章　影响日本非洲外交的大国因素 ……………………（94）
　　第一节　苏联在非洲的外交活动 ……………………………（94）
　　第二节　美国在非洲的外交活动 ……………………………（101）
　　第三节　法国在非洲的外交活动 ……………………………（106）
　　第四节　英国在非洲的外交活动 ……………………………（118）
　　第五节　冷战后非洲"窗口期"的形成 ……………………（127）

第四章　TICAD是日本实现自主外交的体现 ………………（129）
　　第一节　实现自主外交的政治需求 …………………………（129）
　　第二节　冷战末期日本的外交反应 …………………………（139）

第三节　非洲成为实现自主外交的突破口 ………………（148）

第五章　日本开启 TICAD 进程 ……………………………（159）
　　第一节　为准备 TICAD 的外交活动 ……………………（159）
　　第二节　TICAD 奠定对非洲战略的基础 ………………（164）
　　第三节　日本政府开发援助与 TICAD …………………（169）

第六章　TICAD 的发展脉络与变化 ………………………（178）
　　第一节　试行和磨合 TICAD 机制 ………………………（180）
　　第二节　巩固和提升 TICAD 成果 ………………………（190）
　　第三节　TICAD 的特点 …………………………………（207）

第七章　TICAD 牵引的日本对非洲外交 …………………（211）
　　第一节　TICAD 磨合期的日本对非洲外交 ……………（211）
　　第二节　TICAD 巩固期的日本对非洲外交 ……………（230）
　　第三节　TICAD 下日本对非洲外交的总结 ……………（250）
　　第四节　日本外交大战略与今后的 TICAD ……………（272）

参考文献 ……………………………………………………（283）

前　言

冷战结束后，日本把握时机迅速调整了对非洲政策，将其提升到战略的高度，以东京非洲发展国际会议（Tokyo International Conference on African Development，TICAD[①]）为牵引器，以开发援助、参与联合国行动、民间交流等多种方式积极开展对非洲的外交活动。非洲成为日本外交工作的重点区域。日本对非洲外交紧紧围绕着推进和落实 TICAD 所制定的宣言和行动计划展开。特别是近年来，为保持在非洲的影响力和竞争力，日本根据其自身的战略需要，将非洲定位为经济成长的潜在区域、印度洋—太平洋战略的拓展区域、资源和市场的确保区域、人类安全保障的实践区域、国际机构中的援日区域。日本加速了对非洲的外交攻势。TICAD 成为日本对非洲外交最重要的舞台，每届 TICAD 宣言都成为对非洲政策最重要的载体。通过实施 TICAD，日本在非洲地区的形象从一个富裕发达的经济大国开始向友善、负责任、值得信赖的国家转变。

历史上非洲深受欧洲国家的殖民侵害。在非洲各国独立之前，日本与非洲国家缺乏政府交往和民间往来，这种状态直到 20 世纪 60 年代，日本先后与独立的非洲国家建立起外交关系而有所改变。20 世纪 70 年代至 80 年代末期，经济大国日本与非洲国家的关系是以发展经贸关系为主的。20 世纪 90 年代初期是日本经济增长停滞并开始下滑的时期，也是日本对非洲政策进行重大调整的时期。冷战结束后，为填补世界格局变化形成的势力空间以及寻求非洲国家对日的支持，日本迅速调整了对非洲政策，将其

[①] 日本、非盟、联合国、世界银行等国家和国际组织的官方文件中对东京非洲发展国际会议通常使用 TICAD，为与通用原则统一，没有特别需要的情况下，本书使用 TICAD。

提升到战略的高度。

1992年2月，日本泡沫经济破裂引发经济大倒退。内阁府公布的统计数据表明，1992年和1993年的实际经济增长率分别只有0.4%和0，日本经济增长陷入长期低迷的状态。与此同时，1992年和1993年的公债总额分别达到179兆日元和190兆日元，创下当时的历史最高水平。1992年和1993年的国民负担率分别达到38.1%和38.6%，日本政府的财政负担日益严重。

面对日本经济可能出现长期低迷的趋势，当时的世界舆论界和许多国际战略分析家开始唱衰日本，认为日本将从此一蹶不振，国际地位和影响力会持续下降。可就是在经济和财政状况双双出现持续恶化的情况下，1993年，日本政府却不动声色地做了一件看似有悖于经济常理的事情，决定对非洲政策进行重大调整，加大对非洲的经济援助。在世界各国的媒体、学界和政界纷纷热衷关注日本泡沫经济的氛围下，当时日本的这一外交举动并没有引起特别的注意。

1993年10月，日本政府联合世界银行等国际组织召开了第一届TICAD，决定将此后日本所有对非洲的活动统一归集在TICAD的框架范围内。TICAD开始成为日本对非洲外交事务的指向标和行动机制。作为TICAD的具体施策方案，日本决定首先采取加大对非洲国家经济援助以及增加和促进人员之间往来的举措。在财政状况非常严重的情况下，1993年，日本向撒哈拉沙漠以南非洲国家提供的政府开发援助（ODA）总额为9.8亿美元。① 10年过去了，日本经济被称为"失去的十年"，在经济景气和财政状况没有好转的情况下，日本丝毫没有放松对非洲国家的经济援助。外务省统计数据表明，2003年日本提供给撒哈拉沙漠以南非洲国家的政府开发援助总额为5.3亿美元。20年过去了，日本经济被称为"失去的二十年"，日本依然坚持并不断加大对非洲国家的经济援助。2013年，日本提供给撒哈拉沙漠以南非洲国家的政府开发援助总额达到21.4亿美元。

二十多年来，日本对非洲的外交活动从经济援助开始入手，之后拓展

---

① 数据来源为日本外务省。由于外务省实施政府开发援助将非洲按照撒哈拉沙漠以南非洲地区和中东及北非地区进行划分，该数据不包含针对埃及、阿尔及利亚、利比亚、摩洛哥、突尼斯等五国的ODA援助。

到政治、社会、教育、文化、维和等诸多领域。在对非洲开展外交活动的主体和对象方面,除日本政府之外,地方自治体、企业、民间组织和个人也成为交流交往的主体,非洲国家的政府、企业、民间组织、个人以及非洲跨国组织都成为交流交往的对象。与此同时,日本还针对不同的需求与各个国际组织合作共同开展对非洲的外交活动。从 20 世纪 90 年代初期开始至今,日本与非洲国家和组织之间的交流交往活动已经发生了根本性变化,体现为主体的多边化、领域的多元化、形式的多样化、内容的多角化。

2016 年 8 月,为了体现亲近感拉近与非洲国家的距离,日本第一次在非洲召开了 TICAD 会议。在肯尼亚首都内罗毕召开的第 6 届 TICAD 会议上,内阁总理大臣安倍晋三发表演说强调:"越过亚洲的海洋和印度洋来到内罗毕,感受到的是海洋之路将亚洲和非洲紧紧地连接在一起。能够给世界带来安定与繁荣的只能是自由开放的两个大洋以及两个大陆相结合所产生的伟大跃动"①,提出了"自由开放的印度洋—太平洋"概念,并将这一概念提升为"自由开放的印度洋—太平洋战略"(Free and Open Indo-Pacific Strategy,FOIPS)。2017 年度的日本外交蓝皮书中用特集的形式专门对这一战略进行了推介。②

特朗普就任美国总统之后,终止了奥巴马政府的"亚太再平衡战略"。2017 年 11 月,特朗普访问亚洲时多次言及和重申强调"自由开放的印度洋—太平洋战略"。2018 年 4 月,美国国务院负责东亚和太平洋事务的副助理国务卿对外阐释了美国政府对"自由开放的印度洋—太平洋战略"的认识,解释了"自由"与"开放"所包含的具体内容和意义。8 月,美国国务院发表《美国在印太区域的安全合作》情况说明书,明确提出打造一

---

① 详见 2016 年 8 月 27 日,TICAD 6 大会"安倍晋三日本国总理大臣演说"。早在 2007 年 8 月,安倍晋三访问印度期间在印度国会发表了题为《两个大洋的交汇》的演讲,指出:"今天,作为自由和繁荣之海的太平洋与印度洋正在开展生机勃勃的携手,展现出一个突破固有地理疆界更为广泛的亚洲",提出了日印两国共建透明开放、自由繁荣太平洋与印度洋区域的概念。其后,日本多次在国际场合将印太区域连接在一起提出"印太概念"。2016 年 8 月,日本通过 TICAD 6 正式提出"自由开放的印度洋—太平洋"概念,并迅速将其定位为"自由开放的印度洋—太平洋战略"。

② 外務省『外交青書(2017)』,第一章"2016 年の国際情勢と日本外交の展開"。

个自由与开放、包容和法治的"印度洋—太平洋安全新秩序",形成了美国的印太战略。

经过20多年的实施以及不断因势而谋地融入新的内容,在日本的主导下TICAD已经出现演变的势头,从最初的援助性质演变出具有防范和抗衡的性质。TICAD一方面作为日本对非洲战略继续在日本的非洲事务方面发挥着作用;另一方面衍生出"自由开放的印度洋—太平洋战略",成为美国和日本共同的战略。

2019年4月,日本外务省发布《外交蓝皮书(2019)》,确定了为维护和增进日本国家利益,外交事务需要贯彻执行的六个核心任务,强调外交政策将围绕着六个核心任务展开。[①]"自由开放的印度洋—太平洋战略"成为六个核心任务之一。TICAD成为六个核心任务中"致力于解决全球性规模的问题"的重要内容之一。

通过TICAD的实施进程可以看出,20世纪90年代初期日本对非洲政策进行重大调整是日本外交的一个长期布局,具有深远的意义。但是,即使是再长远的外交布局,28年前开始实施的TICAD也不可能是为了衍生出今日由美国政府接盘的"自由开放的印度洋—太平洋战略"。那么,为什么日本会在经济和财政已经显露出重大困局的状态下,还要对非洲政策进行重大调整?当初,日本对非洲政策进行重大调整的目的是什么?对非洲政策的调整是内外压力的被迫而为还是看准时机的主动行动,日本对非洲政策进行重大调整是处在什么样的背景下开展的?28年来日本实施TICAD的进程中,每一届TICAD的核心内容和具体举措是什么?TICAD是否随着世界形势的激荡变化顺势而为,每一届TICAD发生了哪些变化?每一届TICAD有哪些具体的计划和目标?日本在TICAD框架内具体在哪些领域和哪些方面开展了哪些工作?工作采取了哪种方法和形式?取得了怎样的成效?

---

① 2019年4月,外务省确定的日本外交的六个核心任务分别为:1. 强化日美同盟以及编织日本与同盟国家和友好国家之间的网络;2. 强化与周边各国的关系;3. 推进经济外交;4. 致力于解决全球性规模的问题;5. 为中东和平与安定做出积极贡献;6. 推进"自由开放的印度洋—太平洋战略"。外务省『外交青書(2019)』第一章第二节"日本外交の展開"。

特别是近年来，日本 ODA 纯额①从最高值时 1999 年的 87.3 亿美元减少到 2019 年的 47.2 亿美元，整体上呈现减少的趋势。这样的趋势是否会对以经济援助为主的非洲外交产生影响？2019 年 1 月，时任外务大臣河野太郎指出："日本不以军事力量为背景开展外交活动。但是，作为日本外交主要支柱的 ODA 金额比最高峰时几乎减少了一半，在这种形势下，日本外交已经进入通过智慧和努力去实现'赤手空拳的外交能力'的时代。"② 日本是否真的要"赤手空拳"地开展对非洲的外交活动？更为重要的一点是，在日美两国大力推进"自由开放的印度洋—太平洋战略"的背景下，"自由开放的印度洋—太平洋战略"是如何借助 TICAD 孕育而生的？两者的相互关系是什么？

就像上述诸多问题那样，大量的疑问自然而然接踵而来。这就需要对因 TICAD 而产生的一系列问题进行解释和回答，需要对 TICAD 进行深入和翔实的探究。研究 TICAD 的问题意识由此而生。

中国和日本是目前世界第二位和第三位的经济大国，都致力于在国际舞台上发挥巨大的作用。中国提出了"构建人类命运共同体"的理念以及"一带一路"的合作倡议。日本提出了"解决全球性规模的问题"以及"高质量基础设施输出战略"。对于两国而言，非洲是极其重要的外交区域。

2018 年 9 月，中国国家主席习近平在出席中非领导人与工商界代表高层对话会暨第六届中非企业家大会开幕式上发表了题为《共同迈向富裕之路》的主旨演讲，指出"非洲是共建'一带一路'的历史和自然延伸，是重要参与方。中国支持非洲国家参与共建'一带一路'，愿在平等互利基础上，坚持共商共建共享原则，加强同非洲全方位对接，推动政策沟通、设施联通、贸易畅通、资金融通、民心相通，打造符合国情、包容普惠、互利共赢的高质量发展之路"③。

---

① ODA 由政府无偿援助、技术援助以及政府贷款（含政府投融资）组成。政府贷款分为年度纯贷款和年度总贷款两种，年度纯贷款为本年度回收额与借出额的差，年度总贷款为年度借出额。ODA 纯额为无偿援助、技术援助与政府年度纯贷款的总和。ODA 总额为无偿援助、技术援助与政府年度总贷款的总和。
② 河野太郎外务大臣在第 198 回国会召开时的外交演说。
③ 中国政府网，http://www.gov.cn/xinwen/2018-09/03/content_ 5318873.htm。

2019年3月，日本外务省在《日本与非洲》的报告书①中将非洲地区作为日本外交的重点区域，明确指出将以落实各届TICAD宣言内容为核心，推动和加强日本与非洲各国的友好交往和经贸活动，构建日本与非洲各国之间互惠互利的关系，谋求改善日本所面临的国际性问题、谋求扩大贸易和投资、谋求非洲各国的经济与社会的持续发展。

中国和日本都在努力地开展对非洲外交工作。在非洲，中国和日本无论是竞争关系还是合作关系都会对两国的非洲外交事务产生重大影响。2018年5月，中国和日本签署了《关于中日第三方市场合作的备忘录》。10月，在"第一届中日第三方市场合作论坛"上，李克强总理在致辞中指出："中日两国在第三方市场的合作，会给中日合作带来更广阔的空间；两国更深入、密切的双边合作，也会拓展第三方市场合作的更大潜力。""我们今天举行第三方市场论坛，就是要表明一个意愿：中日双方在第三方市场不搞'恶性竞争'，而要更大发挥互补优势，更大拓展合作空间，在第三方市场实现三方共赢。"②安倍晋三总理大臣指出："日方愿同中方一同遵循开放、透明和市场化原则，在第三方市场开展符合东道国需求和国际准则的合作项目，实现互利双赢和多赢，为地区和世界发展做出应有贡献。"③

中国和日本已经签署了52项针对第三国市场合作的协议，并在泰国、哈萨克斯坦等国已经成功地开展了针对第三国市场的合作。中日两国在非洲落实这些协议和推广合作成功案例的经验是十分值得关注的。正因为如此，研究TICAD是一件十分有意义并值得下功夫去做的事情。

第二次世界大战结束后，特别是20世纪60年代以来，日本陆续与非洲国家建立起外交关系和经贸关系已历经70多年，日本实施TICAD也已经将近30年。根据日本外务省的统计数据，1990年以来，经济发达国家向非洲国家提供的年度政府开发援助总额，日本与法国、美国、英国和德

---

① 外务省报告书『日本とアフリカ』，https：//www.mofa.go.jp/mofaj/files/000087153.pdf。
② 中国政府网："第一届中日第三方市场合作论坛"，http：//www.gov.cn/guowuyuan/2018-10/27/content_5335045.htm。
③ 中国政府网有关第一届中日第三方市场合作论坛的介绍，以及日本首相官邸有关"日中第三国市場協力フォーラムにおいての安倍総理スピーチ"。

国一起，基本保持在前五位。日本在非洲已经成为较有影响力的国家。同时，日本政府非常关注世界主要国家对非洲的外交活动以及对非洲的援助，特别是将中国作为关注国家的重点。面对上述情况，我们对日本在非洲的外交活动以及针对TICAD的研究却非常匮乏，[1] 这一状况与中国对非洲援助和外交工作的现实与要求不相匹配，应亟须解决对TICAD等方面研究缺失的问题。基于这种需要和考虑，本书通过发掘和利用日本外交档案文献、历届国会决议以及演说和答辩记录、有关行政部门的数据、日本企业的文献资料，以及通过研习中日学者的研究成果，对日本的非洲外交活动进程和经纬进行梳理，特别是对TICAD进行探究，尝试着搞清楚日本对非洲政策的各个细节。

---

[1] 2007年，日本亚洲经济研究所与中国社会科学院、中国现代国际关系研究院、商务部国际贸易经济合作研究院等单位开展合作研究，以《成长的非洲——日本与中国的视点》为题出版了论文集，对中日两国的对非洲政策进行了综述性阐述。2010年，日本大学与北京大学合作发表了共同研究报告，对两国的对非政策进行了比较。近年来，中国社会科学院等单位也发表了一些涉及TICAD、日本对非经济外交、日非能源合作等方面的论文。由于篇幅原因，在此不一一列举。

第一章 日本与非洲的历史交往

日本远离非洲大陆，与非洲大陆几乎没有历史渊源。明治维新之前，由于所要完成的历史任务、国力匮乏和航海技术落后以及实施闭关锁国等原因，日本的对外活动和海外贸易始终局限于东亚和东南亚地区。明治维新之后，随着解除海禁和开国，一些日本民间人士开始把非洲大陆作为目的地，前往非洲探险旅游和经商贸易。同时，跻身世界列强的日本政府也开始致力于发展与非洲大陆一些国家的官方关系，企图将影响拓展到非洲。

第一节 近代之前日本初遇非洲

从古代直至19世纪中叶之前，日本官方和民间与非洲大陆只有屈指可数的零星交往。对日本来说，这个时期的非洲大陆不是目的地，而只是渡海跨洋前往欧洲短暂停留的中途之地。明治维新之后，日本政府曾经与南非、埃及、埃塞俄比亚等为数极少的非洲国家发展过官方层面的交往。但是，由于非洲大陆的殖民地化以及两次世界大战的影响，日本还无法进入非洲大陆的欧洲殖民地势力范围。第二次世界大战爆发之后，南非、埃及、埃塞俄比亚等国断绝了与日本的官方关系，日本被完全逐出非洲大陆。

一 日本对非洲大陆的初始认识

按照日本史学界通行的断代划分，日本史分为古代、中世、近世、近代和现代五个时期。日本对非洲大陆的初始认识是在16世纪中期的近世，源于随葡萄牙和西班牙传教士来到日本的非洲人。

15世纪末,欧洲一些国家开启大航海时代之后,葡萄牙人发现并开辟了经过非洲好望角到达亚洲的海上航路,从此大量的欧洲贸易商船开始通过印度洋海路前往东方的亚洲国家。在欧洲国家的海外殖民活动中,宗教文化传播与海外贸易往往是相伴而行,各国的传教士与贸易商船一同前往亚洲国家。1549年7月,西班牙传教士沙勿略抵达南九州的鹿儿岛开启在日本的传教活动之后,一些传教士随着贸易商船陆续来到日本,开始在西日本传播天主教,随欧洲传教士一同而来的还有他们的非洲仆人和奴隶。这些非洲人成为日本认识非洲大陆的起点。

1579年7月,意大利传教士瓦利尼亚诺以及教友团经非洲到达日本,为了取悦日本的最高掌权者,瓦利尼亚诺将他在东非买来的一位黑人奴隶送给了织田信长。织田信长第一次见到非洲黑人深感震惊,之后便决定将其留在身边充当武士,并给他取了一个日本名字"弥助"。现存文献史料对"弥助"等16世纪中期之后来到日本的非洲人的翔实记载非常少。但是,根据国立国会图书馆所藏的太田牛一《信长公记》[①]、陆若汉（Joao Rodriguez）《日本教会史》[②]以及传教士弗朗索瓦·苏利叶于1627年撰写的回忆录[③]等记载,可以判明在16世纪中期,日本人开始与来日非洲人接触。同时从狩野内膳（1570—1616）绘制的《南蛮屏风》等画作中,也可以清楚地看到来到日本的非洲黑人充当侍从的身影。

正是通过像"弥助"这样随传教士来到日本的非洲人,日本才第一次了解到非洲大陆的存在,形成了日本对非洲大陆的最初认识。

在非洲人随同欧洲传教士来到日本的同一时期,日本人在前往欧洲的途中首次登上了非洲大陆。1582年2月,西日本一些信奉天主教的领主大名派遣"天正遣欧少年使节团"出访罗马教廷,使节团乘坐葡萄牙回国商船跨越了印度洋,绕过了南非好望角前往葡萄牙和罗马教廷。1590年,遣欧少年使节团回国途中在东非的莫桑比克一带登陆,根据目前发现的文献

[①] ［日］太田牛一:『信長公記』（卷下）,東京甫喜山景雄出版,1881年。
[②] ［葡］ジョアン・ロドリーゲス（Joao Rodriguez）:『日本教会史』（上）,大航海時代叢書第9卷,岩波書店出版,1967年。
[③] ［法］弗朗索瓦·苏利叶:《列岛及日本王国的教会史》,1627年。

史料记载,这是日本人第一次踏上非洲大陆的土地。尽管遣欧少年使节团踏上了非洲大陆的土地,但是因为使节团停留的时间短暂,特别是使节团不是以非洲大陆为目的地,没有了解非洲大陆以及与非洲人交往的意识,所以使节团没有留下对非洲大陆的记载。

1708年,天文及地理学者西川如见根据对在长崎居住的荷兰商人、海员以及日本水手的访谈记录,修订出版了《增补华夷通商考》①。五卷本的《增补华夷通商考》分别介绍了中国15个省份以及琉球、朝鲜、越南、菲律宾、荷兰等近60个国家和地区的位置、地理、风土人情、物产以及与日本贸易关系的情况,其中的第五卷中介绍了埃塞俄比亚等一些非洲国家的情况。由于《增补华夷通商考》是日本最早介绍外国地理和风土人情的书籍,为日本人认识非洲大陆提供了一些参考。

经过长达200多年的锁国之后,19世纪中叶,日本开始面临欧美列强的殖民威胁。1858年6—9月,美国、荷兰、俄罗斯、英国和法国等五国要求日本开国实行自由贸易,迫使闭关锁国的德川幕府签订了所谓的友好通商条约。面对欧美列强的开国要求,幕府不得不与欧美列强交涉具体的开国开港事宜,曾经六次派出使节团前往欧美进行商谈。1860年2月,万延元年遣美使节团在访美之后的归国途中,从纽约出发横渡大西洋后,曾经在葡属佛得角群岛的明德罗港和葡属西非(安哥拉)的罗安达港以及南非的开普敦等非洲港口登陆短暂停留。1862年1月的文久遣欧使节团以及1864年2月的横滨港锁港谈判使节团在前往欧洲的途中,曾经在埃及的苏伊士城登陆,之后沿陆路经开罗达到亚历山大港后横跨地中海前往欧洲。相距"天正遣欧少年使节团"初次踏上非洲大陆270年之后,德川幕府末年的遣欧使节团再次被动地登上了非洲大陆。

与"天正遣欧少年使节团"无意间踏上非洲大陆不同,幕府的遣欧使节团在出访之前就决定对全程进行记录,回国后提交出访报告。由于使节团成员和随员都是幕府遴选的有识之士,其中还有像福泽谕吉、福地源一郎、寺岛宗则、胜海舟、箕作秋坪、小栗忠顺等对明治维新做出巨大贡献的启蒙思想家和政治家,所以使节团不仅针对出访对象国进行了考察,还

---

① 日本国立国会図書館所藏『增補華夷通商考』(西川如見遺書第4編)。

对沿途所经之地有意识地进行了考察。根据国立国会图书馆所藏文献记载，[1] 文久遣欧使节团在埃及期间，在陆路沿途做了简单的考察，这是日本官方第一次对非洲国家进行的考察活动。考察活动尽管非常短暂和简单，但是对沿途的景象进行了拍照，对所见所闻进行了记载，并留下了观感。随团出访的高岛久也回到日本后撰写了20卷的《欧西记行》，其中对非洲和埃及进行了介绍。横滨港锁港谈判使节团在埃及期间拜见了阿里王朝的第五位统治者伊斯梅尔·帕夏，也对沿途进行了简单的考察。

1869年8月，两次随使节团出访的福泽谕吉编著出版了六卷本《世界国尽》，对世界五大洲的情况进行了介绍，其中的第二卷专门对埃及、努比亚（苏丹）、阿比西尼亚（埃塞俄比亚）、马达加斯加、桑给巴尔、莫桑比克、南非、几内亚、利比里亚、摩洛哥、阿尔及利亚、突尼斯、利比亚、刚果、马德拉群岛等国家的地理和基本状况进行了介绍。《世界国尽》通俗易懂，是当时最脍炙人口的书籍，被刚刚成立的明治政府指定为教科书。在日本社会对世界情况等外部信息极为缺乏的时代，《世界国尽》无疑为普及世界知识提供了帮助。

二 近代之前日本与非洲交往的局限性和影响因素

明治维新开启了近代日本的大门，在此之前的日本是一个落后的东亚国家。除去东亚之外，近代之前的日本对包括非洲大陆在内的世界绝大多数国家缺乏认识与交往。正如前述的日非交往的历史那样，在近代之前，日本是无意之中被动地接触到了非洲大陆，在此背景下的日本无法也无力将非洲大陆纳入交往的对象，非洲大陆对日本来说只是一个遥远而又神秘的存在。这个时期的日本虽然对非洲有一些认识并与一些国家有过短暂的接触，但是存在不能深入的局限性。

近代之前的日本与非洲的交往只是日本涉外历史漫长进程中一个极其短暂的瞬间，日本与非洲的交往是在日本对外活动大背景下的一种行动，所以，影响和制约日本对外活动的因素也必然会对日本与非洲的交往发生

---

[1] 高嶋久也『欧西紀行』（卷六）、政教社编辑『日本人』第3次第34号おける尾佐竹猛『夷狄の国へ：幕末遣外使節物語』。

作用。在郑和下西洋和大航海时代之前,日本缺乏与非洲大陆的交往,现在会觉得是一件理所当然的事情。但是世界上没有理所当然的历史,总会有一些因素对历史发展的进程起着作用,历史与现实是有机联系的。搞清楚是什么因素影响了日本涉外历史的进程,这些因素现在发生了哪些变化,对帮助理解和认识今天日本的对外交往是非常有意义的。

梳理总结近代之前的日本涉外历史就可以发现,主要是自身需求因素、外部环境因素、国力物质因素和知识技术因素等相互交织在一起影响和制约了这个时期日本的对外活动。

(一) 自身需求因素的影响

自身需求是向外寻求解决问题的动力。认真仔细地梳理近代之前日本对外活动的特点和轨迹,可以发现一个现象,就是在近代之前,每当日本实现政权统一之后基本上都会积极主动地开展对外活动,这是自身需求的一种结果。产生这种结果的直接原因是,统一之后的政权一方面认识到统治基础的落后性,另一方面了解到了与以中华文明为主的外部文明的差距。为了维系和巩固统治,统一之后的政权在政治上和文化上需要仿效外部先进的制度来构建和充实自身的统治体系,在经济上需要借助对外活动来积蓄力量。

4世纪,日本建立统一政权之后,倭国五王向中国南朝派遣使者、遣隋使和遣唐使,圣德太子改革时实施冠位制度和推崇儒法百家以及佛教,大化革新时引进律令制以及班田制和租庸调制,与宋朝的贸易,与明朝的勘合贸易,与明朝和东南亚国家的朱印船贸易,与葡萄牙、荷兰等国的南蛮贸易和锁国等实例都是日本为了自身需求而开展对外活动的结果。在主权国家之间现代国际关系体系产生之前,只有能够提供先进制度和物质财富的国家才有可能进入日本对外活动的视野当中,中国与朝鲜半岛以及其后东南亚的一些国家、进入东亚的葡萄牙与荷兰等国先后成为日本对外活动的标的选择。

在近世和近代需求的环境中,近代之前日本对外活动的中心必然局限在东亚和东南亚的有限范围之内。

(二) 外部环境因素的影响

政策需要不断地适应环境和需求的变化进行合理的调整。一个国家所面临的外部环境以及与之相适应的对外政策是决定这个国家对外活动方式的重要因素。近代之前，先后有朝贡册封体制、殖民体制和条约体制三种国际关系模式对东亚地区产生巨大影响。尽管日本只有南朝怀良政权和足利义满政权时代向明朝进行朝贡接受过短暂的册封，但是在漫长的历史岁月中，日本所面临的外部环境是先进的中华文明以及这种文明制度之下长期存在的朝贡和册封体系，面临的是与处在朝贡和册封体系下的朝鲜半岛的竞合局面，面临的是16世纪中后期开始涌来的欧洲殖民文化的冲击。对外活动的方式体现为对外交往、对外战争与对外封闭。

在这种外部环境条件下，日本历朝历代根据自身的利益需求制定出不同的对外政策。如果说为了学习和借鉴先进的中华文明能够带回丰厚的回馈与日本自身需求契合的话，那么，对于朝贡外交接受册封称臣，日本则表现出了强烈的民族意识和独立意识，采取了抵制的做法。遣隋使所持国书自称"日之出天子之国"，遣唐使寻求与唐朝进行对等贸易，曾经试图仿效华夷秩序尝试建立以日本为中心的"化内"与"化外"秩序，中止派遣遣唐使等一系列举措表明日本对外部朝贡册封环境的反应。针对处在朝贡和册封体系下的朝鲜半岛，日本与高句丽的战争、染指和支配任那加罗、与唐朝和新罗的白江村之战、与渤海国的结盟和贸易、丰臣秀吉侵攻朝鲜半岛等都是企图扩大势力范围、尝试挑战外部环境的结果。

16世纪中后期，与欧洲殖民活动一同而来的是西方宗教的侵蚀。新来的宗教随着信仰人群的逐步扩大，特别是在无权无势人群中迅速扩展，信仰与反权威意识融合，开始摧毁幕府的神圣权威，动摇其统治基础。与此同时，海外商船与西日本领主大名的私自贸易往来冲击了幕府的利益。针对来自外部的冲击，幕府采取了压制天主教和基督教以及管控海外贸易的做法，1587年驱除在西日本的外国传教士开始取缔基督教，只允许海外商船与幕府之间以及幕府朱印船从事海外贸易活动。幕府在1623年关闭长崎平户等地的外国商馆，1624年禁止西班牙船只进入日本，全面垄断对外贸易。1633年2月，德川家光幕府颁布日本历史上第一次锁国令（宽永十年令），列出17条禁止条目，决定实施闭关锁国政策。之后的1634年到1639年，德川幕府又连续四次颁布锁国令，禁止日本朱印船出航、禁止日本人出国和旅居海外的日本人归国、驱除在日葡萄牙人、禁止葡萄牙船只进入日本，到1639年彻底完成锁国体制。德川幕府的闭关锁国政策持续200多年，一直到明治维新前夜的1853年7月，终于被美国的黑船打破。

尽管对外部环境有过一些挑战的尝试，但是近代之前的日本基本上是以适应外部环境为主的，其对外关系的舞台必然是以东亚为中心的。

（三）国力物质因素的影响

一个国家所拥有的国力是决定这个国家对外活动力度的重要因素。而在近代国际关系形成之前，对外活动的范围是体现活动力度的主要方式之一，国力决定一个国家对外活动范围能够有多大能够走多远。有限的国力使得近代之前的岛国日本还不能征服大洋，只能作为陆海国家在东亚大陆和近海之间活动，其范围基本上局限在东亚之内。

4世纪后半期，日本以大和部落为中心形成统一国家之后不久，就曾经出兵朝鲜半岛与当时的高句丽交战。日本能够派出军队规模渡海进行作战，表明当时的日本已经掌握了一定程度的航海技术和成规模的渡海能力，也体现了日本已经具备了一定的国力。尽管有了一定程度的国力，但是此时日本国力所能够支撑的最大对外活动范围局限在日本列岛与中国、朝鲜半岛之间。

5—8世纪的日本经历了统一国家的体制建设、圣德太子改革和大化革新，完成了奴隶制向中央集权制度国家转变，国力得到充实。这一时期，日本凭借着较为充实的国力，有能力频繁地向中国的南北朝、隋朝和唐朝派出留学生和国家使节，甚至有能力派遣4万余名士兵和近千艘战船出兵朝鲜半岛与唐朝和新罗作战。但是，此时日本的国力依然使得日本的对外活动无法突破东亚的范围。

9世纪末期，由于实施班田制的失败，无法征收租庸调造成国力萎缩，日本不得不一度中止了向中国派遣使节的活动。日本与渤海国的朝贡贸易也因为受国力所限，采取了限制朝贡次数和规模的做法，最后甚至不得不被迫中断，取而代之的是日益活跃但规模零散的民间贸易。10—11世纪，日本借鉴仿效中国建立起来的律令制度日渐式微之后，外戚藤原家族实施寡头贵族统治的"摄关政治"①把持了国家大权，形成的封建庄园制度造

---

① 摄为摄政，关为关白，都是官职。摄关政治指在天皇未成年时，由摄政的太政大臣代行国家政事。天皇成年达到亲政年龄之后，摄政的太政大臣改称关白。摄关政治下，名义上是关白辅佐天皇处理政务，而实为关白总揽大权处理政事。

成国库枯竭，同时贵族的骄奢淫逸和萎靡耗尽了国力。此时的日本已经无力像8世纪中期之前那样与中国和朝鲜半岛大规模交往。这个时期的日本受到国力所限，只限定通过太宰府与北宋开展交流和贸易，对外活动基本上采取了消极的做法。

12世纪末期，武士阶层出身的军事贵族建立起武家政权。直至明治维新，幕府武家政权统治了将近700年。13世纪开始，由于镰仓武家和天皇公家权力之争引发的内乱战争以及异常强大的元帝国渡海侵袭日本，日本进入战争时期，连年的战争消耗了日本的财力，镰仓幕府也被迫中断了与东亚大陆的往来。14世纪，足利义满再次统一日本之后，为了充实国库积蓄财力维持武家统治，开始与明朝进行"勘合贸易"。从1401年到1547年，日本总计20次派出54艘勘合船前往明朝进行贸易并取得了丰厚的利益，尽管获利丰厚但是依然无法满足需要。从室町幕府时代开始，洪武通宝和永乐通宝等明朝货币在日本大量流通，直至17世纪70年代，永乐通宝等才在日本市场退出流通，此时距离明治维新只有不到200年的时间。外国货币作为大众货币大量流通于市场，足以说明，在近代之前漫长的幕府时代，日本国力的贫瘠，尚未有称雄东亚乃至走出东亚的能力。

在国力微弱的情况下，即使近代之前的日本曾经非常短暂地接触到了非洲大陆，但这不是日本自有国力因素的结果，而是外部力量作用的结果。

（四）知识技术因素的影响

大航海时代之前，由于科学技术的不发达，人们对海洋、气候、地理、造船等航海知识和技术缺乏了解，岛屿国家和沿海国家的海洋活动局限在近海范围之内，知识技术因素对这些国家的对外活动起着至关重要的作用。

15世纪之前的日本曾经多次比较大规模地渡海进入朝鲜半岛，但是从渡海区域来看，日本九州北部与朝鲜半岛南部的航海距离基本上在150海里范围之内，是跨越朝鲜海峡与对马海峡之间的渡海。近代之前的日本也曾经多次派遣遣隋使、遣唐使和遣明使等前往中国大陆，渡海距离超过400海里，是跨越东中国海的渡海。与跨越海峡前往朝鲜半岛相比，遣隋使、遣唐使和遣明使横渡东中国海极为艰难。根据日本史料记载，因为渡海艰难等原因，遣隋使、遣唐使和遣明使通常每次会派遣四至五艘船只，而其中往往只有一艘船只能够顺利到达中国大陆。《唐大和上东征传》记载鉴真和尚前往日本时，五次都因为航海原因而失败。李白一首《哭晁卿衡》也道尽了阿倍仲麻吕等遣唐使节渡海的艰难。

15世纪中后期，明朝郑和下西洋以及西班牙人和葡萄牙人开辟大航海时代，航海技术得到飞速发展，一些国家已经可以跨越大洋开展活动。但是由于西班牙等掌握了跨洋知识的国家对造船和航海技术的高度保密，以及倭寇横行和明朝实施海禁等多种原因，日本无法从先进国家获取跨越大洋的航海技术与知识。15世纪，日本与海外的人员交往和贸易往来基本上围绕着中国大陆和台湾、琉球群岛、朝鲜半岛展开。16世纪末17世纪初，丰臣秀吉和德川家康幕府积极派出朱印船，进行大规模海外贸易，但是日本的朱印船所能到达的最远地区就是越南、柬埔寨、泰国、印度尼西亚、马来半岛、菲律宾等东南亚国家。即使在1613年，仙台藩主伊达政宗曾经在西班牙技师的帮助下出资建造了"圣胡安洗礼者"号①大型帆船，两次从日本横渡过太平洋，但是，由于西班牙对造船和航海技术的高度保密，造船技师和航海船员都是西班牙人，日本还是没有能够掌握先进的造船和跨洋技术。

自17世纪中期开始直至明治维新，日本多次颁布锁国令实施海禁，停止对外活动，科学技术发展也出现停滞状态。如上所述，虽然近代之前的日本曾经渡海开展过对外活动，但是由于没有掌握跨越大洋的知识技术而成为海洋国家。近代之前的日本只能作为陆海国家，所能到达的最大航海范围基本上局限在南中国海和菲律宾海之内。

第二节　近代日本与非洲的交往

由于德川幕府的锁国政策，日本与外部世界的交往中断了200多年。

---

① "圣胡安洗礼者"号（San Juan Bautista）是西班牙史料中对船的命名，日本仙台史料中记载为黑船，日本现在通用"圣胡安洗礼者"号。"圣胡安洗礼者"号由仙台藩主出资并拥有所有权，建造和航海由西班牙负责，曾经搭载庆长遣欧使节团从日本仙台两次横渡太平洋到达美洲的墨西哥。

明治维新开启了日本的近代时期，也打开了日本通往外部世界的大门。

一　近代日本开始与非洲建立关系

明治维新之后，首先是一些日本民间人士开始前往非洲大陆进行旅游探险和经商活动。旅行者中村直吉从1901年开始花费6年时间遍历世界五大洲。在非洲期间，中村直吉对非洲的矿产、农产、动植物、人文、地理进行了翔实的考察。回到日本后的1908年，中村直吉将在五大洲的所见所闻汇集出版，其中对非洲大陆的情况进行了详细的介绍和描述，成为当时日本认识非洲的重要参考资料。

在中村直吉进入非洲大陆进行探险旅游的同一时期，一些日本人前往非洲的南非、马达加斯加等国从事经商活动，而野口英世、蜂须贺正等研究者也开始前往非洲的加纳、摩洛哥、阿尔及利亚、埃及、刚果等国开展研究活动。此时，日本人所涉足的范围已经深入非洲的内陆地区。但是在这个时期，日本在非洲开展活动的主体主要是民间个人，还没有政府层面的活动以及国家之间的交往。

第一次世界大战结束之后，日本才正式与非洲国家建立政府关系。1910年至1918年期间，日本曾经任命在南非开普敦居住的英国人朱利乌斯·奥托·杰佩为日本驻开普敦名誉领事，委托他代理贸易业务以及领事事务。1918年，日本在南非开普敦设立领事馆，任命日本领事建立外交关系，正式开启了与非洲国家之间的政府关系。1921年4月，皇太子裕仁访问欧洲途中顺访埃及，拜见了君主福阿德一世。1922年2月，埃及独立之后，日本迅速予以承认，寻求在北非扩大影响。1923年，埃塞俄比亚为了加入国际联盟，与国际联盟常任理事国的日本举行会谈谋求支持。受外务省委托，日本驻埃及赛德港领事黑木时次郎多次访问埃塞俄比亚，强调发展两国间经济关系。1927年6月，日本与埃塞俄比亚签署通商友好条约，日本影响扩大到东非。1936年1月和1937年，日本分别在埃及开罗、埃塞俄比亚亚的斯亚贝巴以及南非比勒陀利亚设立了公使馆，派驻了公使。第二次世界大战爆发之后，1941年和1942年，埃及、埃塞俄比亚以及南非与日本断绝外交关系，日本被完全排除出非洲大陆。

伴随着日本近代资本主义经济的发展，日本企业也开始趁势尝试着进入非洲大陆。1894年，刚刚成立两年的日本棉花株式会社就开始从埃及进口棉花，并将棉纺织制品出口到埃及、埃塞俄比亚、南非等国家。1917年日本棉花株式会社派遣职员深入埃及、比属刚果、意属索马里、英属苏丹以及埃塞俄比亚等地调查农业、对外贸易以及棉花的种植、生产和交易等情况。随着东非成为日本重要的棉花原料供给地和棉纺织制品输出地，为了保持贸易的稳固性，1923年日本棉花株式会社在埃及亚历山大港设立了办事处，成为第一个成功进入非洲大陆的日本企业。1926年日本棉花株式会社又在英国殖民统治下的坦噶尼喀和乌干达投资建立了棉纺织品初级加工市场，成为在非洲大陆投资的先驱。1928年日本棉花株式会社开始在坦噶尼喀尝试独自进行棉花种植，规模达到1000公顷。

日非贸易的发展促使日本与非洲大陆之间开辟航路成为急需。1902年，日本邮船会社开辟了日本横滨与比利时安特卫普之间的航线，12艘商船半月一期定期往返于日本与欧洲之间。在航线途中，日本邮船会社的商船需要途经埃及苏伊士运河和停靠赛德港，装卸埃及的棉花和出口非洲的棉纺织制品。

随着日非贸易的增加和扩大在非洲影响的需要，日本决定专门单独开辟前往非洲大陆的海上航线。1926年3月，三井财阀所属的大阪商船会社的"加拿大"号商船首次试航肯尼亚、坦噶尼喀和南非等国。3—7月，"加拿大"号几次往返于日本与肯尼亚、坦噶尼喀和南非之间，成功地开辟了日本与东非、南非之间的海运航线。在"加拿大"号始航非洲成功之后，大阪商船会社还追加派遣了"墨西哥"号、"巴拿马"号和"芝加哥"号等三艘商船前往非洲。4月，日本与东非、南非的航线被日本政府指定为政府航线，四艘商船每月一回定期往返于日本与东非、南非之间。1933年，大阪商船会社又开辟了前往尼日利亚拉各斯、加纳阿克拉、塞内加尔达喀尔的西非航线。日本政府将西非航线指定为政府航线，三艘商船定期往返于日本与西非之间。继大阪商船会社之后，1934年，川崎汽船会社也开辟了非洲航线，与肯尼亚蒙巴萨、坦噶尼喀达累斯萨拉姆和桑给巴尔、莫桑比克贝拉和马普托、南非的德班和东伦敦以及伊丽莎白港和开普敦定期通航。

1937年，日本制造"卢沟桥事件"开始全面侵华，为攻占华北、上海和南京，日本政府征用民间商船用于侵华战争，在日非航线上的商船基本上被政府征用，日非航线的海运规模大幅度缩小。1941年前后，由于日本疯狂残暴的全面侵华战争和占领印度支那向东南亚扩张，以及随后爆发的太平洋战争，英、美等国开始对日本实施经济制裁，所属非洲各殖民地国家终止了与日本企业的贸易往来，日非海上航线也全部停止。

二　近代日本与非洲交往的特点

从19世纪末期到20世纪40年代初期日本被逐出非洲为止，近代日本与非洲一些国家持续交往了40多年。近代日本与非洲的交往存在以下几个特点。

（一）日本开始将非洲国家作为对象国

从这个时期开始，日本不再把非洲大陆作为经由地进行顺访式的停留和考察，而是把非洲国家作为对象国，进行长期的经商和研究活动以及发展国家间的政府关系，开始进行有目的的驻留式的交往和外交意义上的交往。同时，近代之前的日本通过遣欧团在非洲一些国家做顺访式停留，是被动地与非洲产生关系，而近代日本是以开展民间贸易和建立国家间政府关系为目的主动地与非洲国家交往。

（二）近代的日本与非洲交往以民间贸易活动为主

近代日本与非洲大陆的交往与日本早期资本主义发展息息相关。明治维新之后，在国家倡导的殖产兴业运动中，政府官方主导的棉纺织业逐步成长为日本最大的产业，棉纺织制品成为日本主要的出口产品，为帝国主义时代的日本奠定了物质基础，积累了财富和贸易经验。发达的棉纺织业需要大量的棉花原料，土地资源有限的日本只能依托海外特别是中国解决原材料问题，同时也需要拓展棉纺织制品海外市场。1892年，25家民间纺织商社合资成立了日本棉花株式会社从事棉花进口和棉纺织制品出口贸易。

19世纪末，由于美、英、德等国家纷纷在中国设立纱厂，日本从中国进口棉花数量逐年减少，不得不加大从其他国家进口棉花。日本在中国、印度、美国、缅甸等国开辟棉花原材料市场之后，产棉国埃及也进入日本的视野。

日本双日会社的前身是1892年创建的日本棉花株式会社与1896年创办的岩井商店、1874年创办的铃木商店合并之后的实业公司，在19世纪时其棉纺织产业的地位在日本位居第一，进口棉花发展棉纺织业对日本的殖产兴业做出过巨大贡献。尽管不是日本政府的统计数据，但是表1-1双日会社所显示的数据在19世纪时具有代表全国性指标的意义。通过表1-1的数据可以看出，从1896年开始，日本从中国进口棉花的数量大幅度减少，而自1895年起，从埃及进口棉花的数量基本上是逐年增长，5年之间增长了将近11倍，埃及成为替代中国的新市场之一。

表1-1　19世纪末期日本棉花株式会社使用棉花国别产地情况　（单位：贯）

	1894年	1895年	1896年	1897年	1898年	1899年	1900年
日本	384	285	164	128	51	2	9
中国	9185	9867	6787	5411	3273	2037	5327
印度	6301	8719	14470	19402	22044	28480	15135
美国	1499	2249	2847	5179	12137	13236	14895
埃及	80	50	146	169	200	425	542
其他国家	497	890	471	720	984	577	271
合计	17946	22060	24885	31009	38689	44757	36179

资料来源：根据日本双日会社历史馆资料整理而成。

日本与埃及开展贸易之初，是委托外国商社进行转口贸易。为了解决转口贸易带来的成本问题，日本从1900年开始直接从事与埃及的棉花和棉纺织制品贸易，为此日本企业定期派遣职员前往埃及，并最终在埃及设立了贸易办事处。

日本与埃塞俄比亚签订通商友好条约之后，日本棉纺织制品在东非的出口量持续增大。1933年，日本棉纺织制品在埃塞俄比亚的市场占有率高达70%，基本垄断了埃塞俄比亚棉纺织制品市场。同一时期，日本也从埃塞俄比亚进口了大量咖啡和皮革等原材料。1934年2月，日本《国民新闻》[①] 以《与埃塞俄比亚的产业缘谈——资本家和工业家的新天

---

① 神户大学图书馆所藏『国民新闻』，昭和九年二月十一日。

地》为标题发表了日本商工省贸易局对日本民间与埃塞俄比亚开展贸易的看法,强调了对非贸易的重要性。

贸易的增长意味着运输量的增加。由于20世纪中期之前,航空运输能力并不发达,洲际间陆路运输存在无法逾越的困难,日本与非洲大陆之间出现贸易品运输问题。这个时期的造船和航海技术的进步为跨洋运输提供了海运的可能。在此背景之下,日本民间海运公司纷纷开辟通往非洲的航线,成为继日本棉花株式会社之后进入非洲大陆开拓业务的企业。当时,日非航线所使用的"加拿大"号等几艘商船都是6000吨位级别的蒸汽船舶,每月定期往返于日本与非洲之间,足以表明当时的日非贸易已经达到了一定的程度。在贸易立国被确定为基本国策的环境下,20世纪30年代中期,日非民间贸易达到鼎盛时期,成为日本与非洲交往的核心。

(三) 国家间政府关系极为短暂并且所涉及国家极为有限

日本政府与非洲国家发展官方关系,是在日本进行海外拓展扩大影响扩张势力的背景下展开的。从明治维新到1905年之前,日本所面临的外部环境不再单单是以中国朝贡和册封式为中心的传统东亚秩序,同时还要面临欧美条约式的新型国际关系。在两种国际关系的夹击下,看到中国晚清的惨状,日本意识到只有充实国力并积极向外扩张才是顺应潮流的选择。此时日本政府对外活动的重心是"脱亚入欧","脱亚"是摆脱朝贡和册封式传统东亚秩序,"入欧"是与大国建立条约式国家关系,所涉及的区域是东亚和欧美,这一时期,日本政府没有能力也无暇顾及非洲。

1895年4月,日本在甲午战争中战胜中国,通过《马关条约》获取巨额赔款和赎辽费等充实了国力。1905年9月,日俄战争以日本获胜双方签署《朴次茅斯和约》而告终,日本跃进帝国主义列强行列。日本通过甲午战争和日俄战争的方式宣告完成"脱亚"和"入欧"。此后,日本海外扩张势力的欲望迅速膨胀。1906年日本成立"南满洲铁路株式会社",势力扩张到中国东北。1907年到1916年,日俄四次签订密约,划分在中国的势力范围。1907年日本与法国签署密约,相互承认各自在中国台湾、福建以及印度支那半岛、中国广西和云南的权益。1910年日本吞并朝鲜。1914年日本取得德国在中国山东的权益。1915年日本向中国提出"二十一条"。1918年日本出兵西伯利亚武装干涉俄国革命。完成"脱亚入欧"任务，积蓄了国力之后的日本，扩张欲望在这一时期达到高潮。

第一次世界大战之后，世界格局发生巨大变化，英、法等国瓜分了德国在非洲的殖民地，美国和日本迅速崛起。日本法西斯主义运动中，推崇打破旧的殖民秩序，日本在亚洲急速扩张的同时，试图将势力触角从亚洲延伸到非洲，开始将非洲作为目的地，与非洲一些国家建立官方关系。1918年日本在南非设立领事馆派驻日本领事，第一次正式与非洲国家建立起政府关系。20世纪30年代中期，日本分别在埃及开罗、埃塞俄比亚亚的斯亚贝巴以及南非比勒陀利亚设立了公使馆派驻公使，在北非、东非和南非等区域搭建起进入非洲大陆的桥头堡。

由于20世纪40年代之前的非洲大陆基本上还是英、法等国家的殖民地，英、法等国对日本的扩张抱有戒心与排斥，日本的影响无法深入非洲大陆内部。就连法西斯国家意大利也对日本怀有戒心。第二次意埃战争前夕，面对日本大力发展与埃塞俄比亚的官方关系和日埃贸易，意大利认为日本扩张的野心太大。1934年，墨索里尼指责日本再次兴起了"黄祸论"，与日本驻意大利大使发生冲突。12月，意大利的报纸以《日本对埃塞俄比亚的野心》为题发表评论，① 指责日本觊觎埃塞俄比亚金矿和铂金矿的开采权。之后，尽管日本政府在意埃战争中保持中立立场，但是日本民间的极端国家主义者以黑龙会为中心公开声援埃塞俄比亚，不少政治家和企业家也都支持埃塞俄比亚。围绕着埃塞俄比亚问题，意大利与日本的对立表面化。1937年11月，日本由于政治需要与意大利和德国签署"三国防共协定"之后，日本与意大利的关系才得到改善。可以看出，在近代，日本的政治需求以及外部环境因素对日本对外活动的影响依然巨大。

1940年9月，日本签署《德意日三国同盟条约》加入轴心国，企图用法西斯主义改变世界秩序，英、美等国对日本的扩张行为无法继续漠视而放弃中立，日英和日美关系彻底破裂，日本势力被英国等同盟国逐出非洲大陆。日本与非洲国家的政府关系极其短暂，只有短短几年的时间。

1868年6月，日本维新政府第一次向全体民众发表"政体书"，公布"五条誓文"明示新国家的基本方针。同一天，睦仁天皇亲笔手书"亿兆

---

① 神户大学图书馆所藏『时事新报』，昭和九年十二月二十九日。

安抚国威宣扬之御宸翰",宣称要"开拓万里波涛,宣布国威于四方"①,这成为近代日本对外政策的最高方针。以第二次世界大战结束为标志,日本结束了近代进程。近代日本以错误的对外政策招致了战败,日本帝国灰飞烟灭。1945年9月2日,日本在东京湾的美国战舰"密苏里"号上签署投降文书,万里波涛之上日本国威荡然无存。面对未来,此时的日本民众是一片茫然和无力。从对外扩张和狂热战争中逐渐清醒过来的日本民众,开始认识到不管今后有怎样的未来,都无论如何不能再延续过去的对外政策,日本需要以全新的姿态和政策去面向世界。

---

① 早稻田大学所藏『御宸翰之御写』(藏号:02 04867 0077)。1868年4月6日,睦仁天皇率领维新功臣在神明前宣誓"五条誓文"实施维新变法建设新国家,天皇向公卿和维新功臣口述治国理念和目标。6月11日,明治政府以"政体书"的形式向全体民众公布"五条誓文"之时,天皇以"亿兆安抚国威宣扬之御宸翰"为题亲笔手书了《御宸翰之御写》。"五条誓文"是天皇面向神明的宣誓,而"亿兆安抚国威宣扬之御宸翰"是针对民众的声明。

第二章　冷战时期日本的对非洲关系

第二次世界大战之后，通过国家改造宣誓告别帝国主义时代的日本，决心在新宪法所揭示的和平理念下开启全新的对外关系。不过在现实中落实需要坚守的理念却是一件非常艰难的事情。与处理内政关系不同的是，对外关系非常容易受到来自外部权力的冲击和压力。特别是在第二次世界大战结束不到两年的时间，世界就进入了冷战状态。作为美国最主要的盟国，日本成为美国对苏冷战阵营中的核心成员，处在冷战的最前沿。

在冷战的环境下，日本以日美关系为核心小心翼翼地开展对外关系，日本与非洲国家发展关系也必然受到美苏两个大国在非洲角逐的影响。1952年4月，"旧金山和约"（1952年条约第5号）[1]生效，日本恢复主权和外交自主权。从此开始直到冷战结束的40年间，日本对非洲外交所要达成的目标是与非洲国家建立关系，在非洲树立日本的良好形象和威信。日本的对非洲政策是努力与相继独立的非洲各国建立外交关系，与非洲独立国家建交的同时，日本从20世纪60年代开始对非洲实施政府开发援助，并向非洲派遣青年海外协力队（JOCV）。

第一节　战后日本对外关系的理念和准则

对外关系是一个主权国家与其他国际法主体之间交往活动的关系总

---

[1] 正式名称应为《与日本国的和平条约》，俗称"旧金山和约"。日本国立公文书馆所藏『日本国との平和条約』原件，资料番号：00393100。

汇。国际法主体包含了主权国家、国际组织和机构、拥有国际地位的行为体、非政府组织等多种主体。对外交往活动关系总汇涉及政治、经济、文化、社会、科学技术以及军事等诸多领域。主权国家在处理对外关系时需要秉承对外理念、行为准则而展开活动。

一 战后对外关系理念的法律基础

1945年7月，中、英、美三国签署并发表《波茨坦公告》，敦促日本无条件投降，明示了战后处置日本的方针。《波茨坦公告》第12条宣布"上述目的达到时，日本得依人民自由表示之意志成立一保障和平及负责之政府，届时三国占领之军队即撤退"①，这一条非常明确地指出了战后的日本必须是和平及负责任的国家。和平成为战后日本的国家准则，外交关系也必然遵循以和平为主题的国家准则。《波茨坦公告》奠定了战后日本对外关系理念的基石，不可动摇和颠覆。

与此同时，迎来了战后的日本通过实施"五大改革令"②和修改宪法对旧制度进行一系列的改造。其中最为深刻最为久远的改造是制定新宪法废除了绝对主义天皇制，确立了国民主权。帝国宪法下的臣民在新宪法中变成了国民，开始成为国家的主人。在国家的政治生活中，国民不再是政治的驱使对象和旁观者，可以通过合法有序的政治参与来决定国家以及社会事务，成为决定对外关系和参与对外活动的主动性力量。信奉和平的国民是坚守对外关系理念的保障力量。《日本国宪法》所保障的国民主权是战后日本对外关系理念和准则的支柱，不容侵犯和破坏。

二 对外关系的和平理念

面对战败，日本最流行的口号是"建设和平国家"，这也是中小学课

---

① 中国第二历史档案馆所藏《波茨坦公告》中文抄本。
② 1945年10月，盟军当局向日本政府发出进行"五大改革"的指令：解放妇女，赋予妇女参政权；保障工人的团体交涉权并鼓励成立工会组织；废除极端压制民众的各项措施；实施教育自由主义化；实施经济民主化，对政治、经济、教育、社会等方面进行民主化改造。"五大改革"指令是以民主化的名义发出的，但是，正如麦克阿瑟所说的那样，"为了建立健全稳健的民主主义，不会有比这个更可靠的根据；而为了抵制急进思想的压力，也不会有比这个更可靠的防卫"（井上清：《战后日本史》上册，第74—75页），"五大改革"指令实际的目的和作用之一是消除日本发生任何性质的革命。

堂里学生们必须要书写的条幅，必须要接受的教育，就连当时年仅12岁还是学习院学生的皇太子明仁也不例外。这个社会情景与在不久之前的战斗口号"建设大东亚共荣圈"的鼓噪下狂热的好战景象，形成了对照鲜明的两极。"建设和平国家"一方面展示了国民所期盼所要求的新国家的理念；另一方面也蕴含着新国家的对外政策从此将以"和平"为根本而展开。

1947年5月，日本开始实施新宪法。最能体现国家本质和宪法精神的宪法宗旨强调："日本国民期望持久的和平，深知支配人类相互关系的崇高理想，信赖爱好和平的各国人民的公正与信义，决心保持我们的安全与生存。我们希望在努力维护和平，从地球上永远消灭专制与隶属、压迫与偏见的国际社会中，占有光荣的地位。我们确认，全世界人民都同等具有免于恐怖和贫困并在和平中生存的权利。"① 以上论述所要表达的主旨只有一个，那就是"和平"的理念。宪法宗旨中还强调："我们相信，任何国家都不得只顾本国而不顾他国，政治道德的法则是普遍的法则，遵守这一法则是欲维持本国主权并同他国建立对等关系的各国的责任。日本国民誓以国家的名誉，竭尽全力以达到这一崇高的理想和目的。"对外关系是国家事务的重要组成部分。从宪法宗旨可以看出，和平主义既是宪法的三大原则之一，同时也成为日本对外关系的基石和理念。

三 对外关系的行为准则

国家确立了"和平主义"理念。更为重要的是，"和平主义"理念需要通过国家实践加以具体体现，需要通过国民和政府的行为加以落实。特别是在处理异常复杂和多变的对外关系时，仅有理念是远远不够的，理念在实践中需要通过与之相符的行为准则来实现。根据上述以和平为原则的外交理念，需要对战前的外交行为准则进行调整。同时，随着对外交往的自由化，对外关系行为的参与主体也变得多元，国民、国民团体、政党、政府、非政府组织、跨国公司和组织等都成为参与主体的一部分。为此，

---

① 为避免因为笔者翻译而可能产生的疑义，本书使用日本驻中国大使馆公布的《日本国宪法》（中文版），后文不再一一说明。

遵循准则调整行为不仅仅是外交政策制定者的事情，也成为全体国民的事情。

阿诺德·汤因比认为一个国家面对不同于己的外部文明，处理对外关系时有"狂信派"和"希律派"两种截然不同的行为。狂信派受到膨胀而出的强烈民族自尊心影响，在处理对外关系时采取激烈对抗的姿态，是一种排外主义行为。希律派面对不同的外部文明，认为应该兼收并蓄，而采取吸收所长为己所用的一种姿态，是一种融合主义行为。

通过对比分析战前和战后日本对外关系的行为，可以清晰地发现，从近代到现代，日本对外关系行为存在从"狂信派"起始，到"希律派"与"狂信派"博弈，到"狂信派"获胜暴走，再到回归"希律派"，这样一个变化过程。具体而言就是，德川幕府时代后期，幕府对外部冲击采取的是"狂信派"式全面排斥和隔离的方针。明治维新之后，由于维新功臣有的秉持"世界主义"，有的信奉"国家主义"，他们在处理对外关系时往往产生激烈的争执，其结果就是，日本开始在"希律派"和"狂信派"之间游走。"希律派"的做法是吸收近代西方国家制度建设明治新国家，"狂信派"的做法是"征台"、"征韩"、"吞并琉球"以及与中国对抗。从明治时代到大正时代，再到昭和时代早期，由于藩阀政治和短暂的政党政治的作用以及维新元老的制衡，很长一段时间内，日本始终在"狂信派"和"希律派"之间游走。日本对中国采取的是"狂信派"的做法，具体体现为甲午战争、三次出兵山东、发动"九一八"事变等。日本对西方殖民国家采取的是"希律派"的做法，具体体现为加入国联、强调加强国际协调、签署华盛顿海军条约和伦敦海军条约等。日本在处理对外关系上针对不同国家所采取的不同做法就是在"狂信派"和"希律派"之间游走的结果。

20世纪20年代中后期，随着藩阀政治的结束以及政党政治的式微，日本国家主义势力日益猖狂，"希律派"和"狂信派"的游走演变为两者之间不断的博弈。博弈的结果是，20世纪30年代，日本带有法西斯色彩的"狂信派"全面战胜"希律派"，军阀掌控了政府权力，军阀政治主宰国家。最终"狂信派"的排他主义向外狂泻而出导致了战争。而不义的战争最终把日本一步一步地拖进战败的境地。

第二次世界大战之后,日本吸取战争教训,在对外关系行为准则上抛弃了战前那些扩张排斥式的"狂信派"做法,而重新回归到吸收协调式的"希律派"做法。这种变化体现在国民身上就是,崇尚和平的民族主义行为方式不再是外向型,而是内向转化为以国家自豪感为主的形态,告别了极端民族主义引发出来的仇外政治行动。作为对外关系行为参与主体的国民,在意识形态上发生根本性变化是战后能够长期坚持"希律派"融合主义的最大保障。

秉承和平的对外关系理念,战后的日本推崇以兼收并蓄的融合主义作为对外关系行为准则。

四 全方位务实主义的政策方针

秉承和平主义的理念,推崇融合主义的行为准则,也意味着日本是要以全方位的务实主义方针来制定对外政策处理对外关系。

明治维新之后,迅速实现了强兵富国的日本开始膨胀,其时的对外关系理念是社会达尔文主义,是要紧随殖民主义的步伐开展对外活动。充斥着殖民主义的外交政策,使得近代日本通过行使武力的方式牟取所谓的"国益"。日本发动的侵华战争对中国造成了巨大的伤害,第二次世界大战中,日本更是变本加厉地将侵略战争扩大到东南亚、南亚和太平洋区域。一言概之就是,近代日本以"确保国益""维护帝国利益线"[①]"八纮一宇""大东亚共荣圈"为国家理念不断地对外进行扩张。这种扩张体现的是一种狂妄,也就是说扩张不仅仅是张狂的,更是建立在自身梦痴虚幻上的妄想。明治维新之后的日本先后主动与中国、俄国、德国、英国、荷兰、美国、印度、澳大利亚、法国、苏联等世界大国直接交战,就是这种狂妄式扩张的具体表现,注定要招致失败。

战后确立了和平主义理念的日本在制定对外政策处理对外关系时,不再将对外关系建立在妄想之上,而是采取了务实主义方针,全方位地开展

---

① 内阁总理大臣山县有朋认为维护国家独立之路要坚守两条线,一是要固守主权线不受他国的侵害,二是要防护利益线不失自国的天地。山县有朋『外交政略論』,『山县有朋意見書』第196頁,以及1890年12月7日,山县有朋『日本帝国の国是及其実行の方針に付き山县総理大臣の演説』,日本帝国国会"衆議院第一回通常会議事速記録"。

对外活动。

1955年10月，曾经因为对"旧金山和约"和日美安保条约持不同意见而分裂的日本社会党左派和右派实现统一。11月，受到日本社会党统一的影响，持保守主义立场的自由党和民主党也走向了联合。日本形成了自民党和社会党两大政治势力对决的"五五年体制"。意识形态迥异的自民党和社会党在争夺政权的角逐中，围绕着国家发展的方向和道路进行对决。由于自民党内派阀的存在，夺得政权的自民党在执政问题上依然存在党内派阀的竞争。派阀之间围绕着组阁问题发生利力的博弈和交易。一般而言这种自民党内部派阀之间争斗的程度甚至超过自民党与社会党的对决，而这种争斗是通过内部的博弈、交易和妥协完成的。

战后初期，自民党内部基本上形成了以吉田茂为代表的保守本流派和以鸠山一郎为代表的保守旁流派。之后，派阀或者以继承的方式延续或者分裂而出形成新的派阀，派阀之间围绕着利权展开党内竞争，这种派阀政治成为自民党的一大特色。保守本流派主张重视经济和贸易，依靠美国和反对强化军备。保守本流派将发展经济蓄积国力作为国家的根本，而把日本与美国结盟接受美国的保护当作确保国家安全的一种策略，采取的是接受美国保护换取经济发展的时间和空间的实用原则，信奉和推崇的是不折不扣的务实主义。吉田茂、池田勇人、佐藤荣作、田中角荣、大平正芳、宫泽喜一等人都是保守本流派的代表人物。而鸠山一郎等保守旁流派主张摆脱对美国的依赖依从实现对美平等，修改宪法特别是宪法第9条，恢复军队和重整军备，实现自主外交积极地拓展外交空间，推崇和执行的是改正对美从属体制的修正主义。鸠山一郎、岸信介、重光葵等人是保守旁流派的代表人物。保守本流派与保守旁流派不断争斗的本质是如何处理对美国的关系，如何看待和处理国家主权的问题。

20世纪50年代至90年代，自民党保守本流派与保守旁流派不断争斗的结果，除去鸠山一郎政权和岸信介政权、福田赳夫政权等之外，总体来说基本上是保守本流派占据上风组阁执掌政权。从而在这个时期，日本基本上采取的是务实主义的外交方针。需要强调指出的是，为了在与社会党的政权角逐中保持党内团结一致，无论保守本流派与保守旁流派哪一派组阁执政，没有任何一派被完全排除在利益和权力之外。为此，即使是在保守旁流派执政期间，为了摆脱依从美国的局面，也积极推行了全方位拓展外交空间的做法，采取了务实主义的做法来处理外交问题。

20世纪50年代美苏冷战中，日本恢复与苏联的外交关系，既是鸠山一郎政权为摆脱从属美国推行全方位外交方针的结果，也是为了加入联合国以及解决日本和苏联战后遗留问题的务实主义的结果。日本与中国实现邦交正常化、与中东阿拉伯国家和以色列同时发展关系、与尚未建立外交关系的巴勒斯坦相互设立办事机构、既不承认撒哈拉阿拉伯民主共和国（西撒哈拉）的同时也不承认摩洛哥对西撒哈拉地区的领有控制、与朝鲜进行关系正常化交涉都是日本实行务实主义外交方针的体现。本着全方位务实主义的外交方针，时至今日，日本与195个联合国会员国和观察员国中几乎所有的国家建立了外交关系，① 与联合国、世界银行、世界红十字会与红新月会、东盟、欧盟等几乎所有的国际组织建立了联系。

对外关系理念和准则确立之后，在实际的外交实践过程中，日本要想真正秉承全方位务实主义方针实现和平主义理念，还受到多方因素的影响。

第二节　战后影响日本对外关系的诸因素

曾几何时，自身需求、外部环境、国力物质因素以及知识技术是影响近代日本对外交往和对外活动的主要因素。随着时代的变迁，上述这些因素也发生着变化，有些已经悄然遁去，有些至今依然影响着日本的对外交往和对外活动。

一　对外关系影响因素发生变化

进入科学技术水平高速发展的时代，由于科学技术的不断进步，现代之前的那种因为缺乏知识技术而产生的对对外活动的困扰几乎不复存在。

---

① 日本与联合国会员国朝鲜没有外交关系，与联合国观察员国梵蒂冈建立了外交关系，与巴勒斯坦相互设立了办事机构，与准主权国家库克群岛、纽埃、马耳他骑士团建立了外交关系，与科索沃建立了外交关系。日本不承认撒哈拉阿拉伯民主共和国、北塞浦路斯、阿布哈兹、纳戈尔诺-卡拉巴赫、南奥塞梯等地的主权国家地位。根据日本外务省的报告，到2018年1月为止，日本在海外设有223个使领馆，其中大使馆150个，领事馆64个，政府代表处9个，一些大使馆兼任多国外交使馆任务。

发达的科学技术加速了世界各国之间的交往，绝大多数国家选择打开封闭的羁绊，利用先进发达的科技手段与其他国家建立联系甚至是建立同盟关系，加入国际组织积极融入和参与国际社会活动。发达的科学技术，特别是信息技术已经成为国家之间和国际组织之间开展外交关系的助力器。

自身需求、外部环境和国力物质因素依然是影响战后日本对外关系的重要因素。在一个主权国家消亡之前，也许这些都是影响这个国家对外关系的理所当然的永恒性因素，只是随着时代的不同，这些因素所包含的内涵和所作用的能力不尽相同。

二　自身需求的无害化

对战后日本来说，和平的复兴与发展这些涉及内政方面的内容向外溢出时就变成了自身需求的外部反映，日本需要在保持日美关系下平衡与其他国家之间的关系，特别是与大国之间的关系，需要采取务实主义的方针全方位地发展多边性的国家关系。

战后，日本的自身需求在内涵和本质属性两个方面发生了根本性变化。自身需求在内涵方面的变化是，从战前单一性的国家利益形态转变为战后的国家利益与国民利益相结合的双重性形态。自身需求在本质属性方面的变化体现为从有害化转变为无害化。

（一）自身需求的双重性形态

战前日本的国家属性为绝对主义天皇制，全体民众是天皇制下的臣民。尽管《大日本帝国宪法》第二章中规定了臣民拥有居住和自由移居、所有权不受侵犯、宗教信仰、言论和结社自由等权利，但是所有这些权利都被附加了"法律规定范围内"和"依法律之规定"等限定性范围和条件。臣民权利"但因国益而需要处置时，应依法律规定行事"[①]，政府可以通过法律随时削弱甚至剥夺臣民的权利，臣民的权利要绝对服从于"国益"。从这个意义上来说，战前是不存在国民利益的。

战后，《日本国宪法》确定了国民主权，国民成为国家的主人，自然而然地拥有国民权利，国民权利通过国民利益加以具体体现。国家利益是一个

[①] 有关《大日本帝国宪法》的具体条文规定，详见日本国立公文书馆所藏『大日本帝国宪法』。

国家独立与尊严、主权和领土完整、安定及发展的总体体现。国民利益是国民主权国家，国民对政治以及经济、社会、文化等诸多需求的价值体现。①

战后日本的宪法明示"国政源于国民的严肃信托，其权威来自国民，其权力由国民的代表行使，其福利由国民享受"，宪法承认并保障国家利益和国民利益，通过对外关系和内政来处理国家利益和国民利益。对外关系围绕着国家利益而行，内政围绕着国民利益而动。发展对外关系往往是为了服务内政，搞好内政往往要依靠良好的对外关系做支撑，一个国家的对外关系与内政之间的关联也变得越发紧密。这些通过战后日本自身需求所展现的国家利益与国民利益的双重性加以体现。

（二）自身需求的无害化

自身需求的本质属性是自身需求的核心。战后，日本的自身需求发生了巨大转变，从战前的有害化转变为战后的无害化。

富国强兵是描述明治维新之后日本国家行为的一个耳熟能详的概念，也被视为近代日本自身需求的重要内容。但是，如果仔细考证史实的话，就可以清楚地发现一个问题，那就是就近代日本历史进程而言，日本实际上走的是"强兵富国"的道路，是通过"强兵"达到"富国"。"强兵富国"与"富国强兵"有着本质上的差别。"强兵富国"不仅仅是实现"富国"的路径具有有害性，将"强兵富国"作为国家的自身需求，这种"强兵富国"的本质就是有害的。②

---

① 国家利益与国民利益的界限是模糊的，国家利益不完全涵盖国民利益，国民利益不能替代国家利益。一般而言，如果将国家视为统治工具的话，那么国家利益是统治阶级的利益，而不是国民利益。只有当国家被视为是全体国民的集合体，是全体国民的共同家园时，国家利益才成为国民利益，从这个意义上来讲，一个国家的自身需求即代表了国家利益，也是国民利益的总体体现。

② 早在面对西方列强的开国强压，爆发"下关战争"和"萨英战争"的1863年，明治维新三杰的西乡隆盛就曾经说道："今异人（洋人）轻侮幕吏，幕吏实难于谈判之时接受对方之条件。若四五贤明诸侯结成会盟，携足以败退西洋舰船之兵力，开横滨、长崎两港，于摄海（大阪）据理力争、达成谈判，则条约之缔结必不至成为皇国之耻辱，吾国程序之合理亦为异人所接受，此即众人共立天下之大政、共定国是之时机也。"（立教大学文学部史学科日本史研究室编：『大久保利通関係文書』第三卷，吉川弘文館出版，1968年，第312页）西乡隆盛还说："假若不用此策，则吾藩不妨断然割据一方，兼谋富国之策。"西乡隆盛追求的是通过联合各藩的强兵，与西方列强签署平等的条约，实现日本的建国大业。主政的明治维新三杰的大久保利通在接受了横井小楠以"富国论"为核心的天为富国、地为强兵、人为土道的思想之后，将"富国"和"强兵"融合成了"富国强兵"。1864年，大久保利通在谈到建国方略时曾经说道："此时宜着眼大策，用富国强兵之术励精图治，充实国力，如此一来，纵以一藩之势，亦可拥护天朝，使皇威灼然于海外。"［勝田孫弥：『大久保利通伝』（上卷），同文館出版，1910年，第648页］近代日本走的是通过"强兵"以"富国"之路。

正是因为"强兵富国"与"富国强兵"有着细微的差别，日本在明治维新之后，针对中国大陆、中国台湾、琉球和朝鲜、东南亚等亚洲国家和地区，始终走的是一条通过"强兵"实现"维护国益"的侵略道路，始终是通过掠夺他国财富实现"国益"的积累。例如1912年中华民国成立之后，日本外务省发表的《有关中国外交政策的纲领》①中以"延长经济利益""福建省问题"等为条目明确了日本的"国益"。1919年1月发表的《有关涉及巴黎和会对中国问题特别是山东问题的文件》②中指明了确保接收德国"权益"问题。1932年3月，日本扶持建立伪满洲国之后，日本内阁马上发表《满蒙问题处理方针要纲》，其中的第2项指出"鉴于满蒙业已脱离中国而成为独立政权的现状，需逐步引导其具备一个国家的实质"，第5项强调"我国在满蒙权益的恢复与扩充要以新国家为对手进行之"③，上述这样的事例比比皆是。从这个意义上来说，无论是手段还是内容，日本战前建立在损害他国基础之上的国家利益和自身需求是有害的。

第二次世界大战之后，日本的战争体制被废除。《日本国宪法》规定："为了我们和我们的子孙，确保与各国人民合作而取得的成果和自由带给我们全国的恩惠，消除因政府的行为而再次发生的战祸，兹宣布主权属于国民。"宪法不允许再以战争和侵略的手段谋求国家利益，国家利益必须要以和平的方式实现。宪法中明示的"确保与各国人民合作而取得的成果和自由带给我们全国的恩惠"这一规定要求战后国家利益的本质属性必须是无害化的，实现国家利益的方式必须是和平的，必须是与各国人民合作的成果。

在日本国民心中，战前被滥用的"国益"在很长一段时间里是负面的概念，政府在施政方针报告、各种白皮书和蓝皮书以及国会演说答辩等政府正式场合使用"国益"和"我国利益"时，对"国益"具体的概念、内涵、实现路径和方法是闪烁其词、模糊不清的。这种状况直到近年才有

---

① 外务省『日本外交年表竝主要文書』（上卷），原书房出版，1965年，第369—376页。
② 外务省外交史料館『日本外交文書』（大正八年第3册上卷），外务省，1963年11月，第88页。
③ 外务省外交史料館『日本外交文書』（满洲事变特集第2卷第1册），外务省，1979年12月，第442页。

所改变。2013年12月，日本发表战后第一份《国家安全保障战略》报告，其中第2项第2节以"我国的国益和国家安全保障的目标"[①]为题，明确了三项国益：第一，保持国家的和平与安全，保全国家的存立；第二，实现日本和国民的更加繁荣，确保我国的和平与安全更加强固；第三，维护基于普世价值和规则的国际秩序。这是战后日本政府第一次在国家重要政策文件中对国家利益的明确表述。明确了的"国益"也成为今后自身需求的总纲和方向。从此之后，明确了内涵的"国益"一词频繁出现在外交白皮书、总理大臣的施政演说等政府官方文件当中。

战后，日本以和平立国理念为基础的自身需求发生了无害化的本质性变化。同时，战后70多年来，日本实现自身需求的路径和手段也保持了和平的方式。在世界形势风云变幻的环境中，日本提出"和平""繁荣""价值观"三项国益，日本的自身需求是否依然保持无害化，还需要在今后的实践中检验和评判。

三 复杂化的外部环境

第二次世界大战之后，不管是以合作和竞争的方式，还是以和平与战争的方式，国家与国家之间的交往变得频繁和重要，国家与国家之间的关系变得愈加复杂和多变。战后的日本汲取战败的教训，面对地处冷战最前沿的地缘环境，制定出适合本国自身需求的对外方针，并在对外方针的指导下因事而制、因时而异地调整具体的对外政策。

（一）外部环境复杂多变

第二次世界大战结束不到两年的时间，世界形势和格局就发生了巨大变化。1947年3月，美国总统杜鲁门在国会发表国情咨文时提出"美国外交政策的主要目的之一，是要创造一种条件，以便能够使我国和各国拥有从强权压制中解放出来的生活方式""如果我们的指导力受到动摇，那么我们就有可能将世界和平置于险境，而且毫无疑问的是，这也会将我国自身的福祉置于险境。"[②] 美国奉行的干涉主义登场，冷战开始。

[①] 三项国益的具体内容详见日本内阁官房『国家安全保障战略』，2013年12月17日。
[②] 根据美国驻日本大使馆美国文化中心展示『米国の歴史と民主主義の基本文書大統領演説——上下両院合同会議でのハリー・S・トルーマン大統領の演説』日文版翻译而成。

冷战时期，东亚和东南亚一直是美苏两个大国展开角逐的主要地区之一，日本正处在冷战环境的最前沿。在全球范围内的冷战环境中，冷战在亚洲却体现的是"热战"，相继爆发了20世纪50年代的朝鲜战争，60年代的越南战争以及70年代的苏联阿富汗战争。日本面临的是亚洲特别是东亚和东南亚的"热战"环境，除此之外，日本还面临着以联合国为主的战后国际组织努力构建国际规则的秩序环境，面临着需要妥善处理战争善后问题的东亚和东南亚的国际环境。这些涉及不同领域与范围，涉及不同国际阵营和意识形态的外部环境交织在一起，非常复杂并且多变，每一个细微变化都会对日本对外活动产生影响。

在这种环境下，日本既要协调日美关系，又要努力恢复和维持与苏联的关系，还要处理并发展与中国、韩国、东南亚国家的战后关系，同时要作为国际组织一员发挥影响力。20世纪50年代，日本重新构建战后日美关系，1956年10月与苏联建交并发展经贸关系，12月加入联合国，60年代，先后与东南亚国家达成战争赔偿协定恢复两国关系，1965年6月与韩国恢复两国关系，70年代，确认和修复与美国的同盟关系，1972年9月与中国建立外交关系，这些事例都是日本在冷战和"热战"复杂多变外部环境下进行外交活动的结果。与此同时，日本对复杂多变外部环境不仅仅总是顺势而为的被动式适应，有时也因为基于日美关系而产生对外部环境的刺激，比如，朝鲜战争以及越南战争期间以及美国的战争需要时，为美国提供战争服务，直接对世界格局的外部环境产生影响。

(二) 美国是影响日本的主体

冷战中形成了分别以美国和苏联为首的两大阵营。尽管美国和苏联两国都对日本的外部环境产生了影响，但是在世界格局和地缘政治中，由于日本是美国阵营的重要成员，日本除了会受到外部环境的总体影响之外，来自美国以及西方阵营的因素也对日本产生了至关重要的影响。

日本战后的改革是由美国主导进行的，其所有措施也必然紧紧围绕着以美国的理念而予以制定和实施。正如《日本投降后美国对日初期方针》（SWNCC 150/4/A）第一部"究极的目的"所阐述的那样，美国改造日本的最终目的是要："第一，保证日本不再成为美国的威胁，不再成为世界和平与安全的威胁；第二，支持建立尊重他国权利以及《联合国宪章》理念与原则所展示的美国之目的的和平并有责任的政府。美国希望日本政府极力建成符合民主主义自治原则，并且国民能够自由表达意思的政体，这也是联合国的责任。"① 从中可以清楚地看出，美国的究极目的是支持日本建立"美国之目的的和平并有责任的政府"，在这一点上美国是赤裸裸地非常明确，绝不含糊。

1946年1月，美国陆军部长罗亚尔在演说中阐述了对日政策，指出："从将日本置于冷战中美国的强有力的合作者的位置这个观点出发，必须认识到要重建日本经济，就只有坚持在工业化的路线。"② 上述演说表明：第一，日本的属性是冷战中美国强有力的合作者；第二，日本的任务是重建经济；第三，日本经济的基石是重工业。战后的日本被美国改造，成为美国阵营的重要成员，并且为美国以及美国领导的阵营服务。

在这种局势下，恢复国家主权和外交主权后的日本首先提出："我国的国政方针是确立和保持基于自由和正义的和平，这也是我国无须再提的外交根本目标。""对于我国来说，在追求和遵循联合国理想的同时，为了确保我国的安全，进而为维护世界和平做出贡献，作为现实的措施是强化与自由民主国家的协调。"③ 上述国政方针表明了日本将国家定位为自由主义民主国家阵营一员。日本在确立国家属性的同时，还强调指出："美国处于我国一翼的自由民主国家群的中心地位，更为我国的防卫做出直接贡献，日美两国当然应该保持密切的相互合作关系。"④ 基于这个原则方针，日本外交活动的一个核心就是围绕着以美国为首的自由民主国家而展开。

战后至今，美国是影响日本的最大因素。

四 充实化的国力条件

如果说近代之前一个国家的国力是决定这个国家对外活动范围能够有多大能够走多远的重要因素，那么，对于实现了现代化拥有强大国力的国

---

① 日本防衛省防衛研究所図書館所蔵"終戦事務情報第1—2号"『降伏後ニ於ケル米国ノ初期ノ対日方針』。
② ［日］正村公宏：《战后日本经济政治史》，上海社会科学院世界经济研究所译，上海人民出版社1991年版，第194页。
③ 外務省『外交青書（1957）』総説第二部分"我が国外交の基調"。
④ 外務省『外交青書（1957）』総説第二部分"我が国外交の基調"。

家来说，充足的国力可以为国家的对外活动提供支撑和保障，可以在对外活动中发挥巨大作用，是对外活动强有力的助力器。自然资源力、经济力、军事力、科技力等都是国力的具体体现，战后日本经济的复兴与发展可以在一定程度上反映蓄积国力的过程。

战后日本的经济是建立在战前产业基础之上的。尽管战争造成了产业发展停滞，但是，战前留下了可以迅速恢复的产业遗产，一是保留住了工业技术人才和水准，二是商业意识以及商业关系尚存。这些产业遗产起到了帮助日本经济迅速恢复的作用。与此同时，战后的农地改革解决了农村生产关系问题，大量复员军人的返乡解决了产业劳动力问题。战后日本及时对产业结构和布局进行调整，从战前的以军需为主转向以满足社会需求为主。有了上述的条件，战后经济的产业后盾基本形成。

战后日本在经济方面最大的任务是复兴与发展，这意味着经济发展要经历两个阶段。复兴阶段从1945年8月到1955年年底，历经10年，这个阶段的主要任务是对战争体制进行彻底的改造，构建和确立以和平为目的的确保自给自足的经济体系。

在冷战的背景下，1948年，提出冷战遏制战略并参与制订欧洲战后援助计划"欧洲复兴计划"（马歇尔计划）的乔治·凯南就任美国国务院政策企划部部长。为了适应冷战的要求，针对战后日本经济的复兴，凯南特意起草了《关于美国对日政策的劝告》[①]。劝告共计20项，其中第15项"经济复兴"的内容是促进日本经济自立，第19项"管理日本经济方面的战争能力"中规定以和平为目的，对所有能够导致战争的经济能力进行严格管理，并撤销除此之外对经济生产和贸易的一切限制。10月，杜鲁门总统批准了体现凯南政策主张的NSC13/2号文件，从此美国对战后日本的政策发生重大变化，从削弱日本转为扶持日本。

以美国对日政策发生根本性变化为契机，日本开始了战后复兴之路。尽管此时的日本还没有与战胜国媾和，还处在美国的占领之下，没有完全的主权独立和经济独立，但是，由于政策的转变，日本经济摆脱束缚开始

---

① 日本国立国会図書館所藏『アメリカの対日政策に関する勧告』，Sheet No. TRUMAN-4847。

复兴。

1945年8月至1950年之前，美国占领当局对日本的贸易实行严格的管控，经过占领当局批准之后，日本才可以进行贸易活动。1950年开始，美国放松对日本的贸易管控，允许日本民间开展贸易活动。通过表2-1可以看出，朝鲜战争特需帮助日本经济特别是对外贸易迅速恢复和增长，贸易总额基本上呈现持续增长的态势，贸易逆差也在1953年达到高值之后，随着朝鲜战争的停战开始减少。

表2-1　　　　战后日本经济复兴阶段进出口金额数值　　　（单位：亿日元）

年份	出口额	进口额	贸易赤字	贸易总额
1950	2980.2	3482.0	501.8	6462.2
1951	4887.8	7372.4	2484.6	12260.2
1952	4582.4	7303.5	2721.1	11885.9
1953	4589.4	8674.7	4085.3	13264.1
1954	5865.3	8637.9	2772.6	14503.2
1955	7238.2	8894.1	1655.9	16132.3

注：1945年至1949年的数值，由于知识产权问题，日本国立国会图书馆根据相关规定无法对外提供公开服务。

资料来源：根据收集日本财务省《贸易统计》各年度数据整理而成。

1952年4月，"旧金山和约"生效之后，恢复了主权的日本根据经济复兴的需求迅速拓展对外关系，8月加入国际货币基金组织（IMF）和国际复兴开发银行（世界银行），成为联合国亚洲及远东经济委员会（ECAFE）准会员。1953年10月日本成为关贸总协定观察员国家，20个国家给予日本贸易最惠国待遇。1954年6月，日本正式加入联合国亚洲及远东经济委员会组织，8月，成立海外贸易振兴会（JETRO的前身）。1955年9月，日本正式加入关贸总协定。日本在签署"旧金山和约"恢复主权之后的3年间，基本上完成了对外经济机制的建构任务。

对外贸易总额在国内生产总值（GDP）或国民生产总值（GNP）的占

比可以反映一个国家的对外贸易依存度。从表2-2可以看出，战后10年的经济成长率尽管呈现波峰波谷式不稳定的波动，但是国民生产总值（GNP）是持续增长的。在1946年至1955年短短的9年多的时间里，日本的国力增长了将近24倍，1955年的国民生产总值的水准已经超过第二次世界大战结束前的最高水准。1956年7月，日本经济企划厅发布《经济白皮书》，以"日本经济的增长和现代化"为题宣告日本经济彻底实现了战后复兴。[①] 经过10年的努力，日本完成战后复兴任务，开始进入依靠技术革新发展经济的时代。

表2-2　　战后日本复兴阶段国民生产总值（GNP）数值以及贸易依存度的变化

年份	总人口（千万人）	国民生产总值（亿日元）	人均国民生产总值（万日元）	实际经济成长率（%）	贸易依存度
1946	7.5	2800	0.4	—	—
1947	7.8	6900	0.9	8.4	—
1948	8.0	16900	2.1	13	—
1949	8.2	22100	2.7	2.2	—
1950	8.3	27900	3.4	11	23.2
1951	8.5	39300	4.7	13	31.2
1952	8.6	45900	5.4	11.2	25.9
1953	8.7	55700	6.4	7.7	23.8
1954	8.8	60700	6.9	2.8	23.9
1955	8.9	66500	7.5	10.8	24.3

资料来源：根据收集日本内阁府、厚生劳动省以及财务省各年度统计数据整理而成。

1956年宣告完成战后复兴任务的日本，在第二年就马上提出推进"经

---

① 『経済白書』（1956），经济企划厅长官高崎达之助发表的前言。

济外交"的任务,指出:"对于信奉和平主义的我国,提高在四个小岛上生活的九千万国民的生活水平、发展经济、增强国力的唯一方法是以和平的方式向外推进经济力,为此,符合国民经济要求以发展对外经济为目的的经济外交,是我国外交面临的第二大课题。"[1] 作为既定外交任务的经济外交,包含了三个方面的具体内容:第一是发展外向型经济积极拓展海外贸易;第二是加快与各国签订通商航海条约为海外贸易创造条件;第三是针对东南亚地区开展对外经济援助。日本此时推进"经济外交"的目的是,通过对外贸易提高国民生活水平并积蓄国力,通过对东南亚国家的经济援助解决战后赔偿问题,树立战后日本的国家形象。

1960年,池田勇人内阁提出"国民所得倍增计划"[2],提出以1958年的水平为基准,在10年内将国民生产总值翻倍达到26兆日元的目标。从此,日本把发展经济置于最优先的地位,成功地将社会引导到发展经济上来,化解了社会冲突,成功举办了东京奥运会。为了迎合国内的经济发展,日本还建立开放的经济体制,加入经济合作与发展组织(OECD),成为国际货币基金组织(IMF)第8条款国[3],日本经济进入高度成长期腾飞阶段。此后的佐藤荣作和田中角荣内阁基本上继承了池田勇人的路线,1956—1973年,日本的经济成长率年平均达到9.3%。1968年,日本的经济规模超越联邦德国,成为仅次于美国和苏联的世界第三位经济大国,[4] 日本的经济实力大增。

经济成长带来的贸易顺差以及资本流入加大了日本的外汇储备,为经济外交提供了物质条件。通过表2-3可以清楚地看出,就外汇储备总额而言,1955年时的8.4亿美元到1990年时已经增长到770亿美元。从此以后,成为世界第三位经济大国的日本可以借着充实的国力,通过ODA等各种对外援助方式以及对外投资大力开展经济外交。

---

[1] 外務省『外交青書(1957)』総説第二部分"我ガ国外交の基調"。
[2] 日本国立公文書館所蔵『第36回国会における池田勇人内閣総理大臣の施政方針演説案』,1960年12月26日,総甲第170号。
[3] 国际货币基金组织(IMF)第8条款国指货币可以自由兑换的国家。
[4] 『経済白書』(1968年),第二部"国際化の進展と日本経済"。

表2-3　　　　　　　　冷战时期日本外汇储备的变化　　　　（单位：百万美元）

年份	外汇中黄金储备	外币储备	储备头寸（IME）	特别提款权（IME）	外汇储备总额
1955	23	816			839
1956	23	918			941
1957	23	501			524
1958	54	807			861
1959	244	1077			1322
1960	247	1577			1824
1961	287	1199			1486
1962	289	1552			1841
1963	289	1589			1878
1964	304	1495			1999
1965	328	1569			2107
1966	329	1469			2074
1967	338	1453			2005
1968	356	2261			2891
1969	413	2614			3496
1970	532	3188			4399
1971	738	13783			15235
1972	801	16483			18365
1973	891	10203			12246
1974	905	11347			13518
1975	865	10627			12815
1976	859	13883			16604
1977	920	20126			22848
1978	1093	28896	1658	1372	33019
1979	1117	16357	1165	1688	20327
1980	1081	21567	846	1738	25232
1981	987	24669	813	1934	28403

续表

年份	外汇中黄金储备	外币储备	储备头寸（IME）	特别提款权（IME）	外汇储备总额
1982	935	19075	1161	2091	23262
1983	888	20249	1424	1935	24496
1984	831	22113	1442	1927	26313
1985	931	21916	1547	2116	26510
1986	1037	37198	1786	2218	42239
1987	1203	75378	2435	2463	81479
1988	1141	90515	3070	2936	97662
1989	1114	77993	3341	2447	84895
1990	1206	69488	3317	3042	77053

注：日本从1964年开始将储备头寸计入外汇储备总额，但并未公布1964—1977年期间的储备头寸数据。1970年世界实行特别提款权后，日本将其计入外汇储备总额，但并未公布1970—1977年期间的特别提款权数据。本表中，1964—1977年期间的外汇储备总额实际含有未公布的储备头寸和特别提款权的数值。

资料来源：根据收集财务省国际局外汇市场科《外汇储备状况》各年度统计、《国际金融年报》以及日本银行《经济统计年报》整理而成。

第三节　冷战时期日本对非洲的政治外交

1945年8月，日本战败投降，不仅标志着近代以来日本的外交政策彻底失败，失去了所有的国际地位和影响力，国家形象也是负面的，是好战的不义之国，是侵略国家和失败国家。第二次世界大战使得日本在非洲失去了所有外交关系，经济往来全部中断。

1952年4月，"旧金山和约"生效之后，日本恢复了国家主权和外交主权。日本外交要做的第一件事情就是尽快恢复与各国的外交关系，重新树立日本的国家形象。日本在非洲的外交就是在这种背景下重新开始的。日本在非洲国家需要完成三大任务：第一，建立外交关系；第二，开展经贸活动；第三，重新树立国家形象。其中最为重要的任务是与所有非洲国家建立外交关系，这是政治外交的核心与要求。日本对非洲的政治外交是对非洲外交关系的基石。

一 "旧金山和约"下与非洲传统交流国家恢复关系

1951年9月，日本与48个国家签署了"旧金山和约"。值得注意的是，48个国家遍布世界五大洲，其中包括亚洲13个国家，非洲4个国家，欧洲7个国家，美洲22个国家，大洋洲2个国家。48个国家中有许多是第二次世界大战中作为同盟国一员与日本宣战的欧洲和南美洲国家，比如希腊、比利时、挪威以及哥伦比亚、古巴、智利等国，这些国家并没有与日本直接交战，只是为了构建战后外交秩序参加了与日本的媾和谈判并签署了和约。但是，同盟国中作为最大的受害国中国没有被邀请参加媾和谈判。[①] 美国否决了韩国出席媾和谈判的资格。苏联、波兰和捷克斯洛伐克出席了媾和谈判会议，但是并没有在"旧金山和约"上署名。南斯拉夫拒绝出席媾和谈判会议。大战中与日本直接交战的印度和缅甸受邀后没有出席参加"旧金山和约"谈判。应法国的要求，当时作为法属殖民地的越南、老挝和柬埔寨三国参加了媾和谈判并签署了"旧金山和约"。印度尼西亚政府参加了媾和谈判，但是国会没有批准政府签署的"旧金山和约"。"旧金山和约"生效之后，标志着日本从此恢复了外交主权，成为战后日本外交的起点。

在参加媾和谈判并签署了"旧金山和约"的48个国家中有4个非洲国家，分别是埃及、埃塞俄比亚、利比里亚和南非。日本与这4个非洲国家签署和约，意味着日本与这些国家恢复了国家间正常的关系。日本之所以与地处非洲的埃及、埃塞俄比亚、南非和利比里亚4个国家签署"旧金山和约"，是因为这4个国家在第二次世界大战期间纷纷追随英国和美国对轴心国宣战。在太平洋战场，南非派出海军和民间船队与美澳联军一起直接抗击日军。

以"旧金山和约"为契机，日本开始重新与非洲国家恢复关系。签署"旧金山和约"的埃及、埃塞俄比亚和南非3个国家不仅仅是第二次世界

---

① 中国政府多次郑重声明，"旧金山和约"由于没有中华人民共和国参加准备、拟制和签订，中国政府认为"旧金山和约"是非法的、无效的，因而是绝对不能承认的。

大战期间的同盟国，也是近代以来日本在非洲大陆有着传统交流历史的国家。日本率先与这 3 个国家恢复政府间关系的根本原因，是受同盟国关系影响，接受"战后媾和"的结果，并不是日本主动与非洲国家发生外交关系的结果。1952 年 4 月"旧金山和约"生效之后，日本与埃及于 1954 年建立外交关系，双方设立大使馆。日本与埃塞俄比亚于 1955 年建立外交关系，1958 年 4 月双方开设大使馆。但是，由于当时南非实施种族隔离制度，碍于国际舆论和非洲其他国家的压力，日本与非洲最主要的贸易伙伴国南非仅仅恢复了领事关系。1952 年日本在比勒陀利亚恢复了公使馆负责对南非的外交业务，1964 年在开普敦设立比勒陀利亚领事馆派出事务所，由领事馆代行大使馆业务的状况一直持续到 20 世纪 90 年代南非废除种族隔离制度为止。

作为非洲最早独立国家的利比里亚与日本的关系比较微妙。利比里亚不是与日本传统交流的国家，尽管利比里亚签署了"旧金山和约"，两国恢复了国家间关系，但是由于两国经贸的互补性差以及人员往来不频繁，直到 1961 年 9 月，日本才与利比里亚建立外交关系，1969 年利比里亚在日本开设了大使馆。20 世纪 70 年代开始，日本各大海运公司为了解决商船的税务问题和节约成本，几乎将所有商船的船籍注册登记在利比里亚，为此，1973 年日本才在利比里亚开设大使馆。20 世纪 80 年代之后，由于利比里亚政局以及长期内战的原因，日本各大海运公司纷纷将船籍移至巴拿马，1990 年日本驻利比里亚大使馆全体成员撤离利比里亚，2004 年关闭大使馆，现在依然由日本驻加纳大使馆兼任利比里亚业务。

日本与埃及、埃塞俄比亚、利比里亚和南非签署"旧金山和约"并与埃及和埃塞俄比亚恢复外交关系是"旧金山和约"的产物，并不意味着日本有了对非洲的外交方针与政策。

二 对非洲独立国家的方针与政策

（一）对非洲外交方针显露雏形

20 世纪 50 年代，受到战后外交任务、地缘政治、历史传统以及国家地位和实力的影响，刚刚开始战后复兴的日本，其外交重点区域是美国以及东亚和东南亚地区。此时的日本还谈不上具有单独针对非洲地区的外交方针政策，对非洲的外交活动只是服从和落实国家总体外交政策的一种结果。在这个时期，日本在非洲的外交活动是与少数几个已经独立的非洲国家建立外交关系，以保持政府关系为主而展开的。

通过查阅外务省外交史料馆的文献档案可以发现，在20世纪50年代，日本与非洲4个国家签署了"旧金山和约"，并除了与其中传统关系国家埃及和埃塞俄比亚建立外交关系之外，日本还先后与地处北非的摩洛哥、突尼斯、利比亚、苏丹以及地处西非的加纳、几内亚等6个获得独立的国家建立了外交关系。[①]

朝鲜战争结束之后，日本非常关注冷战环境下亚洲和非洲大陆的动态和趋势。20世纪50年代中期，日本对非洲大陆的判断是："现在，共产势力在亚洲和非洲等地区巧妙地利用民族主义以及提高生活水平等问题，正在试图进行军事对抗之外的软实力的角逐"[②]，认为非洲大陆正在成为殖民地宗主国势力与非洲民族解放势力，特别是美国和苏联势力角逐的主要地区。在此背景下，尽管日本强调自己是自由主义民主国家阵营的一员，但是日本在非洲大陆并没有采取与苏联阵营直接对抗的方式。这是因为，日本此时的外交构想是企图在美国和苏联两个大国之间建立外交平衡关系。对日本外交来说，更为现实和迫切的任务是试图通过恢复与苏联的外交关系，解决苏联一票否决日本加入联合国的问题，解决滞留西伯利亚的日本战俘和领土纠纷问题，解决两国在远东的渔业问题。与此同时，此时的日本试图通过修正完全对美国依从的外交关系重新构建对美国的自主外交体制。

20世纪50年代中期开始，由于需要依照战后国际秩序构建外交体制以及处理战争善后问题，日本将建立和发展与美国、苏联及联合国等大国外交关系作为最重要的外交任务，将亚洲特别是东亚及东南亚地区作为外交的重点区域。这一时期，对非洲的外交活动并不是日本外交的重点，日

---

① 日本20世纪50年代的外交文献档案并没有两国建立外交关系的公报，只有两国间协定和设立使馆的规定。比如，《日本与摩洛哥贸易协定关系》以及《本邦（日本）对摩洛哥经济关系杂件以及在摩洛哥和伊拉克开设日本大使馆件》等。通过有关设立大使馆或公使馆和领事馆等相关文献档案可以了解到日本与其他国家外交关系的情况。

② 外务大臣重光葵在第21回国会众议院上的发言，1955年1月22日。

本对非洲的外交活动是在世界格局下依势而动。

1956年1月鸠山一郎政府的国会施政报告，最早涉及非洲的外交方针。时任外务大臣重光葵在国会发表演说中提到："伴随着国力的增长，我国的国际地位逐年提高。为此，我们将把与亚洲新兴国家建立亲善关系置于重要的地位，从身边可着手处出发切实地给予推进。亚洲及非洲国家实现民族独立是第二次世界大战之后最为宝贵的财产，近年以来，这些国家在国际上的重要性越来越强。目前，联合国已经有23个亚洲和非洲会员国。我国对这些国家的发展表示由衷的祝愿。与这些国家缔结亲善友好条约、开展经济及文化合作交流，是我国落实和平外交的方针。"[①] 正是秉承上述方针，日本从1956年开始，先后与摩洛哥、突尼斯、利比亚、苏丹、加纳、几内亚等6个独立国家建立了外交关系，并与摩洛哥确定了贸易协定关系。

20世纪50年代，日本对非洲独立国家的外交活动是在承认非洲地区民族解放运动的背景下发生的，是对非洲国家独立运动认可的自然延伸，此时的日本并没有针对非洲大陆制定单独的外交方针和政策。在对所有独立国家总体外交方针下，日本对非洲外交方针显露出雏形，这一状况直到1960年之后，伴随着更多的非洲国家相继独立之后才开始改变。

（二）蓬勃而来的非洲国家独立运动

20世纪50年代，以马格里布为中心的北非冲突和印度支那半岛冲突使得法国在殖民地问题上焦头烂额。1958年，法国不得不修改宪法，把"法兰西联盟"改为"法兰西共同体"，宗主国变为保护国，法国殖民帝国开始逐渐瓦解。20世纪60年代，经过第二次中东战争之后，英国在中东和北非地区的影响力急剧下降，英国宣布了"从苏伊士以东撤退"的政策，时任首相兼外交大臣麦克米兰遍访非洲英属殖民地国家，英国开始调整殖民地政策。在此背景下，法国和英国在非洲的殖民地国家以及比属刚果和意属索马里等国家纷纷开始兴起独立运动。

1960年，非洲先后有17个国家独立，为此1960年被称为"非洲独立之年"。同年12月，联合国通过《给予殖民地国家和人民独立宣言》［联

---

① 外务大臣重光葵在第24回国会上所做的有关外交方针的演说，1956年1月30日。

合国决议第1514（XV）号］，决议认为"殖民主义的继续存在阻碍了国际经济合作的发展，妨碍了附属国人民的社会、文化和经济发展，并妨碍了联合国的世界和平的理想的实现""庄严地宣布需要迅速和无条件地结束一切形式和表现的殖民主义。"[1] 联合国的决议大大促进了仍处在殖民主义压迫下的人民的独立意识和行动，从20世纪60年代开始，非洲尚未独立的国家纷纷独立。到20世纪60年代末期，法国、英国、比利时和意大利等国在非洲的大多数殖民地国家宣布独立，只有葡萄牙仍然在非洲保留有庞大的殖民地。1961年开始，葡萄牙统治下的非洲殖民地国家为了争取独立发起武装斗争，爆发了葡属殖民地独立战争。1974年4月，葡萄牙发动"康乃馨革命"之后，葡萄牙政府宣布实行非殖民化政策，放弃海外殖民地，葡萄牙撤出了殖民政府与军队。到20世纪70年代中期为止，非洲葡属各殖民地国家纷纷获得独立。至此绝大多数非洲殖民地国家获得了独立。1990年3月，非洲最后一个殖民地纳米比亚获得独立，所有殖民统治下的非洲国家获得了独立。1993年5月，厄立特里亚从埃塞俄比亚独立，2011年7月，南苏丹从苏丹独立。

（三）对非洲外交方针与机制成型

面对非洲国家相继独立的情况，日本政府认为谋求民族独立是非洲人民政治觉醒的自然要求，非洲国家独立是战后殖民地国家独立大潮中最主要的组成部分，秉承战后秩序信奉独立和自由的日本必须顺应潮流而动。

在被誉为"非洲独立之年"的1960年，日本认为："有鉴于非洲的形势以及我国利益关系在该地区日益增长的重要性，政府必须尽快确立我国与非洲国家之间的基本方针"[2]，日本开始决定第一次专门针对非洲大陆制定外交方针。就此，日本政府非常明确地指出："近年，许多非洲国家相继独立，这些独立国家的未来走向将会给世界和平带来极大的影响。新兴独立国家今后成长为国际社会有责任的一员为世界的和平与繁荣做出贡献，必须要迅速地建立有利于和平的政治、经济以及社会的基础。对于我国而言，充分借鉴和利用我国在近代成长过程中的经验教训以及知识，尽

---

[1] 联合国网站，https://www.un.org/zh/events/decolonization50/declaration.shtml。
[2] 小坂善太郎外务大臣在第36回国会所做的有关外交方针的演说，1960年。

最大可能地与这些国家发展关系展开合作。"① 以建立外交关系为主的政治外交成为日本对非洲的外交方针。在此外交方针的指导下，日本对实现独立的非洲新国家迅速给予承认并建立外交关系，先后与所有获得独立的非洲国家建立了外交关系。日本对非洲外交完成了首要任务。

日本与非洲独立国家建立外交关系的同时，外务省以及相关机构开始加紧构建对非洲的外交机制，积极开展外交活动。1960年，日本政府表示："为对应非洲的现状，外务省必须为非洲外交政策的实施做好万全的准备，在调整省内部局的同时，努力准备必要的资料。""我国目前的对非任务是强化非洲既有使领馆，迅速构建适应非洲形势的外交机制。采取这些措施平行而动的同时，为了在非洲开展经济活动和技术合作，我国正在制定向非洲派遣视察团以及邀请非洲要人访日的计划。"② 由此可以看出，从"非洲独立之年"开始，日本对非洲的政策是与非洲独立国家建立外交关系以及加紧对非洲的外交活动，具体的施策方案是开展针对非洲地区的调研，构建对非洲外交机制，增设对非外交部门，强化对象国的使领馆工作。可以说1960年既是"非洲独立之年"，也是日本对非洲外交方针和政策的起始之年，具有划时代的双重意义。

作为对非洲外交任务的回应，1961年，外务省在欧亚局内设立了中近东非洲部，在中近东非洲部内设置了非洲课，专门负责收集非洲的情况和信息，制定对非洲政策，开展对非洲的外交活动。

1962年开始，日本外务省将非洲业务按照区域划分为北非地区和撒哈拉沙漠以南的非洲地区，之后又将北非地区五个国家③的业务与中东地区业务合并（见表2-4）。这样做的原因是，北非五国尽管地处非洲大陆，但是却深受伊斯兰文化和阿拉伯文化的影响，特别是伊斯兰教的共同信仰使得北非地区国家与中东地区一样，其政治、社会带有浓郁的伊斯兰教文化色彩。同属阿拉伯语系也使得北非与中东两个地区的文化具有相通性。将北非地区五国的业务合并到中东地区，有助于在协调这两个地区关系时具有一致性，有利于在信息处理方面做到共享和综合研判。

---

① 小坂善太郎外务大臣在第36回国会所做的有关外交方针的演说，1960年。
② 外務省『外交青書（1960）』第二部分"各説""わが国と各地域との間の諸問題"。
③ 具体为埃及、利比亚、突尼斯、阿尔及利亚和摩洛哥等五个国家。

表 2-4　　　　　日本外务省机构中涉及非洲业务的部门

外务省机构	业务管辖国家和组织
中东非洲局中东第一课	以色列、约旦、黎巴嫩、叙利亚、土耳其、巴勒斯坦解放组织（PLO）、埃及、阿尔及利亚、突尼斯、摩洛哥、利比亚
中东非洲局非洲部第一课	加纳、佛得角、加蓬、喀麦隆、冈比亚、几内亚、几内亚比绍、科特迪瓦、刚果共和国、刚果民主共和国、圣多美和普林西比、塞拉利昂、赤道几内亚、塞内加尔、乍得、中非、多哥、尼日利亚、尼日尔、布基纳法索、贝宁、马里、毛利坦尼亚、利比里亚、非洲联盟（AU）、非洲发展会议（TICAD）
中东非洲局非洲部第二课	安哥拉、乌干达、斯威士兰、埃塞俄比亚、厄立特里亚、肯尼亚、科摩罗、赞比亚、津巴布韦、吉普提、苏丹、塞舌尔、索马里、坦桑尼亚、纳米比亚、布隆迪、博茨瓦纳、马达加斯加、马拉维、南非、南苏丹、毛里求斯、莫桑比克、卢旺达、莱索托

注：各部门配置情况为2019年年底时的情况。日本外务省机构曾经进行过多次调整，比如20世纪60年代为欧亚局中近东非洲部，现在为中东非洲局非洲部，但是从60年代初期开始，北非五国的业务始终与中东国家业务合并在一起，涉及外交、对外经贸、政府援助等事项。没有特别说明的情况下，政府涉及外事的统计也是将北非地区五国纳入中东地区。

资料来源：根据收集外务省公布的组织机构介绍整理而成。

为了更好更准确地开展对非洲外交活动，日本十分关注非洲独立国家的动态、非洲整体的趋势以及美国、苏联、中国、原殖民地宗主国的非洲外交活动。比如，1963年5月，36个非洲独立国家元首在埃塞俄比亚召开会议，成立非洲统一组织（OAU）之后，日本对非统组织以及内部存在的"卡萨布兰卡集团"与"蒙罗维亚集团"十分关注。大国的角力使得第二届亚非会议未能召开、尼日利亚内战以及非洲国家政变频发、腐败横行问题、内部团结问题等都成为日本关注的焦点。刚果（利）等问题之后，日本对美国和苏联在非洲的势力扩张与角逐进行重点关注。周恩来总理出访非洲十国以及中国表明支持非洲国家革命运动之后，日本又开始对中国的非洲外交活动进行高度关注。

在整个冷战时期，日本密切注意非洲的动态和局势，广泛收集涉及非洲事务的信息以及各国的对策，分析日本的施策可能在非洲引起的结果。日本通过及时关注和分析非洲的动态与趋势以及世界大国在非洲的活动，根据日本的情况与需要适时地调整对非洲的外交活动，解决对非洲外交事务遇到的难题。正是由于非洲国家政治的多变性，以美国和苏联为首的大国在非洲的渗透性，以及非洲国家之间问题的复杂性，使得日本始终将收集非洲动态信息以及分析非洲的局势作为非洲工作的重点，这一点对日本的对非洲外交来说是至关重要的事情。

1956年，日本宣布完成战后复兴任务。几乎在同一时期，日本针对签署了"旧金山和约"的国家，开始了战争善后的赔偿工作。经过将近10年的工作，到20世纪60年代中期，日本的战争善后赔偿工作取得了较大的进展。日本与接受战争善后赔偿的东南亚国家的关系得到改善。日本政府认为通过战争善后的赔偿工作以及近10年以亚洲为中心的外交努力，日本的国际关系得到改善，国际地位也有所提高，基本完成了回归国际社会的任务，已经重新成为国际社会的重要一员。在此背景下，从20世纪60年代中期开始，日本开始强调："我国作为国际社会一员的权利、义务以及对国际社会的理想，已经通过日本国宪法、联合国宪章以及其他重要条约加以明确体现"[①]"今后，要更加积极地推进以亚洲为中心的外交。与此同时，在亚洲之外的地区，也要积极推进与国力和国际地位相适应的强有力的外交。"[②] 上述声明体现了日本的外交姿态和外交工作发生了变化。在外交姿态上，从50年代外交三原则强调的"亚洲的一员"变成了既坚持"亚洲的一员"，又以"国际社会的一员"面貌出现的新姿态。在外交工作方面，日本开始决心在全世界范围内开展全域型外交。

1960年，日本提出"国民所得倍增计划"之后，经济开始进入高速发展时期。高速发展的经济需要拓展商品市场和原材料市场。与此同时，日本开始对原有的产业结构进行重大的调整，从传统的以纺织纤维制品为主的轻工产业向机械和重化工产业转变。到了20世纪60年代中期，日本不仅蓄积了国力，也基本上完成了产业结构的调整。在积极贯彻贸易立国方针的背景下，不断地开拓新兴国家和地区的市场就成为必然。尚未开发并具有远大前景的非洲大陆成为日本最新的市场目标。

在巩固20世纪50年代外交成果并继续与独立国家建立外交关系的同时，从1965年开始，日本决定将非洲大陆视为重要的资源与贸易市场。

---

① 外务省『外交青書（1968）』第二部分第一章"わが外交の基本方針"。
② 外务大臣椎名悦三郎在第49回国会众议院上的外交演说，1965年7月30日。

日本政府以《开创中近东和非洲外交新局面》为题，发表新的对非洲外交方针指出："最近，解决南北问题等针对经济尚未发达国家的外交活动，在世界上越来越显示出其重要性。对于我国来说，中近东和非洲地区具有丰富的石油和其他矿产资源，是支撑我国经济不可欠缺的原料供给地，同时也是我国商品重要的出口市场。对此，我们需要非常细致的外交政策和实施方案。为了适应新的对非洲外交方针，1965年5月，外务省将欧亚局中近东非洲部升格为中近东非洲局，专门负责对非洲的外交工作。"[1] 同步开展政治外交和经济外交成为日本新的对非洲外交方针。

日本在确立对非洲外交方针的同时，1954年8月成立海外贸易振兴会（JETRO的前身[2]）、1959年8月设立海外技术者研修协会（AOTS）、1961年3月成立海外经济协力基金（OECF）、1962年6月成立海外技术协力事业团（OTCA）以及1965年成立青年海外协力队（JOCV）。从20世纪60年代开始，这些组织将非洲地区纳入业务范围之内，对非洲地区的经济贸易往来以及开发援助都是通过这些组织运作的。到20世纪60年代中期，日本对非洲的外交方针和外交机制成型。通过在政治外交和经济外交两个领域的体系建设，日本完善了对非洲外交机制。从20世纪60年代中期直至90年代初期，日本对非洲实行政治外交与经济外交同步进行的方针，并通过对非洲的外交机制[3]实施具体的运作。

综上所述，在整个冷战时期，日本对非洲外交方针前后经历了三个时期：第一个时期是1954年开始到50年代末期，这一时期没有单独的对非洲外交方针，对非洲的外交活动只是依从重建战后外交关系的总体方针，

---

[1] 外务省『外交青書（1966）』第三部分"わが国と各国との間の諸問題"。

[2] 1951年，日本经济团体联合会成立下辖财团法人海外市场调查会，1954年8月改组为财团法人海外贸易振兴会。1958年7月，根据《日本贸易振兴会法》改组为特殊法人日本贸易振兴会。1998年与亚洲经济研究所合并。2003年10月改组为经济产业省所管辖的独立行政法人日本贸易振兴机构（JETRO）。日本贸易振兴机构所辖海外机构的规模仅次于日本外务省驻外机构，是日本第二大涉外组织。

[3] 从20世纪70年代开始，在海外经济协力基金以及海外技术协力事业团的基础上，1969年成立的海外农业开发财团（OADA）以及1972年9月成立的海外贸易开发协会（JODC）也将非洲纳入业务范围。1974年8月，海外技术协力事业团（OTCA）、青年海外协力队（JOCV）、海外农业开发财团（OADA）、海外贸易开发协会（JODC）统合为国际协力事业团（JICA），成为外务省所管辖的特殊法人。2003年10月，改组为特殊行政法人国际协力机构（JICA）。

具体而言就是恢复国家形象，与传统交流国家重建外交关系；第二个时期是从1960年开始到60年代中期，这一时期对非洲的外交方针基本上是以确立两国间外交关系开展政治外交为主；第三个时期是从20世纪60年代中期开始到90年代初期，这一时期对非洲的外交方针是在确保政治外交的同时，积极发展经济外交并以经济外交为主。日本对非洲的外交活动及时根据非洲的局势变化对具体的实施政策进行适应性调整。

三 针对非洲独立国家的外交活动

（一）对非洲独立国家的具体行动

一旦明确了对非洲外交的方针政策以及施策方案，外务省等机构就开始采取行动给予落实。

1960年，日本分别派遣外交特使参加了利比里亚总统就职仪式和喀麦隆、多哥、刚果（利）、刚果（布）、索马里、马达加斯加等国家独立典礼。刚果（利）独立后，日本将利奥波德维尔领事馆升格为大使馆。同年7月，比利时军武装干涉刚果（利）内政之后，根据世界卫生组织的请求，8月，日本红十字会向刚果（利）派遣了日本医疗队，这是战后日本红十字会第一次在非洲开展人道主义救援活动。

1961年，日本继续分别派遣外交特使出席塞拉利昂和坦噶尼喀的独立典礼，派遣外交特使出席塞内加尔、象牙海岸（科特迪瓦）、加蓬、上沃尔特（布基纳法索）、尼日尔等西非国家独立一周年纪念典礼活动。

1962年，日本开始在塞内加尔和马达加斯加等国设立大使馆。1961年年底，刚果（利）发生洪灾之后，日本政府根据刚果（利）和联合国的请求，委托日本非洲协会①开展了大规模的民间募捐活动，总计筹集到122万日元购买救援物资，由日本政府出资运往刚果（利）。这是日本第一次针对非洲人道主义救援活动开展的民间和政府双方合作，这种方式也成为日后对非洲援助和救援活动的主要方式之一。

1962年之后，每逢非洲国家独立，日本都要派遣外交特使出席独立典

---

① 1960年1月，作为外务省的外部社团法人成立，接受外务省的业务指导。第一任会长由东洋尼龙株式会社社长田代茂树担任。现在已经成为日本对非洲开展民间外交活动的主要舞台。

礼，一是表示日本给予承认，二是为建立外交关系做准备。从 1962 年开始，日本开始大规模地邀请非洲国家要人访日，加大对非洲的外交活动。从 20 世纪 60 年代开始直至 90 年代，建立两国间外交关系以及邀请非洲元首访日、日本和非洲国家的政府要人和代表团互访成为日本对非洲政治外交的主要方式。

从 1960 年开始到 1980 年的 20 年间，日本先后与 42 个非洲国家建立了外交关系，再加上 20 世纪 50 年代建立外交关系的 8 个国家，截至 1980 年，日本已经与非洲 50 个国家建立了外交关系。日本与非洲国家建立外交关系以来，发生过因为经济和财政等原因关闭大使馆的事情。比如，1966 年 1 月，上沃尔特（布基纳法索）发生军事政变之后，新成立的拉米扎纳政府在保持两国外交关系的基础上，4 月因财政的原因关闭了驻日大使馆，驻日大使离任回国。1968 年 2 月，加纳政府因财政的原因关闭了大阪领事馆。但是，日本与非洲国家之间从未发生过因为政治原因而断绝外交关系的事情。

作为政治外交的重要一环，日本政府不断邀请非洲国家元首访问日本。1956 年 11 月，埃塞俄比亚塞拉西一世访问日本，成为战后第一个访日的非洲元首。1963 年 10 月，达荷美（贝宁）总统马加访日，成为第一位访日的非传统交流国家的元首。之后，先后有马达加斯加总统齐拉纳纳、中非总统博卡萨、刚果（金）总统蒙博托、毛里塔尼亚总统及非洲统一组织轮值主席达达赫、冈比亚总统贾瓦拉、喀麦隆总统阿希乔、加蓬总统邦戈①（两次）、塞内加尔总统桑戈尔、赞比亚总统卡翁达、坦桑尼亚总统尼雷尔、肯尼亚总统莫伊、埃及总统穆巴拉克、莫桑比克总统萨莫拉、尼日尔最高军事委员会主席孔切、莫桑比克总统希萨诺、塞内加尔总统迪乌夫、多哥总统埃亚德马、津巴布韦总统穆加贝、坦桑尼亚总统姆维尼、布基纳法索国民阵线主席孔波雷、马里总统特拉奥雷访问日本。1990 年 11 月，平成天皇明仁即位，当时 45 个非洲国家中有 11 位非洲国家元首出席了天皇即位仪式。除邀请非洲国家元首访日之外，日本政府每年还邀请非洲国家政府代表团以及议会代表团等各类代表团访问日本。

---

① 加蓬总统哈吉·奥马尔·邦戈·翁丁巴于 1975 年 7 月和 1984 年 9 月先后两次访日。

与日本邀请非洲国家元首和政府代表团访日相对应,日本政府也派出政府要人和代表团访问非洲国家。1974年11月,时任外交大臣木村俊夫访问加纳、尼日利亚、扎伊尔、坦桑尼亚和埃及等非洲五国,实现了日本外交大臣第一次出访非洲。1983年3月,皇太子德仁出访赞比亚、坦桑尼亚和肯尼亚三国,1984年2月再次出访塞内加尔和刚果(金)。同年,安倍晋太郎外务大臣出访赞比亚、埃塞俄比亚和埃及三国。之后,日本也多次派遣政府大臣和政府代表团访问非洲国家。但是,值得注意的是,在整个冷战时期,日本总理大臣从未出访过非洲。政治外交中的元首和要人往来呈现出偏向非洲国家元首受邀来访日本的样态。

从20世纪60年代开始,日本在非洲国家开始进行对外宣传工作。1965年,日本外务省委托日本非洲协会制作了英文、法文的宣传册《非洲与日本》,向建交的非洲国家配发。此后日本通过驻在国大使馆对非洲国家介绍日本的国情和日本与非洲大陆的关系,加紧对非洲国家的宣传攻势。1966年开始,日本向非洲国家派遣青年海外协力队(JOCV)。这些都是日本对非洲开展政治外交的重要组成部分。

(二)政治手段解决外交问题

非洲大陆问题异常复杂。既有殖民宗主国留下来的种种问题,也有国家独立之后内部权力纷争问题,还有美国和苏联等势力插手非洲国家事务进行干涉的问题。上述问题导致非洲独立国家政变频发、腐败横行、国家之间纷争不断。面对这种复杂多变的非洲局势,日本在开展政治外交与经济外交的同时,针对外交个案采取了因势而谋顺势而为的做法,运用政治外交手段处理外交问题。日本在非洲的政治外交深受外部环境与自身需求双重因素的影响,不同外交个案的处理就是具体应对国际社会环境以及对外需求的结果和反映。

1965年11月,以南罗得西亚伊恩·史密斯为首的自治政府驱逐英国总督,单方面宣布脱离英国自行独立,但是由于南罗得西亚所谓的独立维持少数白人统治,是与非洲民族独立解放运动背道而驰的,因而未获得国际社会的承认。非洲统一组织呼吁成员国抵制南罗得西亚由白人统治独立建国,英国威尔逊政府采取了对南罗得西亚石油禁运等制裁措施,英联邦国家也一致反对南罗得西亚的白人政权。1966年,联合国安理会通过第

253号决议案决定对南罗得西亚实施全面经济制裁。在此背景下，日本政府宣布："我国一贯反对南罗得西亚的人种差别行为以及少数白人的永续统治政策，为此决定不承认南罗得西亚，撤回驻索尔兹伯里总领事。尊重联合国安全理事会的决议，不对南罗得西亚进行任何形式的援助。"① 日本终止了从南罗得西亚进口烟草、砂糖、生铁和石棉的贸易，停止了向南罗得西亚出口石油制品的贸易，对南罗得西亚采取许可制贸易。

1968年5月，联合国安全理事会再次强调对南罗得西亚采取强制性经济制裁之后，除去联合国认可的用于人道主义救援活动的医药用品之外，日本终止了对南罗得西亚的所有贸易活动，停止向南罗得西亚汇款，撤回了滞留在南罗得西亚的领事和通商代表，禁止持南罗得西亚护照人员入境日本，对日本人前往和移民南罗得西亚进行限制性管制。在联合国制裁以及非洲统一组织、英联邦等国际社会抵制南罗得西亚的形势下，日本采取了遵循联合国决议以及顺应国际社会大势的做法，停止了与南罗得西亚的所有领事外交活动和贸易往来，通过政治手段解决了南罗得西亚问题。

针对同样奉行人种差别政策长期实施种族隔离制度的南非，日本却是采取了与处理南罗得西亚问题完全相反的做法。南非是日本传统的交流国家，除去第二次世界大战期间，两国基本上保持了良好的关系。在南非实施种族隔离制度时期，1961年1月，在南非的日本人被视为"名誉白人"，日本政府碍于国际舆论以及非洲其他国家的压力没有与南非建立大使级外交关系，但是始终保持着外交领事关系，而领事关系实际上起着政治、经济、人员交流等全面性实质外交的作用。

1962年11月，第17届联合国大会上，联合国大会根据亚非33个国家的提案，设立了"南非种族隔离政策特别委员会"②，并呼吁对南非实施自愿性武器禁运、断交、经济制裁。此时日本却采取了暧昧的弃权措施，继续保持与南非的经贸关系和人员往来。1966年，由于在南非驻外人员的增加，日本还在约翰内斯堡设立了日本人学校。1972年，日本政府认为："我国对南非的贸易年年扩大，1971年度双方贸易已经达到7.3亿美元。

---

① 外务省『外交青書（1966）』第二部分"各説""わが国と各地域との間の諸問題"。
② 第17届联合国大会上通过了有关南非种族隔离制度的第1761（XVII）号决议。1974年改名为"反对种族隔离特别委员会"。

由于我国对南非的贸易增加，使得我国在联合国等国际场合遭到了非洲各国的反对和批判。在第 26 届联合国大会上，我国表明在贸易立国方针的指导下，进一步扩大与其他非洲国家和世界各国的贸易往来，努力使对其他非洲国家的贸易总额超过南非"①，日本已经意识到国际社会对日本与南非的经贸往来进行批判的情景下，依然保持与南非的经贸关系。

1973 年，《禁止并惩治种族隔离罪行国际公约》生效之后，1974 年，日本虽然采取了限制与南非体育、教育和文化交流活动的措施②，但是，日本依然从南非进口战略性能源等贸易品。1977 年 11 月，联合国通过第 418 号决议决定对南非实行强制性武器和石油禁运等措施，呼吁世界各国限制向南非提供资金之后，日本大藏省只是表态性地劝告日本企业不要到南非投资，但是日本民间企业始终没有停止与南非的贸易以及对南非的投资，依然与南非保持着紧密的合作关系。

即使是非洲国家开始谴责日本在南非的外交活动，联合国通过第 32/105B 号决议把 1978—1979 年定为"国际反种族主义年"；1981 年，124 个国家通过了制裁南非的《巴黎宣言》；联合国把 1982 年定为"制裁南非种族主义政权国际年"③，以及就连一些欧洲国家也开始对南非实行经济制裁的情况下，日本国会议员 1984 年仍旧成立了"南非友好议员联盟"。同年，南非给予日本贸易最惠国待遇之后，日本为了遮掩耳目没有直接使用南非的名称，而是使用南部非洲的名称成立了名为"南部非洲贸易恳谈会"（SATA）的组织，实际上密切了与南非的贸易合作。1987 年，日本成为南非最大的贸易伙伴，为此，1988 年 2 月，联合国反对种族隔离特别委员会委员长加尔巴特意发表声明对日本的行为表示遗憾。面对极其不利的国际形势，日本一方面在国会特意举行答辩④，将日本成为南非最大贸

---

① 外务省『外交青書（1972）』第二部第一章第九节。
② 有关日本政府在南非的行为以及日本市民反对种族隔离制度活动的案例，详见楠原彰『アパルトヘイトと日本』，亞紀書房，1988 年 6 月；牧野久美子『反アパルトヘイト国際連帯運動の研究：日本の事例を中心として』，2017 年；以及民间组织日本アフリカ行動委員会（JAAC-TOKYO）『日本の反アパルトヘイト運動年表』。
③ 联合国新闻中心有关"国际年"的介绍，https://www.unic.or.jp/activities/international_observances/years/。
④ 答辩的具体内容详见 1988 年 5 月 23 日，第 112 回国会参议院决算委员会会议上通商产业大臣田村元、审议官小原武以及政府委员吉田文毅的答辩。

易伙伴的原因归结为日元升值的结果,回避对南非进行实质性经济贸易往来的事实,以此为借口逃避外交责任;另一方面,日本政府邀请联合国反对种族隔离特别委员会成员访问日本,高姿态地联合举行"反对种族隔离大会",开展外交工作化解外交危机。

通过梳理日本与南非的经贸往来,可以发现在国际社会反对和抵制南非实施种族隔离制度时期,日本与大多数国家背道而驰,对南非采取了投机主义暧昧式的政治外交手法。联合国通过决议决定对南非实施禁运,许多国家开始对南非实施经济制裁之后,日本表面上遵循了联合国的决议实施武器和石油禁运,政府也劝告企业不要对南非投资,但是武器和石油都不是日本与南非的贸易品目,日本政府以贸易品目中没有武器和石油为借口,始终没有全面中断对南非的贸易往来和人员交流,日本民间企业也没有停止过对南非的投资,在20世纪80年代,日本已经成为南非第五位的投资国。这些逃避责任的政治外交手法既是日本自身需求的结果,也是以美国为首的西方阵营对日本外交行为默认和放纵的结果。直到1992年,南非宣布决定废除种族隔离制度之后,日本才放弃这种投机主义暧昧式的政治外交手法。

对于日本来说,南罗得西亚和南非的重要性极为不同。日本对南罗得西亚的现实需求不大。而南非既是日本传统交流的国家,更是战后日本的战略性资源供给国,是日本在非洲大陆最重要的关系国,日本宁可冒投机主义暧昧式的外交手法可能带来的风险也不愿意失去南非的资源和市场。对比日本在南罗得西亚和南非所采取的不同的政治外交,可以非常清楚地看出,20世纪60—90年代,日本在充分考虑自身需求、外部环境和未来可能风险的基础上,在非洲实施的政治外交是按照双重标准进行的。这种双重标准既是外部环境与自身需求相结合的产物,更是日本投机主义暧昧式外交手法的体现。

(三) 对非洲国家的政治外交成果

在"我国政府继续扩充在非洲新兴独立国家外交关系及领事馆"这一外交方针政策的指导下,日本与相继独立的非洲国家迅速地建立起外交关系。

通过表2-5可以看出,在非洲独立运动风起云涌的50—70年代,日本在 50 年代与 8 个国家建交,在 60 年代与 30 个国家建交,在 70 年代与 10 个国家建交,整个期间共与 48 个非洲国家建立了外交关系。冷战结束前,日本已经与 51 个非洲国家建立了外交关系。到 2011 年年底为止,日本与非洲所有 54 个国家建立了大使级外交关系。

表 2-5　　　　　　　　　日本与非洲国家建交一览

国家	独立时间	与日本建交时间
埃及	1922	1954
埃塞俄比亚	1941	1955
摩洛哥	1956	1956(1961 年设立大使馆)
突尼斯	1956	1956(1969 年设立大使馆)
苏丹	1956	1956
利比亚	1951	1957(因战乱 2014 年移往埃及,2018 年移往突尼斯)
加纳	1957	1957(1959 年设立大使馆)
几内亚	1958	1958
喀麦隆	1960	1960
塞内加尔	1960	1960(1962 年设立大使馆)
多哥	1960	1960(驻科特迪瓦大使馆兼任)
马达加斯加	1960	1960(1962 年设立大使馆)
刚果(民主)	1960	1960
索马里	1960	1960(驻肯尼亚大使馆兼任)
贝宁	1960	1960(2010 年设立大使馆)
尼日尔	1960	1960(驻科特迪瓦大使馆兼任)
布基纳法索	1960	1960(2009 年设立大使馆)
科特迪瓦	1960	1960(1964 年设立大使馆)
乍得	1960	1960(驻喀麦隆大使馆兼任)
中非	1960	1960(驻喀麦隆大使馆兼任)
刚果(共和)	1960	1960[驻刚果(民主)大使馆兼任]
加蓬	1960	1960
马里	1960	1960(2007 年设立大使馆)
尼日利亚	1960	1960

续表

国家	独立时间	与日本建交时间
毛里塔尼亚	1960	1960（2009年设立大使馆）
利比里亚	1847	1961（驻加纳大使馆兼任）
塞拉利昂	1961	1961（驻加纳大使馆兼任）
坦噶尼喀（坦桑尼亚）	1961	1961
卢旺达	1962	1962（2010年设立大使馆）
阿尔及利亚	1962	1962（1964年设立大使馆）
乌干达	1962	1962
布隆迪	1962	1962（驻卢旺达大使馆兼任）
肯尼亚	1963	1963
马拉维	1964	1964（2007年设立大使馆）
赞比亚	1964	1964（1970年设立大使馆）
博茨瓦纳	1966	1966（2007年设立大使馆）
冈比亚	1965	1967（驻塞内加尔大使馆兼任）
毛里求斯	1968	1968（2016年设立大使馆）
莱索托	1966	1971（驻南非大使馆兼任）
斯威士兰	1968	1971（驻南非大使馆兼任）
圣多美和普林西比	1975	1975（驻加蓬大使馆兼任）
佛得角	1975	1975（驻塞内加尔大使馆兼任）
安哥拉	1975	1976（2005年设立大使馆）
塞舌尔	1976	1976（驻肯尼亚大使馆兼任）
科摩罗	1975	1977（驻马达加斯加大使馆兼任）
莫桑比克	1975	1977（2000年设立大使馆）
几内亚比绍	1974	1978（驻塞内加尔大使馆兼任）
吉布提	1977	1978（2012年设立大使馆）
赤道几内亚	1968	1980（驻加蓬大使馆兼任）
津巴布韦	1980	1980
纳米比亚	1990	1990（2015年设立大使馆）

续表

国家	独立时间	与日本建交时间
南非	1934	1992
厄立特里亚	1993	1993（2007 年设立大使馆）
南苏丹	2011	2011（2013 年设立大使馆）

注：1. 驻利比亚使馆由于战乱迁往突尼斯后由驻突尼斯大使馆兼任。2. 2018 年 8 月，日本设立了驻非盟日本政府代表部，驻非盟大使由驻埃塞俄比亚大使兼任。

资料来源：根据外务省非洲各国的资料整理而成。

根据《联合国宪章》第 5 章，联合国安全理事会具有"维护国际和平与安全""调查可能引起国际摩擦的任何争端或局势"等 9 项职能和权力[1]，是联合国大会、安全理事会、经济及社会理事会、托管理事会、国际法院和秘书处等联合国六大机构中唯一有权采取行动的机构。1956 年 12 月，日本加入联合国。从成为联合国正式成员开始，日本就将成为联合国安全理事会常任理事国定为在联合国活动的最大目标，而在联合国大会没有就安全事会进行改革之前，日本的现实目标就是当选为安理会非常任理事国。

联合国安理会成员国由常任理事国和非常任理事国组成，常任理事国一直是 5 个国家。从创建之初到 1965 年之前，联合国安理会非常任理事国有 6 个国家。1965 年，联合国大会对安理会非常任理事国进行改革，将非常任理事国增加到 10 个国家，并按照地域进行候选名额划分，计为非洲 3 个、亚洲 2 个、西欧 2 个、南美洲 2 个、东欧 1 个。与联合国安理会常任理事国不同，非常任理事国必须通过联合国成员国在联合国大会上投票选举产生。选举安理会非常任理事国的办法为，首先决定各个地域的候选国家，之后在联合国大会上由出席联合国大会的成员国投票，获得三分之二以上成员国支持的候选国家当选。如果在投票中，没有候选国家获得三分之二以上成员国支持的话，那么，还要经过多轮投票直至有候选国家获得三分之二以上成员国选举支持，或者有候选国家放弃选举退出，或者

---

[1] 《联合国宪章》，https://www.un.org/zh/charter-united-nations/index.html。

选出第三方的折中国家，才能选出安理会非常任理事国。由于是投票选举产生，所以当选安理会非常任理事国的国家一般都具有比较高的国际信誉度和联合国成员国认可度。非常任理事国实行任期制，任期2年，每年通过投票选举更换5个国家。非常任理事国在每一个任期期满之后，不可连任从而自动失去下一期的再选资格。

　　非洲与亚洲都是拥有联合国成员国最多的地区，非洲国家在联合国投票选举中具有举足轻重的作用。早在1960年的"非洲独立之年"，日本就在推进对非洲外交工作中强调指出："独立的非洲国家相互团结，已经在联合国具有强大的影响力，同时，作为拥有丰富未开发资源和庞大人口的地区，非洲国家在经济上的重要性也在逐步增加。我国正在深化同这些国家的外交关系①。"

　　时任外务大臣小坂善太郎在国会上指出："以非洲绝大多数独立国家成为联合国成员为契机，联合国正处在非常重要时期。我相信，包括这些新成员国在内的发展中国家的真正愿望，是要在自由与和平中争取独立后的成果，是要实现国民生活的繁荣和幸福，这是不会因为东西两个阵营的对立而改变的。这些国家为了实现上述愿望，期待着联合国能够发挥更大的作用。联合国是维护世界和平的唯一机构，所有联合国成员国，必须不断地提高其权威加强其功能，切实地给予支持和协助，以充分发挥联合国的职能。我明确表示我国将以这样的想法和姿态积极参与联合国的事业。"② 日本在对非洲外交中一直反复强调重视非洲国家在联合国的作用。为此，非洲每一个国家都成为日本在联合国外交活动以及联合国安理会问题上重要的工作目标。日本与独立的非洲国家迅速建立起良好的外交关系，既为日本在联合国获得非洲国家的支持提供了政治性保障，也为日本能够当选安理会非常任理事国赢得了选票基础。

　　从1945年10月联合国成立到2017年12月，按照《联合国宪章》有关安全理事会的条款规定，日本参加过12次安理会非常任理事国的选举，

---

① 外务省『外交青書（1960）』第二部分"各説""アフリカ關係"。引文中数值为日本外务省《外交蓝皮书（1987）》原文的数值。而日本外务省《ODA白皮书（1988）》公布的数值，1975年为7.9%，1985年为12.3%。

② 外务大臣小坂善太郎在第36回国会众议院上的外交演说，1960年10月21日。

其中有 11 次成功当选，总计任职 22 年，成为联合国所有成员国中当选次数最多和任职年数最长的国家。日本 11 次当选安理会非常任理事国，与非洲国家的鼎力支持密不可分。在获取非洲国家支持推进联合国外交这一目标上，可以说日本对非洲的政治外交实现了预定的目标，取得了成果。

表 2-6　日本当选联合国安理会非常任理事国的年度和得票数　　单位：票

	当选年度	得票数	当选/落选的结果
1	1958—1959	55	当选
2	1966—1967	98	当选
3	1971—1972	102	当选
4	1975—1976	121	当选
5	1979—1980	65/61/放弃	落选
6	1981—1982	141	当选
7	1987—1988	107	当选
8	1992—1993	158	当选
9	1997—1998	142	当选
10	2005—2006	184	当选
11	2009—2010	158	当选
12	2016—2017	184	当选

注：1978 年，日本与孟加拉国竞选，第 1 轮投票日本获 65 票，孟加拉国获 84 票。第 2 轮投票日本获 61 票，孟加拉国获 87 票。第 3 轮投票前，日本放弃候选退出竞选，孟加拉国以 125 票当选。

资料来源：根据收集日本外务省"外交政策"中的"联合国外交"资料整理而成。

以两国间外交关系为核心的政治外交是两国间开展外交活动的基石，可以为经济外交和文化外交提供政治性保障。20 世纪 50 年代中期，日本以建立外交关系的政治外交为突破口恢复了对非洲的外交活动，之后，在 20 世纪 60 年代中期开始了经济外交，在 20 世纪 80 年代中期开始了文化外交。

由于政治外交的顺利进行，从 20 世纪 60 年代中期开始，日本陆续与一些非洲国家签署了经济和贸易等方面的协定。经济和贸易协定不仅是经济外交的成果，更是良好及稳固的政治外交的成果。

1960年，日本与摩洛哥签署贸易协定。1962年，日本与喀麦隆、尼日尔、达荷美（贝宁）签署了贸易协定。同年，日本与加纳签署技术合作协议，并在加纳、尼日利亚以及肯尼亚等国设立了技术合作中心。1963年，日本与南罗得西亚签署贸易协定。1965年5月，日本与赞比亚签署了贸易协定，1967年9月，为了对日本企业的投资实施优惠政策，两国又签署了租税条约。1967年7月，日本与肯尼亚、乌干达、坦桑尼亚三国签署了有关开设日本与东非航线的航空协定。1968年10月，日本与中非签署了贸易协定。1970年5月，日本与象牙海岸（科特迪瓦）签署了贸易协定。1970年11月，日本与刚果（金）签订了贸易协定。1972年11月开始，日本与非洲开发银行（ADB）签署协议成为其会员国。同年，日本与刚果（布）签署了贸易协定。1977年8月，日本与塞内加尔签署了贸易协定。到20世纪70年代中后期，日本与非洲的主要贸易伙伴国家基本上签署了经济和贸易协定。

20世纪70年代中后期，埃塞俄比亚、尼日尔、加纳、尼日利亚等国发生军事政变，非洲一些国家出现政局不稳定的状态。在这种形势下，日本与非洲国家之间的经济贸易协定基本上处于维持现状甚至停滞的状态。为此，日本开始调整对非洲经济贸易活动的方式，日本外务省指出："从20世纪70年代后期开始，我国努力扩充对非洲的经济援助活动。日本对非洲政府开发援助在政府开发援助中的占比，从1975年的6.9%增长到1985年的10.9%，增加了1.6倍，按美元计算的绝对额则是增长了4.7倍。"[①] 这意味着从20世纪70年代中期开始的10年间，以政治外交为后盾日本对非洲的经济援助已经取得了一定的成效。

20世纪80年代中后期，日本开启了对非洲的文化外交活动。1987年，日本政府对日本与非洲国家之间存在的问题进行总结和分析，认为："我国与非洲国家之间，因为深受地理和文化上隔阂的影响，限制了相互之间的交流。我国国民没有机会接触非洲大陆丰富多彩文化的机会，对非洲大陆的一般印象是饥饿和自然灾害频发等负面的看法。另一方面，在非

---

① 外務省『外交青書（1987）』第二章第八節。

洲的城市街道只能看到充斥各处的日本汽车和电器制品，却很少看到日本人的身影。为此，构建和巩固我国与非洲大陆之间相互理解的基础，通过人员的往来增加直接交流的机会，进一步开展文化上的交流是不可或缺的重要事情，我国必须为了实现这个目标而努力奋斗。"[1] 日本在1987年举办了"非洲文化1987"活动，派遣有"东洋魔女"之称的日本女排出访非洲国家。1989年举办了"非洲文化1989"活动。从20世纪80年代中后期开始，日本与非洲国家之间政治外交的顺利开展帮助日本的文化外交登上非洲国家的舞台。

四 建立外交关系的特点与原因

日本与非洲国家建立外交关系呈现以下三个特点。

第一，迅速承认独立国家并着手建立了外交关系。对于相继独立的非洲国家，日本采取的外交策略是不问独立后国家的政体和社会形态，避开政治上意识形态和国际阵营的划分，只要国家获得独立就给予承认并着手建外交关系。日本在确立了"和平外交""务实主义"等外交原则和方针之后，采取了一种"油滴渗透式"的方法对非洲国家开展外交活动。所谓"油滴渗透式"是，滴下一滴油滴，油滴可以通过浸透形成一小片油渍。如果在不同地方不停地滴下油滴，油渍慢慢地就可以连接成一大片油渍，最终形成完整的浸渍。在法国和英国等旧殖民势力以及苏联和美国新兴势力对非洲大陆施加重大影响力的时期，日本通过"油滴渗透式"的方式与摆脱殖民统治实现独立的国家建立外交关系，从而在整个非洲大陆顺利推进政治外交。尽管日本在非洲大陆开始推进政治外交，但是在这个时期，由于非洲大陆是英、法势力残留的地区以及美、苏势力展开冷战的前沿地区，再加上日本自身的政治影响力有限，在此条件下，日本对非洲的政治外交无法针对整个非洲大陆进行全盘性、系统性的战略性规划，而是以发展与对象国双边关系的方式逐步展开的。为此，日本在非洲大陆的政治外交具有国别的单独性。

在20世纪50—70年代，日本与刚刚独立的非洲国家马上建立了外交

---

[1] 外務省『外交青書（1988）』第二章第七節。

关系。非洲国家中除去4个第二次大战结束前就已经独立的国家之外，剩余的50个国家中有49个国家刚刚独立，日本就马上给予承认并在6年之内建立了外交关系。唯一的例外是针对赤道几内亚，日本采取的是给予承认但是没有马上建立外交关系的做法。1968年赤道几内亚宣告独立，日本马上给予了承认，但是由于马西埃总统在执政期间的暴政和家族式统治，以及长期奉行所谓的"非洲式社会主义"，采取闭关锁国的政策，与大多数西方国家关系恶化，日本与大多数西方国家一样没有与赤道几内亚发展关系，直到1979年8月赤道几内亚发生军事政变，奥比昂推翻马西埃政权上台执政之后，日本于1980年才与赤道几内亚建立外交关系。日本承认赤道几内亚与建立外交关系相隔了12年。

第二，日本与非洲国家的大使馆出现许多兼任情况，具有国别之间的差异性。截至2019年年底，在54个非洲国家中，日本只在35个国家设立了大使馆，有19个国家的大使馆由日本驻其他国家大使馆兼任。即使是35个设立大使馆的国家中，有一些也是建交多年之后才新建的。比如，1960年日本与布基纳法索建交，但是由于布基纳法索军事政变多发长期政权不稳，一直没有设立大使馆，直到2009年才设立大使馆。1976年日本与安哥拉建立外交关系，但是由于安哥拉内战的原因，直到2005年才设立大使馆。1978年日本与吉普提建交，直到2011年日本增派航空自卫队[①]并在吉普提建设自卫队海外基地之后，2012年才设立大使馆。

日本在非洲的大使馆出现兼任情况的同时，非洲的一些国家同样采取了兼任的做法。比如乍得、尼日尔等国的对日外交工作由驻中国大使馆兼任，斯威士兰对日外交工作由驻马来西亚大使馆兼任。

第三，在美国和苏联角逐非洲的冷战环境中，日本力图保持中立的立场。从战后直到20世纪90年代初期，非洲是美国和苏联两个大国展开角逐的重要地区。日本在"非洲独立之年"的1960年就察知美国和苏联两个国家在非洲展开角逐，为此做出了判断。日本认为："目前，伴随着非

---

① 日本海上自卫队于2009年3月以红海护航和打击海盗的名义开始进驻吉普提，到2011年为止一直使用美国吉普提海军基地，2011年6月，日本增派航空自卫队进驻吉普提之后，修建了自卫队基地。2009年3月，日本政府向吉普提派驻自卫队的同时外务省设立办事处，2012年设立大使馆。

洲地区一些国家的独立，对这些欠发达及有待开发的地区，西方先进国家的援助正在迎来共产势力的挑战，东西双方阵营相互竞争的态势越来越浓厚，这是从本年开始出现的特征。"① 面对这种情况和趋势，在非洲大陆，日本无心参与美国和苏联的角逐活动，在美国和苏联的非洲争霸角逐中始终保持中立。20世纪50年代的苏伊士运河之争、20世纪60年代的刚果（利）战争、20世纪70年代的安哥拉内战以及欧加登战争等非洲国家纷争的背后，都可以看到美国和苏联两个大国以及原殖民宗主国的影子，而日本在各种纷争中采取保持中立的立场，避免卷入各种纷争当中。这一点与日本作为美国西方阵营的重要成员在朝鲜战争和越南战争中直接为美军提供服务形成鲜明的对比。

产生上述三个特点分别有以下三个原因。

第一，迅速承认非洲独立国家并着手建立外交关系是推进全方位外交的结果。针对冷战环境下以美国和苏联为首的两大阵营的对峙情况，日本的外交方针在坚持"自由民主"国家阵营一员的同时，全面推进全方位外交。具体而言，1956年12月，日本与苏联恢复外交关系，与苏联阵营的捷克斯洛伐克和波兰恢复外交关系，加入了联合国。日本政府认为："直到与苏联恢复外交关系之前，我国只是打开了世界的一扇窗户，而其他窗户还处于关闭的状态，我国在国际上的外交活动范围局限于有限的部分，在国际上的发言权也受到影响""与处于共产圈指导地位的苏联恢复外交关系，对我国来说是打开了东西两方面的窗户，我国真正成为国际社会的一员。"② 由此可以看出，尽管日本认定自己是"自由民主"国家阵营的一员，但是推进包括苏联阵营在内的全方位外交是日本的外交方针。

在推进全方位外交方针的指导下，扩大与世界各国的外交关系以及强化友好关系成为日本的外交任务。面对蓬勃而来的非洲国家独立现象，1960年10月，池田勇人内阁总理大臣发表外交演说指出："不远的过去和现在，在非洲以及世界其他地区，许多国家宣告独立，加入了联合国，对体现世界和平与人类进步的举动，日本衷心地表示祝贺""在独立国家巩

---

① 外務省『外交青書（1960）』第二部分"各説"。
② 外務省『外交青書（1957）』総説第三部分"最近におけるわが国外交の大要"。

固政治、经济以及社会基础时，我们国家作为国际社会有责任的一员，要充分发挥作用，给予大力的协作""在现在的国际形势下，为了推进我国和平外交，即使是政治理念和社会制度完全不同的国家，我们也必须与之和平友好地共存。"①"大力的协作"以及"和平友好地共存"的态度明确地表明了日本对非洲的方针和政策是"融进型"和"全方位"的。日本与相继独立的非洲国家迅速建立外交关系，正是全方位外交方针在非洲的具体体现。

另外特别需要指出的是，日本在宣称"和平友好地共存"的同时，还公开地表示："这些新兴独立的非洲国家，在联合国的影响力开始逐渐提高。随着我国与这些国家外交关系的深化，这些国家作为拥有尚未开发丰富资源以及庞大人口的地区，在经济上正在成为我国重要的市场之一"②，日本迅速与相继独立的非洲国家建立外交关系正是基于上述这些目的的结果，推进全方位外交是实现和满足上述目的最主要的方式和途径。

第二，驻非洲国家大使馆出现兼任情况是日本将亚洲置于外交重点区域以及设立使领馆条件限制的结果。为了处理战争善后问题以及重新树立国家形象，20世纪50年代，日本确定了三大外交原则，也即"以联合国为中心""与自由主义国家协调合作""坚持亚洲一员的立场"。根据"坚持亚洲一员的立场"的原则，日本将外交的重点区域置于亚洲，强调"我国在推进外交活动时，应作为亚洲一员，采取与亚洲国家共同前进的立场"③。这一以亚洲为中心的外交原则，贯穿了整个20世纪50—70年代。日本首先是与东亚和东南亚、南亚一些国家处理战争善后问题，之后以政府开发援助为主开展对亚洲国家的经济援助活动。在此背景下，日本优先考虑在亚洲国家配置和建设使领馆，为此在非洲国家的使领馆配置和建设受到影响。

根据《国家行政组织法》（1948年法律第120号）第8条、《日本政府在外事务所设置法》（1950年法律第105号）以及《有关驻外使馆名称和位置以及使馆外务公务员工资的法律》（1952年法律第93号）第1条

---

① 池田勇人内阁总理大臣在第36回国会众议院上的施政方针演说，1960年10月。
② 外務省『外交青書（1960）』第二部分"各説""わが国と各地域との間の諸問題"。
③ 外務省『外交青書（1957）』第一部分"総説""わが外交の基調"。

等法律规定,① 外务省制定了设立海外使领馆的方针,一般需要考虑以下一些原则性因素:第一,在包含安全保障在内的两国关系方面具有政治上的重要性;第二,在获取资源与能源以及经济关系潜力等方面具有经济上的重要性;第三,能够支援日本企业和保护驻在国的日本人;第四,从获得国际支持的观点出发,考虑对象国的国际社会地位和影响力等综合性因素;第五,考虑其他主要国家的领事馆配置情况以及对象国驻日使领馆的情况,在上述因素之外,也要对两国贸易量、投资量、驻在国的日本人数以及日本企业数、国际形势以及地区动态等进行综合性的考虑。② 从上述法律规定可以看出,是否设立使领馆是对两国关系重要性进行综合性评价的结果。

受历史渊源以及两国关系重要性的影响,日本在非洲地区的外交活动集中在双边经贸往来和开发援助比较活跃的国家,比如喀麦隆、肯尼亚、尼日利亚、坦桑尼亚、埃及、加纳、埃塞俄比亚、塞内加尔、象牙海岸(科特迪瓦)等一些国家。外交活动的重要性和传统性造成了国别之间的差异性。在这种差异性的影响下,尽管日本与非洲 54 个国家建立了外交关系,但是日本并没有在所有建交国家设立大使馆,只在一些经贸和开发援助重点以及人员往来频繁的国家设立了大使馆,这种情况持续至今。③

---

① 1999 年,在其他原有法律的基础上,又新增了《外务省设置法》(1999 年法律第 94 号)作为设立海外使领馆的法律。

② 根据国际格局和形势以及对象国的情况变化,日本会对使领馆进行新增和位置等调整,但是设立方针所体现的原则性因素一般不会改变。详见 2010 年 5 月,总务省『在外公館に関する行政評価・監視結果に基づく勧告』,以及 2014 年 8 月,外务省『在外公館の整備方針』。2014 年的外务省统计数据表明,日本在 194 个建交国中的 139 个国家设立了大使馆,尚有 55 个国家没有设立大使馆而是由其他驻在国大使馆兼任,55 个没有设立大使馆的国家基本上集中在非洲和南美洲,其中,非洲国家占了 19 个。

③ 到 2019 年 6 月为止,日本与非洲 54 个国家建立了外交关系(日本没有承认西撒哈拉),但是只在其中的 35 个国家设立了大使馆,刚果共和国、冈比亚、乍得、中非、几内亚比绍等 19 个国家为兼任使馆。实施 TICAD 以来,根据外务省制定的驻外使馆开设标准,相关部门抓紧开设驻非使馆的论证和准备工作。日本在非洲 35 个大使馆中有 14 个是在实施 TICAD 之后设立的,但是大使馆兼任情况依然没有完全解决,同时在一些国家还存在外交官员不足编的情况。2014 年,河野太郎任职自民党行政改革推进本部长期间曾经针对日本驻外大使馆以及领事馆的定员编制和配属问题进行了访谈式调查。调查结果显示,驻外使领馆的定员编制额为 3488 人,而实际人数为 3378 人,欠员 110 人。欠员的使领馆基本上是非洲、中东和中南美洲的国家。日本在埃及、加蓬、马拉维、南苏丹等 33 个国家的使领馆都存在欠员问题。

20世纪60年代，日本曾经召开过七次"非洲使领馆长会议"，不仅研究对非洲的政策，还专门探讨如何顺应非洲的形势在非洲国家设立使馆问题。既"顺应非洲形势"又"适应世界潮流"成为几次会议讨论在非洲设立使领馆问题的评价标准。就具体事例而言，在整个日本与非洲的关系中，日本与南非的经贸关系占据极为重要的位置，南非又是日本的传统交流国。1961年，日本原准备将比勒陀利亚领事馆直接升格为大使馆，与南非建立大使级外交关系。但是因为南非实行种族隔离制度，日本考虑到升格为使馆与南非建交后招致的国际影响，会引发非洲国家反对和抵制日本的情况，最终不得不放弃了升格使馆的行动。

第三，日本在非洲的冷战环境中保持中立的立场是受到地缘关系和外交方针影响的结果。日本因为《日美安全保障条约》所确立的日美关系以及地处东亚地缘的影响，绝无可能在朝鲜战争和越南战争中对在日美军基地采取任何的抵制行为。日本地处东亚的地缘因素使得美国始终将日本作为亚洲"反共"的前沿基地，1952年8月美国就提出"日本是美国在西太平洋的自由之锚，能对亚洲的自由世界做出重要贡献",[1] 在使用高压威力处理东亚和东南亚问题上必须依靠日本。1960年6月美国政府再次强调"日本是西太平洋防卫的锁匙",[2] 日美关系可以为美国获得日本的支援提供保障，日本也能够借向美国提供战争服务拉升和带动经济发展。

日本远离非洲大陆，是非洲大陆的域外国家。地缘关系使得日本在冷战时期能够回避美国和苏联在非洲的角逐活动。冷战爆发后，美国非常明确地将日本定位为"冷战中美国强有力的合作者"。在冷战时期的美国全球战略中，美国根据地缘政治关系、短期需要和长期目的、实现的可能性和具备的条件、历史渊源等综合性因素，对同盟国家和战略伙伴的作用进行综合性判断，最终在全球不同区域内配置任务分工。亚洲特别是东北亚、东南亚和中亚是冷战时期的"热战"区域，爆发过朝鲜战争、越南战争、印巴战争和阿富汗战争。冷战时期，美国对日本的战略定位是将日本作为亚洲的战略基石，没有将日本纳入美国非洲角逐的战略伙伴。更为主

---

[1] 美国国家安全委员会第135/1（NSC135/1）号文件，1952年8月。
[2] 美国国家安全委员会第6008/1（NSC6008/1）号文件，1960年6月。

要的是，日本在非洲大陆的需求使得日本无心参与美国和苏联在非洲的角逐活动。日本对非洲的外交方针是拓展政治外交和推进经济外交，在非洲的外交任务是广泛与独立国家建立外交关系，树立良好形象，开拓商品和投资市场以及确保持续稳定的资源进口。在美国与苏联的角逐中保持中立的立场是落实外交方针、完成外交任务的基础和条件。

1960年，东西冷战加剧以及刚果战争爆发之后，日本政府指出："众所周知，今年5月的国际首脑会谈破裂以来，世界再次呈现东西冷战的紧张状态。当下的国际形势是尽管全世界期待和平，但是国际紧张局势的缓和并不容易。围绕着刚果等非洲新兴独立国家，东西两大阵营的角逐越来越白炽化，就连联合国也成为两大阵营对立的场所，这不能不说是非常遗憾的事情。这一现象对联合国自身也是非常重大的考验。最近，国际社会对联合国的权威性表示了不信任，这是非常遗憾的事情。我们始终信任和跟随联合国，希望增强其权威性，发挥其本来的功能，我们将从具有建设性和实际意义的立场出发，继续支持和配合联合国的工作。"① 日本政府认为，美国和苏联势力在非洲的角逐是造成非洲局势不稳定的重要因素，从上述的施政演说中可以看出，面对冷战下非洲大陆的复杂环境，日本是要坚持"以联合国为中心"的外交方针，极力保持中立的立场。

第四节　冷战时期日本对非洲的经济外交

20世纪60年代，日本完成了战后重建任务之后，将经济发展作为国家的主要战略目标，实现了经济高速腾飞，国家经济实力剧增。这一时期，日本与相继独立的非洲国家建立外交关系成为首要外交任务。之后，在积极开展政治外交并确保外交关系和外交环境稳定的情况下，日本开始推进经济外交，对非洲的外交活动从建立外交关系转向政治外交和经济外交并进。20世纪60年代，日本对非洲地区的经济外交基本上是单一性的经济贸易往来。进入20世纪70年代，经济援助开始成为经济外交的新方式，经济贸易往来与经济援助成为日本对非洲地区经济外交的两翼。

---

① 内阁总理大臣池田勇人在第36回国会众议院上所做的施政方针演讲，1960年10月21日。

一 经济外交开展以及方式的转变

20世纪40年代中期以及50年代，整个日本社会是以战后重建为中心运转的。政治重建是战后重建的重心，但是政治重建的主要结果之一就是社会形成了各种政治势力产生了政治对抗。政治对抗给社会带来潜在的危机。例如1957年2月，执政的岸信介强行推进修改《日美安全保障条约》引发了大规模的社会冲突。1960年7月，池田勇人执政之后，开始对因为政治对抗产生的社会分裂进行修复，提出改善社会环境和提高国民生活的目标，将发展经济置于最优先的地位，把大众从对抗式的政治参与转向经济发展。12月的内阁会议通过了"国民所得倍增计划"，提出了加速发展经济提高生活水平的方针，其中促进国际贸易加强对外经济合作是落实经济方针的重点。从这一时期开始，日本提出强化与非洲地区的贸易关系，在非洲地区开展经济外交。

1960年10月，池田勇人发表第一次执政方针演说，提出了推进经济外交的理念，指出："作为我国的贸易伙伴，发展中国家所占的比重非常大。从去年的实际贸易成果来看，向亚洲、非洲、中近东以及中南美洲地区的出口占到我国总出口的一半。我国要毫不动摇地增强与这些地区国家的经济关系。"① 日本将经济外交理念纳入对非洲外交方针当中，开始实行政治外交和经济外交并进的外交方针。贯彻经济外交理念促进与非洲国家的经济贸易关系，不仅仅契合了日本发展经济的战略目标，也与日本在非洲地区所面临的外交环境息息相关。

面对20世纪60年代非洲大陆汹涌澎湃的民族解放运动和国家独立大潮，日本在道义上支持非洲殖民地的独立运动，此时的日本已经转向专心致志地发展经济，无心参与和不希望卷入非洲地区的政治纷争，不想挑战法国和英国等残留的旧殖民势力以及苏联和美国等新兴势力。在这些大国势力的缝隙中，日本对非洲的方针政策是扩大和巩固以外交关系为核心的政治外交，并在发展经济和贸易立国的原则下，将非洲地区视为有待开拓的贸易市场，积极拓展经济和贸易关系。但是，相对于迅速承认非洲独立

---

① 内阁总理大臣池田勇人在第36回国会众议院上所做的施政方针演讲，1960年10月21日。

国家并建立外交关系的政治外交而言,面对非洲独立国家的经济现状,日本推进经济外交的工作并非一帆风顺。

20世纪60年代,在日本与非洲地区的贸易活动中,许多非洲国家将日本列为《关税与贸易总协定》(GATT)第35条适用对象国,采取了贸易壁垒措施。同时日本对非洲出口商品从传统的棉纺织制品向机械化工产品转变过程中,非洲出现消费市场问题,日本与非洲地区的贸易呈现进口与出口不平衡的状态。与日本对非洲进口贸易总额持续增长状态相比,日本对非洲的出口额却长期不振增长缓慢。同时,非洲独立国家内部不断的政治纷争也对非洲商品出口造成致命性打击。即使是非洲国家与日本签署了两国间经济和贸易协定,也往往因为非洲国家动荡的政局而无法落实。以上这些都成为困扰日本对非洲经济外交的大问题。

日本针对上述出现的问题寻求各种解决的办法。1965年,日本海外贸易振兴会在非洲地区开展了日本商品巡回展,向非洲主要贸易伙伴国派出了展示商品车队推介日本的轻工产品。1966年,日本再次向企业提出加大对非洲地区出口力度的要求,指出:"对于我国来说,中东以及非洲地区拥有丰富的石油以及其他矿物资源,是支撑我国经济发展不可或缺的原料供给地,同时也是我国商品重要的出口市场。"[1] 敦促企业加大对非洲地区的出口,日本将非洲同时视为重要的能源供给地和贸易对象地区,为了加大从非洲地区的进口能源产品,企图以加大出口的形式牵制住非洲国家。

1963年5月非洲统一组织成立,以及刚果战争结束,一些非洲国家政局稳定[2]之后,日本再一次审时度势地对非洲的趋势进行了分析和研究,认为:"许多国家独立之后,采取了政治上意识形态先行的措施,而忽视了在经济方面进行踏实努力建设,其结果是民众产生各种不满,部族和族群对立激化,这是造成非洲国家政局不稳的共同原因。经过动荡之后,非洲各国已经开始认识到经济的重要性,表明将以经济为中心建设国家。尽管存在着诸多的困难,但是,伴随着从军政统治转变到民政统治,非洲各

---

[1] 外务省『外交青書(1966)』第三部分"わが国と各国との間の諸問題"。
[2] 1963年1月多哥,8月刚果(布),10月达荷美(贝宁),1964年1月乌干达,2月加蓬等国动荡平息后政局基本稳定。

国的领袖们以此为契机，正在朝更加现实的方向努力前进。"① 基于这种判断，日本决定抓住非洲国家的发展机遇进一步加大经济外交的力度。为了解决贸易壁垒问题，日本与非洲国家持续不断地展开贸易谈判。1969 年日本派遣外务政务次官田中六助出访非洲 11 国。尽管加纳、南罗得西亚（津巴布韦）、象牙海岸（科特迪瓦）、马达加斯加等国同意撤销贸易壁垒，但是绝大多数非洲国家依然对日本实施进口配额制以及高出一般关税三倍的税率制。另外，由于日本对非洲地区尚未开展经济援助，经济外交体现为单一性的进出口贸易。整个 20 世纪 60 年代，在经济外交几乎倚重进出口贸易的情况下，日本对非洲地区的经济外交可以说是比较艰难的。

20 世纪 70 年代，日本开始审视探讨和重新规划对非洲经济外交的方式，积极邀请非洲元首访问日本，派遣经济代表团出访非洲，通过开展对非洲国家经济援助改变经济外交单一依靠进出口贸易的形式。

1970 年 2 月，日本派出大型经济使节团出访非洲 9 国，3 月邀请非洲 12 国参加大阪万博会，邀请 31 批次非洲国家首脑和政府高官访问日本。日本最大的经济团体组织"日本经济团体联合会"成立非洲委员会，将推进日本与非洲国家的经济贸易往来列入工作重点。日本企业与非洲国家签署了 60 多个投资协议。持续不断的外交努力终于出现成果，日本与非洲国家的贸易关系有所缓和。尼日尔、卢旺达、乌干达和上沃尔特（布基纳法索）等国相继将日本移出了《关税与贸易总协定》（GATT）第 35 条适用对象国，解除了贸易壁垒。日本对非洲的经济外交活动逐渐进入正常轨道。特别是从这一时期开始，日本通过向非洲提供经济援助改变了经济外交单纯依靠进出口贸易的形式。

20 世纪 70 年代初期，日本与大多数亚洲国家解决战争善后问题之后，开始将非洲纳入对外经济援助的视野，指出："我国的对外经济援助重点依然是亚洲地区，但是今后要站在世界视野的角度上，根据事宜审时度势，扩充对中东和非洲乃至中南美洲等地区的经济援助。"② 强劲的国力为日本对外经济援助提供了保障。通过经济的高速发展，1968 年日本的国内

---

① 外务省『外交青書（1967）』第一部分"世界の動き"。
② 外务大臣爱知揆一在第 63 回国会众议院上的外交演说，1970 年 2 月 14 日。

生产总值（GDP）达到52.8兆日元，外汇储备为28.9亿美元，超过联邦德国成长为继美国和苏联之后的第三位世界经济大国。20世纪70年代之后，日本的外汇储备继续快速增长，1971年的外汇储备是1968年的将近5.3倍已经达到152.4亿美元。日本在非洲一些国家开始尝试经济援助。

为了巩固日本对非洲经济外交的成果，1974年11月，时任外交大臣木村俊夫访问加纳、尼日利亚、扎伊尔、坦桑尼亚和埃及等非洲5国，实现了日本外交大臣首访非洲。外交大臣首访非洲之所以没有选择日本当时最大的贸易伙伴南非，一是为了避免引起非洲国家对日本外交的批评，二是为了促进日本与非洲国家的经济外交。在谈及出访非洲的理由时，木村俊夫指出："非洲大陆至今没有从旧殖民地的阴影中走出来。对此，我国要做的第一步应该是明确地表明我国尊崇国际道义的态度，对非洲国家给予援助。"① 木村俊夫的讲话不仅表明了日本对非洲道义上的同情和支持，也指出了旧殖民宗主国对非洲的深刻影响，以及日本迫切希望同南非之外的非洲国家开展经济往来的愿望。从20世纪70年代中期开始，日本在继续坚持对非洲贸易和投资的同时，将经济援助确定为经济外交活动的重点。日本对非洲地区的经济援助渠道也采取了多种形式，在直接进行经济援助的同时，还通过联合国等渠道向非洲统一组织、西非国家经济共同体（ECOWAS）以及南部非洲发展协调会议②等非洲国际组织间接地提供援助。

20世纪70年代后期，日本对非洲的经济援助逐年增加。外务省公布的数据③表明，日本提供给非洲国家的政府开发援助，1977年为115.2亿日元，1978年增加到223.5亿日元，1979年更是增加到421.9亿日元。根据大藏省在日本海关的统计，同一时期的对非洲进出口贸易总额，1977年为53.1亿美元，1978年为59.5亿美元，1979年为61.5亿美元。由此可以看出，在这一时期，与进出口贸易总额呈现下降状态相比，日本对非

---

① ［日］木村俊夫『対談：木村外務大臣のアフリカ歴訪』，日本アフリカ協会編『月刊アフリカ』，1975年2月号，第11頁。
② 1975年成立西非国家经济共同体（ECOWAS）取代1959年成立的"西非关税同盟"。1980年成立南部非洲发展协调会议，1992年8月更名为南部非洲发展共同体（SADC）。
③ 1977年的数值为针对非洲全域的数值，1978年和1979年的数值为撒哈拉沙漠以南非洲地区的数值（具体为不包括北非5国的非洲地区）。

洲援助呈现大幅度上升的状态。经济贸易往来与提供经济援助成为日本对非洲地区经济外交的两翼。在其后的冷战期间，日本对非洲经济外交一直保持着这种状态。

二 对非洲经济外交活动的成果

（一）进出口贸易的成果

20 世纪 50 年代，日本与非洲独立国家建立国家关系为发展经济贸易活动打开了通路。但是当时无论是对非洲贸易总额还是在日本总体贸易中的占比，份额都非常小，对非洲贸易在日本贸易总额中的占比只有约 2.5%。根据国际货币基金组织（IMF）的统计，20 世纪 50 年代日本从非洲地区进口非常少，年均不到百万美元，而日本向整个非洲地区的出口金额年均也只有 185 万美元左右。与此同时，日本对非洲的贸易主要集中在南非、尼日利亚、加纳、肯尼亚、埃及、刚果（金）等 6 个国家，日本与这 6 个国家的贸易总额占到对非洲总额的 75% 以上。从进出口贸易品目来看，20 世纪 50 年代日本对非洲贸易的品目与战前传统贸易品目一样，基本上是棉纺织制品与棉花、咖啡、可可、矿业产品等原材料等。

1960 年，实现战后复兴任务的日本正式提出实施经济外交的理念，非洲地区成为日本推进经济外交的一环。通过整理和计算国际货币基金组织和日本海关的统计数据可以看出冷战时期日本对非洲地区贸易的变化。

表 2-7 的数据表明，1960 年，日本对非洲的进出口贸易总额为 3.5 亿美元，其中出口约为 2.4 亿美元，进口额约为 1.1 亿美元，与 20 世纪 50 年代的贸易情况相比已经有了显著的增长。日本对非洲的贸易从 1967 年开始出现较大幅度的增长，这是因为日本与相继独立的非洲国家建立起外交关系为贸易增长奠定了政治基础，完成国家独立和民族解放的非洲国家发展经济的需要也给日本带来贸易机会。另外，20 世纪 60 年代的贸易品目基本上与 50 年代的相同，出口贸易品目的 80% 为日本棉纺织和纤维制品，进口品目为棉花、咖啡、可可、矿业产品等原材料。这与当时日本的产业结构以及日本将非洲定位为轻纺制品的消费市场和农产品原材料供给市场有关。从经济外交的实施效果上来看，整个 60 年代，日本对非洲贸易从进口和出口两个方面都基本上保持增长的态势。1969 年与 1960 年

相比，出口增长了约2.7倍，进口增长了约8.2倍。由于20世纪60年代中期，日本加大了咖啡、可可等农产品以及南非钻石的进口，对非洲贸易在1966年第一次出现逆差。

表2-7　　　　冷战时期日本对非洲地区的贸易额　　（单位：百万美元,%）

年份	进口额	出口额	贸易出超	贸易总额	撒哈拉沙漠以南国家占比
1960	113.8	236.5	122.7	350.3	92.1
1961	147.8	241.2	93.4	389.0	91.0
1962	179.6	244.4	64.8	424.0	90.9
1963	213.5	286.1	72.6	499.6	91.4
1964	300.1	372.6	72.5	672.7	92.4
1965	320.1	400.6	80.5	720.7	92.0
1966	387.1	356.2	-30.9	743.3	91.9
1967	626.6	409.9	-216.7	1036.5	93.7
1968	805.2	493.0	-312.2	1298.2	92.7
1969	935.4	628.9	-306.5	1564.3	92.9
1970	1041.2	782.1	-259.1	1823.3	93.7
1971	936.5	991.9	55.4	1928.4	92.8
1972	1143.1	971.3	-171.8	2114.4	92.9
1973	1661.2	1386.0	-275.2	3047.2	91.1
1974	2392.0	2208.0	-184.0	4600.0	90.6
1975	2022.8	2434.9	412.1	4457.7	87.8
1976	1800.5	2290.6	490.1	4091.1	88.0
1977	1948.2	3357.3	1409.1	5305.5	83.4
1978	2132.6	3814.0	1681.4	5946.6	81.5
1979	2980.2	3166.9	186.7	6147.1	87.7
1980	3986.1	5232.7	1246.6	9218.8	85.9
1981	4201.9	6294.6	2092.7	10496.5	83.9
1982	3510.8	4799.7	1288.9	8310.5	79.9
1983	3000.1	4027.4	1027.3	7027.5	79.6
1984	2849.6	4015.2	1165.6	6864.8	82.2
1985	3008.6	2923.3	-85.3	5931.9	83.4
1986	3609.6	3395.1	-214.5	7004.7	86.9
1987	3848.3	4750.9	902.6	8599.2	89.6

续表

年份	进口额	出口额	贸易出超	贸易总额	撒哈拉沙漠以南国家占比
1988	3929.4	4649.2	719.8	8578.6	85.8
1989	4063.7	4407.4	343.7	8471.1	86.2
1990	3692.6	4660.3	967.8	8352.9	86.4
1991	3632.0	4920.0	1288.0	8552.0	85.4

资料来源：根据收集各年度大藏省的海关统计以及国际货币基金组织（IMF）有关日本各年度贸易数据整理而成。

20 世纪 70 年代的石油危机以及东南亚反日活动对日本的经贸活动造成极大影响。在日本政府的推动下，日本企业更加重视非洲国家的贸易地位，将非洲作为经贸活动的避险地。

20 世纪 70 年代，日本与非洲国家的进出口贸易总额基本上保持了持续稳定的增长状态。1979 年与 1970 年相比，出口增长了 4 倍，进口增长了将近 2.9 倍。在对非洲贸易增长的同时，逐步成为经济大国和工业制造强国的日本，对非洲贸易的品目也发生了根本性变化。出口贸易品目已经从棉纺织和轻工制品转向汽车和机械化工制品，进口贸易品目从棉花等转向铜、锰、钻石、煤炭以及石油等矿物质原材料。这个时期，日本与扎伊尔合资的铜矿以及在尼日利亚开发的油田建成投产开始对日本出口。矿物质原材料的进口使得日本对非洲贸易在 20 世纪 70 年代初期到中期出现贸易逆差，这种情况随着日本在 20 世纪 70 年代中期加大了对非洲汽车以及汽车零部件等机械类出口之后，日本对非洲贸易重新回到顺差的状态。20 世纪 70 年代的日本对非洲贸易有效减轻了因为能源危机以及反日活动等对日本经济的损害。

20 世纪 70 年代末期，受到通货膨胀以及两次"石油危机"的影响，世界经济出现危机，与此同时，对非洲廉价工业消费制品的倾销，造成非洲国家自身工业发展缓慢，再加上持续的干旱与人口的激增，非洲国家开始出现战乱、贫困、饥饿、流行病和环境恶化等问题。在此背景下，非洲大多数国家的经济出现停滞甚至倒退，贸易环境急剧恶化。

从 1978 年开始，南非问题越来越严重，受到国际社会的制裁。被誉为"非洲之角"的欧加登地区爆发战争,乌干达和坦桑尼亚之间爆发战争,1981年12月加纳发生军事政变。1982年尼日利亚发生宗教动荡,1983年12月发生军事政变。20世纪80年代的非洲大陆被誉为"失去的十年"。在这种形势下,日本在非洲的主要贸易伙伴国都发生了不同程度的动荡,导致日本的进出口贸易受到很大的影响。与此同时,改革开放初期的中国成为日本新的贸易市场,日本与中国贸易增加。受上述因素的影响,20世纪80年代非洲对日本的贸易地位开始下降。日本对非洲贸易总额在20世纪80年代初期达到高峰值之后开始下滑,并且年度之间的波动变化较大,这种不稳定状态直到1987年之后才见好转。在整个20世纪80年代,日本对非洲的进出口贸易已经不像60—70年代那样保持持续增长的强劲态势,尽管贸易总额比60—70年代有所增加,但是贸易势头出现疲软的现象。1989年与1980年相比,出口额减少将近8.3亿美元,进口额几乎是持平的状态。

日本对非洲开展经济外交以来,日本对非洲的进出口贸易从20世纪60—70年代,保持了持续稳定的增长,80—90年代初期,则出现了长期不稳定的状态。另外,日本在非洲地区的贸易对象国主要集中在撒哈拉沙漠以南地区。日本对撒哈拉沙漠以南国家的贸易在对非洲贸易的占比,在20世纪70年代中期之前始终保持90%以上的水平,70年代中期之后虽然跌下90%,但是依然基本上保持着85%左右的高水平。

(二)摄取矿产等自然资源

非洲的自然资源非常丰富,特别是蕴藏着富饶的矿产资源。非洲的黄金、钻石、铂、钴、铜、铀、锰、石油等战略资源的储藏量巨大,海洋资源也非常丰富。日本早就认识到非洲自然资源对日本经济的重要性。20世纪50年代中期开始,日本根据自身产业发展的需求,与埃及和锡兰(斯里兰卡)签订了三国间相互贸易协定,将埃及定位为棉花的供给地。1956年实现战后复兴进入经济发展期之后,日本对矿产资源的需求也越来越大。例如,根据日本独立行政法人石油天然气金属矿物质资源机构(JOGMEC)的统计数据,1956年,日本生铜的海外依存度从20世纪50年代初期的9%上升到38%,铜矿石的海外依存度从6%上升到16%,1952年生铜的进口量约为5000吨,1956年时已经达到4.6万吨。日本为了确保海外矿产资源的有效供给，1957年11月，由政府出资75%，专门成立了"海外矿物质资源开发合作协会"，初次构建了海外自然资源开发体制。从此，日本对海外自然资源的利用从单纯的进口开始迈向贸易、勘探、合作等综合性利用。

1960年，日本在分析各大洲的经济外交定位时指出，非洲是拥有丰富未开发资源和庞大人口的地区，是日本潜在的重要原材料供给地。日本将非洲大陆定位为自然资源的主要供给地。

为了获取非洲的自然资源，日本政府在政策、法律、融资等方面，日本企业在贸易、合作和投资等方面积极地开展务实性工作。1962年5月，国会众议院商工委员会在第40回国会期间通过《有关面对贸易自由化解决金属矿业危机的决议》，决议共有6项内容，其中第5项为"积极进行海外矿产资源的开发"。同年9月，由海外经济协力基金和民间22家矿业公司分别出资2.5亿日元，成立了海外矿物资源开发株式会社。与此同时，通商产业省还设立了海外矿山探矿事业费补助制度。1963年7月，日本开始实施《安定金属矿业等临时措施法》（1963年法律第116号）。伴随着日本健全开发利用海外自然资源的法律和机制，针对非洲大陆矿产资源的开发利用也进入正轨。1966年，日本再一次强调，非洲地区拥有丰富的石油以及其他矿物资源，是支撑日本经济发展不可或缺的原料供给地。由此可以看出，在非洲国家谋求民族解放和纷纷独立的20世纪60年代，针对非洲大陆的自然资源，日本政府已经有目的有计划地完成了从法律、政策到运营机制上的建设。

有了日本政府的大力支持，日本企业开始在非洲国家积极推进以矿产资源为主的资源开发活动。1961年4月，日本矿业株式会社开始着手与刚果（金）政府商谈开发加丹加地区的铜矿资源事宜，但是当时以美国、苏联、英国、法国和比利时等国家为背后操手，前殖民宗主国和刚果（金）各方围绕着争夺加丹加地区铜矿资源爆发了战争，日本矿业株式会社的商谈活动不得不几次中止。

日本企业并没有因为战争、内乱纷争等原因停止在非洲国家的矿产资源开发利用活动。1962年9月，加纳政府开放工业用钻石直接贸易许可之后，日本政府马上派出日本钻石工业协会代表团前往加纳调查和商谈工业用钻石的贸易事宜,并对加纳钻石矿进行了实地考察,提出共同开采和加工工业用钻石的需求。

1965年11月,刚果(金)战争一结束,日本矿业株式会社马上重新恢复了与刚果(金)政府的商谈。1967年1月,日本矿业株式会社在南加丹加地区获得了铜矿的调查许可,之后立即派遣几十名技术人员在两个矿区进行了探矿和开采方面的调查。1968年7月,日本6家冶金企业在通商产业省的大力支援下与刚果(金)政府专门成立了合作企业"刚果矿山开发会社"(SODIMICO)。经过开发建设,1972年10月,矿区开始生产。生产期间共出矿1477.8万吨,产铜41.5万吨。

日本政府和企业以在南加丹加地区获得铜矿开采调查权和开采权为契机,加大了在非洲国家开发利用矿产资源的力度,分别在南非、西南非洲(纳米比亚)、苏丹等国以取得探矿权和投资参股的方式摄取矿产资源。日本政府所属海外资源开发利用机构曾经在总结报告中指出:"从历史背景出发,以及从低廉的运输费和立地条件等方面考虑,日本战后初期的海外自然资源开发利用活动是以东南亚地区为中心的。进入20世纪60年代之后,海外自然资源开发利用活动在扩大到加拿大和南美地区的同时,日本企业开始着眼并致力于在非洲国家的活动。"[①]

进入20世纪70年代,日本一方面正值经济高速发展时期,对矿产资源的需求急剧增大;另一方面受石油危机冲击的影响,出现能源问题。同一时期,针对日本商品倾销和贸易不平衡问题,泰国和印度尼西亚等东南亚国家发生抵制日货活动和反日暴动,日本传统的自然资源供给市场出现危机。缺乏自然资源的日本为解决矿物质资源原料来源问题以及拓展新的能源供给市场,加快了在非洲地区以能源为主的自然资源开发活动。日本政府认为:"考虑到非洲大陆拥有丰富的矿产、地下、森林资源及其海洋资源,我国企业在这些领域,可以说还有非常大的进军空间。"[②] 日本以企业为中心加速在非洲地区拓展自然资源的开发利用活动。

1972年,日本政府明确指出:"以资源贸易、投资为中心的国际资源

---

① 独立行政法人"石油天然ガス金属鉱物資源機構"(JOGMEC)『銅貿易の歴史』第三章,2006年8月,第90頁。
② 外務省『外交青書(1969)』第二部"各説"第一章"わが国と各国との諸問題"。

问题,牵扯到南北问题、东西问题,以及诸如像阿拉伯以色列纷争那样的国际政治和外交问题,在海洋资源开发等领域还会涉及国际法方面的复杂问题。此外,联合国人类环境会议还提出了资源开发与利用造成环境破坏的问题,以及技术革新与未开发资源合理利用的问题。今后,为了解决国际性资源问题,相关各方如何消除利害关系产生的对立,以怎样的形式解决资源问题已经成为世界性的课题。在此背景下日本要切实考虑如何推进资源外交。"[1] 正式提出"资源外交"的概念。

日本企业在政府的鼎力支持下,1970年,在赞比亚获得探矿权、与法国合作在尼日尔共同开发铀矿、尼日利亚内战结束之后迅速参与尼日利亚海上油田的开采招标活动、与几内亚和加蓬签署铁矿开发协议;1971年,在埃塞俄比亚获得了铜矿的探矿权、参与扎伊尔在大西洋海域的石油开发活动、出资成立石油开发会社获得了尼日利亚4个石油矿区的探矿和开采权、与利比里亚签署了开发铁矿的协议、向尼日尔派遣开发铜和钼矿的调查团;1972年,参与加蓬铁矿石开发事业;1973年,在埃塞俄比亚的铜矿开始投产、与利比里亚达成铁矿石的开发协议、继续在尼日利亚进行石油采掘、成功发现日产原油3500桶的海上油田;1974年,加大进口尼日利亚石油、在毛里塔尼亚取得了铀矿勘探与开采权、与法国和尼日尔成立了三方合资合作的铀矿开发企业;1975年,与马里签署协议获得了铀矿勘探权,并于1977年开始调查勘探的活动;1978年,与尼日尔签署协议获得了铀矿勘探权。20世纪70年代,日本在非洲国家的矿产资源利用活动进入高潮期。

非洲丰富的海洋资源也是日本大力开发利用的对象。20世纪60年代后期,日本远洋渔船开始在毛里塔尼亚附近海域实施捕捞作业,但是曾经发生多起渔船遭到毛里塔尼亚政府驱除和逮捕事件,甚至引发外交纠纷。1971年,日本与毛里塔尼亚签署渔业协定,解决了多年来日本远洋渔船在毛里塔尼亚附近海域渔业活动的问题。日本加大了对非洲丰富的海洋资源的开发利用。

---

[1] 外務省『外交青書(1973)』第一章"世界のおもな動き"第十九節"資源外交の新局面"。

进入20世纪80年代,由于非洲一些国家政治局势不稳定,日本无法扩大在非洲的资源勘探等活动,采取了力争确保70年代签署的协议协定的稳定,巩固在非洲国家资源活动的工作,没有增加在非洲的矿产资源勘探权和开采权。

通过表2-8的数据可以看出,尽管20世纪80年代,日本在非洲地区的矿物质资源勘探等活动处于停滞状态,但是,在贸易方面矿物质资源依然是进口贸易的重要品目。特别是像铀、铬、锰、钴、工业用钻石等战略性矿物资源,从非洲的进口占比基本都在50%以上,铬和铀的占比有些年度甚至高达80%以上。非洲国家的矿物质资源在日本资源外交中具有重要的地位。

表2-8　　1983—1986年日本从非洲进口矿物资源情况　　(单位:亿日元,%)

	1983年		1984年		1985年		1986年	
	金额	占比	金额	占比	金额	占比	金额	占比
铀矿资源	10.3	46.6	7.9	99.3	—	—	—	—
铬矿资源	47.0	46.8	68.3	49.8	90.6	48.3	—	—
锰矿资源	121.9	54.7	102.3	53.1	111.3	54.9	94.0	59.4
钴矿资源	49.2	68.9	86.7	51.4	88.1	84.6	77.9	87.8
铜矿石	518.0	54.7	610.9	33.6	562.6	42.2	357.8	49.9
工业用钻石	25.9	50.2	34.0	63.1	41.7	76.1	25.5	73.0
白金	588.0	60.9	195.7	17.8	495.8	51.5	452.8	59.6
石棉	—	—	—	—	—	—	52.8	39.6

资料来源:根据收集大藏省的日本海关统计数据整理而成。

(三)经济援助的成果

政府开发援助也是日本实施经济外交的利器。1954年10月6日,日本内阁通过决议,宣布加入"科伦坡计划"[①]。以此为开端,日本从"马

[①] 1950年1月,在锡兰(斯里兰卡)首都科伦坡召开的英联邦外长会议上,英国提出"为促进亚洲及太平洋地区社会经济发展的科伦坡计划",提议通过提供资金和技术等形式的国际援助促进南亚和东南亚地区发展。

歇尔计划"的受援国成为援助国，开启了日本政府开发援助事业。

日本的政府开发援助曾经与战争善后处理赔偿工作交织在一起。根据"旧金山和约"第14条以及第16条的相关规定，日本的战争赔偿一般分为海外资产赔偿、对盟军战俘的赔偿和对受侵略国家的赔偿。由于一些受侵略的国家放弃了战争赔偿，日本采取了向放弃战争赔偿的国家提供无偿或有偿资金援助的方式来解决战争善后赔偿问题，这种方式一般被日本政府称为"准赔偿"①。

但是，由于"准赔偿"是通过提供无偿以及有偿资金的方式来体现的，特别是无偿方式一般是以签订政府经济技术合作协定来具体执行的，所以"准赔偿"方式容易被错误地认为是政府开发援助。开发援助是发达国家以援助的形式帮助和促进不发达国家的经济和社会发展，促进全世界的和平与稳定，实现援助国与受援国共赢的一种举措。严格来说，政府开发援助有政治、经济和社会发展上的意义和目的。不管是战争善后处理赔偿还是所谓的"准赔款"，无论从哪种方式来说，日本将政府开发援助与战争善后处理赔偿工作联结在一起，有悖于开发援助理念，战争善后赔偿绝不是政府开发援助。

1955年7月，外务省成立了赔偿部和亚洲经济协力室负责战后赔偿和政府开发援助工作。1956年，在阐述与亚洲国家经济合作关系时，日本外务省发表的外交报告指出："对于背负着庞大战争赔偿责任，以及提高人口不断增长的国民生活水平的我国来说，仅凭现阶段的国力还不具备援助各国经济开发的能力。作为政府开发援助的施策方案，要充分尊重各国的希望和要求，提供那些能够对各国经济建设有帮助和作用的技术，另一方面，民间企业也要积极地与各国开展合作，这是我们要采取的方针。"② 在

---

① "准赔偿"不是法律用语，也没有出现在政府之间的协议之中，但是，在日本外务省发布的《外交蓝皮书》以及《国际协力事业团25年史》在谈及和阐述对外援助时，却使用了"准赔偿"的概念。日本先后与缅甸、菲律宾、印度尼西亚和越南（南越政权）等4个受侵略的国家达成战后赔偿协定，从1955年4月到1970年4月开展战后赔偿工作。日本先后与老挝、柬埔寨、泰国、缅甸、韩国、马来西亚、新加坡、密克罗尼西亚等8个国家签署协定，从1959年1月到1977年4月开展"准赔偿"工作。其中，从1965年4月开始，对缅甸的战争赔偿转变为"准赔偿"的方式。日本与韩国间的战争善后工作根据"旧金山和约"第4条处理。

② 外務省『外交青書（1957）』第二部分"各説"中"わが国と各地域との間の諸問題"。

国力尚不充足的情况下,日本确定了政府开发援助方式以提供技术合作为主,以亚洲的东南亚和东亚地区为主的方针。在这样的方针指导下,1957年4月,日本通商产业省设立海外技术训练中心开始技术合作事业;①1958年2月,开始日元贷款计划,向印度提供了日元贷款;1965年4月,设立了青年海外协力队事务局,12月,向老挝派遣了第一支青年海外协力队;1969年,国力得到增强之后,日本开始了无偿资金事业,向尼泊尔和印度尼西亚等国提供了政府无偿资金。日本的政府开发援助从亚洲起步。

日本对非洲的政府开发援助是从开发调查事业和技术援助开始起步的。1957年,作为"科伦坡计划"的一环,由日本政府出资,海外技术训练中心向埃及派遣了涉及道路交通、通信、电力、灌溉等公共事业的专家调查团。作为技术援助非洲国家项目,1957年到1961年的5年间,日本向埃塞俄比亚、加纳和突尼斯等国派遣了7名专家。

1958年4月,日本开始实施中近东非洲技术合作计划事业,这是日本在非洲地区开展政府开发援助工作的开端。20世纪50年代中期之后,日本邀请马里、苏丹、利比亚、埃塞俄比亚、加纳等国的研修生赴日本学习。1960年3月,日本政府向加纳和尼日利亚派遣了经济合作调查团。日本海外经济协力基金通过向日本大型纺织企业在尼日利亚开设的纺织厂提供融资的方式,间接地进行援助。1961年,日本继续向尼日利亚、加纳、埃塞俄比亚等国派遣贸易和经济合作代表团,以技术合作的方式在加纳建设纤维技术培训中心。1962年4月,日本以参加世界银行项目的形式,在尼日利亚参与了尼日尔河多功能大坝的建设和技术合作。之后,日本又将参加世界银行项目扩展到突尼斯和苏丹,与其他援助国一起合作共同参与苏丹经济发展10年计划。1962年5月,日本与加纳签订了经济和技术合作协定,这是日本与非洲国家签订的第一个经济和技术合作协定。1963年,日本在肯尼亚设立了小规模工业训练中心并派遣了专家。1967年6月,海外技术协力事业团(OTCA)向坦桑尼亚派驻了队员,第一次以常

---

① 在此之前的1953年12月,吉田茂政府确定了对亚洲各国开展技术合作的方针。1954年4月,日本成立了民间机构社团法人亚洲协会负责技术合作事业,开始向亚洲国家派遣技术人员以及接收亚洲研修生。

驻的形式开展援助活动。1968年7月，日本实施粮食援助计划①，向非洲地区无偿提供粮食援助。

从上述具体实例来看，20世纪60年代中期之前，日本对非洲的政府开发援助方式主要是技术援助。在资金援助方面，这个时期的日本还无法单独向非洲国家提供资金，而是通过与世界银行等国际经济组织合作，与其他援助国一起参与非洲的政府开发援助活动。

造成这种现象主要有以下四个方面的原因。第一，在提供资金援助方面，日本当时的国力还尚未达到在亚洲和非洲同时开展政府开发援助的能力。第二，日本要极力避免在非洲国家与原宗主国发生经济冲突引发政治外交的危机，日本政府认为："尽管近年来一些非洲国家相继获得了独立，但是在经济上，非洲国家尚未摆脱对原宗主国的依赖，与这些国家有着传统经贸关系的西欧各国正在积极地提供资金进行经济开发援助活动。"② 第三，由于非洲国家采取了出口限制政策导致发生了日非贸易失衡问题，日本将贸易问题与政府援助相提并论，决定首先解决由于贸易壁垒而造成的贸易失衡问题，之后再解决资金援助问题。日本政府认为："近年来，我国与非洲国家的经济关系有了显著的发展，但是依然还很浅薄。我国的消费品对非洲国家的输出有了飞跃式发展，却存在着深刻的贸易出超问题，这是我们需要迫切解决的燃眉之急问题。为此，我国需要对上述贸易关系进行调整。与此同时，为了对非洲国家的经济发展做出贡献，为了能够与技术援助并行地开展资金援助，我国首先应该由民间业界派遣各种调查团出访非洲，努力提高民间业界对非洲国家的认识。"③ 第四，世界银行等国际经济组织为日本提供了解决资金援助问题的办法和方式。

20世纪60年代中期，日本实现经济高速发展积蓄了一定的国力之后，国际社会对日本的政府开发援助提出了新的要求。1965年5月，针对日本政府开发援助的情况，经济合作与发展组织所属的发展援助委员会

---

① 其他案例因篇幅所限不展开论述，详细案例请见：海外済協力基金编集『海外経済協力基金30年史』，1992年8月；国際協力事業団编集『国際協力事業団25年史』，1999年8月；国際協力機構编集『国際協力機構史（1999—2018）』，2019年3月。
② 外務省『外交青書（1964）』第四部分"わが国の経済協力の現状と問題点"。
③ 外務省『外交青書（1964）』第四部分"わが国の経済協力の現状と問題点"。

(DAC)向日本提出五点希望,其中的第二点就是希望日本政府在国家预算中提高政府援助的优先顺序,努力增大资金援助,第三点则是希望日本尽快地放缓援助条件。面对发展援助委员会的希望和要求,日本政府回应指出:"我国已经留意到国际社会对我国提出的政府开发援助的希望和要求。今后,我们要进一步充实和强化对经济不发达国家的政府开发援助工作。同时,从增进与这些国家之间贸易的观点出发,对这些国家的经济发展以及扩大与我国贸易所需的资金和技术,我们将尽可能地给予必要的援助。"[①] 仔细思考和分析上述过程,可以发现这一时期,日本的政府开发援助存在一个潜在的问题。具体而言就是,日本加大政府开发援助的承诺是对以西方发达国家为核心的发展援助委员会希望和要求的回应。也就是说,日本的回应实际上是作为"自由民主"国家阵营的一员迫于西方发达国家的压力,为了维系与西方国家关系所做出的回应,而不是主动根据非洲地区以及其他发展中国家的实际需求做出的选择和安排。并且,日本为了持续应对来自西方国家的压力,维系与西方国家的关系,这种回应也是长期意义上的。

从20世纪60年代中期开始,日本开始扩充政府开发援助方式,由以往单一性的技术援助方式转变为技术援助与资金援助相结合的方式,实施政府开发援助的条件也有所放缓。受此影响,日本对非洲的政府开发援助发生了变化。1966年7月,日本向乌干达提供了100万英镑的贷款,8月和9月,分别向坦桑尼亚和肯尼亚提供了200万英镑的贷款,11月,向尼日利亚提供了300万美元的贷款。1966—1975年的10年间,日本向阿尔及利亚、埃及、埃塞俄比亚、乌干达、尼日利亚、肯尼亚、马达加斯加、卢旺达和扎伊尔等9个非洲国家提供了政府贷款。

进入20世纪70年代,随着社会和经济的发展以及生活水平的提高,日本对能源和自然资源的需求越来越大,确保稳定的海外能源和资源供给成为日本对外活动的重要任务。1971年,日本指出:"中南美洲以及非洲地区通过促进合作谋求经济自立的行动不断高涨。同时民族主义也正在出现新的抬头倾向。从确保我国资源的视点上来看,这些地区具有极其重要

[①] 外务大臣椎名悦三郎在第50回国会众议院上的外交演说,1965年10月13日。

的意义。我国要密切同这些地区国家的关系，努力通过经济和技术等方面的合作促进这些地区国家的发展。""我国对发展中国家的资金援助，要从以往的以亚洲为中心逐步向包含非洲在内的其他地区扩展。"① 由此可以清楚地看出，日本用积极开展政府开发援助等经济外交活动来实现换取能源和资源的目的。

通过表 2-9 可以看出，日本从 20 世纪 70 年代中期开始对非洲开展大规模政府开发援助。1970 年日本对非洲政府开发援助总额仅有约 830 万美元，1975 年时已经达到了 1.1 亿美元，5 年间增长了 13 倍。这一时期，日本对非洲政府开发援助总额呈现爆发式增长的原因是，日本借助政府开发援助推进经济外交保持日本与非洲地区的友好亲善关系，并希望通过政府开发援助维持稳定的能源供给。

表 2-9　　　　日本冷战期间对非洲国家的政府开发援助金额　　　　（百万美元）

年份	1965	1970	1975	1980	1981	1982	1983
阿尔及利亚	—	—	0.2	4.8	3.6	0.2	0.7
埃及	0.1	0.1	50.2	123.0	70.7	61.6	50.4
利比亚	—	—	0.1	0.1	0.3	0.4	0.2
摩洛哥	—	0.1	1.0	4.1	1.7	17.1	10.9
突尼斯	—	—	0.1	5.5	22.3	10.4	13.9
博茨瓦纳	—	—	—	0.7	0.9	0.8	0.1
喀麦隆	—	—	—	0.1	0.2	1.2	0.1
刚果	—	—	—	—	0.8	0.6	—
埃塞俄比亚	—	0.2	4.6	1.0	2.0	0.2	1.4
加纳	0.1	0.2	2.0	2.5	5.3	5.2	7.4
科特迪瓦	—	—	0.2	0.2	2.5	1.8	0.8
肯尼亚	0.2	1.1	7.2	26.8	25.2	19.3	52.1
莱索托	—	—	—	—	0.1	0.2	—
利比里亚	—	—	—	13.9	2.5	7.1	6.1
马达加斯加	—	0.1	3.5	17.6	9.8	26.5	27.9

---

① 外务省『外交青書（1973）』第二部"各説"第一章"わが国と各国との諸問題"。

续表

年份	1965	1970	1975	1980	1981	1982	1983
马拉维	—	—	—	11.6	9.9	5.7	5.1
毛里塔尼亚	—	—	—	0.1	2.4	8.1	3.6
尼日利亚	0.1	4.7	27.3	0.3	—	3.7	17.8
卢旺达	—	—	0.7	5.1	4.4	3.2	5.9
塞内加尔	—	—	2.0	4.6	8.2	5.9	14.9
索马里	—	—	—	0.4	2.0	3.8	2.8
苏丹	—	—	0.3	10.9	7.6	9.9	25.5
斯威士兰	—	—	—	0.4	1.0	1.0	0.5
坦桑尼亚	—	0.8	2.9	39.3	38.4	50.0	30.0
乌干达	—	0.9	0.4	—	1.6	1.0	3.6
扎伊尔	—	—	0.6	39.4	51.3	42.8	3.0
赞比亚	—	0.1	5.6	13.1	13.8	23.7	19.1
其他	—	—	1.9	46.3	28.1	56.8	57.6
合计	0.5	8.3	110.8	371.8	316.7	368.2	361.5
年份	1984	1985	1986	1987	1988	1989	1990
阿尔及利亚	0.9	-0.7	-2.5	-3.8	-3.4	-2.7	0.3
埃及	81.5	73.0	125.7	93.9	172.9	78.7	98.9
利比亚	0.1	—	—	—	—	—	—
摩洛哥	38.3	22.2	13.3	20.5	28.1	23.0	111.4
突尼斯	19.4	10.5	5.2	1.0	36.7	28.8	27.0
博茨瓦纳	0.1	—	1.2	0.1	20.5	11.3	0.7
喀麦隆	2.0	1.2	4.9	12.5	0.9	2.2	4.7
刚果	—	0.1	0.3	0.1	0.1	0.1	0.4
埃塞俄比亚	2.5	6.6	5.3	13.7	12.3	11.2	10.3
加纳	12.7	24.0	29.4	20.8	63.2	97.9	71.9
科特迪瓦	0.7	7.9	16.2	2.8	18.4	25.8	55.1
肯尼亚	30.0	29.6	49.8	63.7	114.7	147.8	93.2
莱索托	0.3	0.7	0.6	2.2	1.2	0.6	0.8
利比里亚	3.6	1.6	7.2	10.2	8.8	10.1	6.4
马达加斯加	6.9	9.0	15.8	8.4	40.8	15.6	14.0

续表

年份	1984	1985	1986	1987	1988	1989	1990
马拉维	6.4	4.9	16.1	51.5	38.1	21.6	41.9
毛里塔尼亚	1.5	3.9	11.0	4.5	3.9	6.6	1.9
尼日利亚	0.7	1.7	13.0	18.0	53.8	165.9	78.7
卢旺达	3.1	1.6	9.3	7.6	10.0	16.5	13.8
塞内加尔	12.7	11.4	12.8	25.3	36.3	79.4	82.1
索马里	3.2	12.8	30.3	22.7	15.4	17.6	10.2
苏丹	28.8	25.8	32.7	77.7	59.6	41.8	38.9
斯威士兰	0.9	0.8	0.5	0.2	—	—	0.1
坦桑尼亚	26.1	28.5	35.0	46.0	96.7	62.6	40.7
乌干达	5.3	3.1	2.6	0.5	9.5	1.1	8.0
扎伊尔	26.0	9.2	10.0	26.5	23.4	76.6	44.1
赞比亚	4.9	41.3	52.2	41.7	90.6	63.0	40.1
其他	61.5	52.6	95.1	136.8	225.3	206.4	—
合计	380.1	383.3	593.0	705.1	1177.7	1209.5	895.6

注：1985年至1989年期间，日本对阿尔及利亚政府开发援助资金为负值表示日本当年回收到期的政府贷款金额大于提供的政府开发援助金额，从而导致年度政府开发援助净额为负增长。

资料来源：根据收集通商产业省《经济合作的现状和问题》以及外务省《我国的政府开发援助》数据整理而成。

1971年，日本国际协力机构（JICA）的前身海外技术协力事业团在肯尼亚内罗毕设立了事务所，成为日本在非洲地区设立的第一个政府开发援助机构。之后日本又陆续向马拉维、赞比亚、埃塞俄比亚、摩洛哥、肯尼亚等国派遣了海外协力队员。1978年7月，内阁总理大臣福田赳夫在第4届西方七国首脑会议上向国际社会宣布，日本实施第一期政府开发援助3年倍增计划，非洲地区成为其中重点实施地区之一，大规模对非洲援助计划正式拉开序幕。1980年日本向非洲地区提供的政府开发援助总额达到3.7亿美元，是1970年的约44.8倍。对非洲地区的政府开发援助金额在日本政府开发援助中的占比也从约2.3%跃升到约13.4%，非洲成为日本对外援助增长最快的地区。1976年到1980年的5年间，日本在扩大对非洲地区政府开发援助规模的同时，还缓和条件向更多的非洲国家提供政府开发援助，新增了摩洛哥、突尼斯、利比里亚、毛里塔尼亚、马拉维、塞内加尔、塞拉利昂、苏丹、赞比亚、坦桑尼亚等10个国家作为政府贷款对象国。

20世纪80年代，日本在非洲地区继续扩大政府开发援助受援国的范围。1981年到1985年的5年间，日本新增了喀麦隆、加纳、几内亚、象牙海岸（科特迪瓦）、索马里和津巴布韦等6个国家作为政府贷款的对象国。1986年到1991年期间，又新增布隆迪、博茨瓦纳、中非、马里、毛里求斯、尼日尔和多哥等7个国家作为政府贷款对象国。冷战结束前，日本向54个非洲国家中的32个国家提供了政府贷款。这一时期，非洲一些国家由于自然灾害和战乱等原因引起饥荒问题，日本非常重视通过支援非洲国家扩大国际影响力提升国际地位的工作，加大了对非洲国家政府开发援助的力度，特别是针对非洲国家的粮食危机开展了人道主义援助。政府开发援助金额从1980年的3.7亿美元跃升到1989年的约12.1亿美元，增长了3.3倍。20世纪80年代，日本向非洲国家提供了总计58.7亿美元的政府开发援助。

在提供政府开发援助的同时，1966年日本分别向肯尼亚、坦桑尼亚和乌干达三国派遣了34名青年海外协力队队员，拉开了非洲地区青年海外协力队工作的序幕。之后，日本每年都向非洲地区派遣青年海外协力队，进行"草根外交"的活动，持续至今。

从20世纪70年代中期到90年代初期，日本针对非洲的政府开发援助项目涉及医疗和卫生、教育和研究、民生和救助、农林渔业、交通运输、环境和自然保护等多个领域。日本通过与非洲国家发展经贸关系，特别是向非洲国家提供政府开发援助等一系列经济外交活动，促进了与非洲各国的政治外交关系，提高了在非洲地区的国家形象，确保了日本经济和社会不可或缺的自然资源。

三 对非洲经济外交的特点

冷战时期，日本对非洲国家经济外交关系，在对外贸易和政府开发援助方面呈现贸易对象国和政府援助受援国相对集中的特点，在外交原则方面呈现经济外交与政治外交分离的特点。

(一) 贸易活动的特点

根据综合整理和分析各年度日本海关的统计数据，可以看出日本与非洲的贸易呈现出以下几个特点。

第一，避免受到政治环境变化的影响。受促进经济发展和贸易立国原则的影响，日本对非洲地区的经贸活动具有重商主义的偏向性。冷战期间，非洲地区既有大国势力角逐，又有非洲国家内部的政治体制之争以及部落和宗教纷争等，政治环境非常复杂，各种冲突不断。非洲国家易变的政治环境对日本发展经贸关系影响很大。日本采取了避免卷入非洲国家内部纷争和政治性参与的做法，在保持外交关系的基础上专心致志地开展经贸活动。例如，加纳、尼日利亚等国多次发生军事政变和爆发内战，政治局势不稳，但是日本始终保持不参与这些国家内部的政治事务，继续保持和推动发展两国之间的经贸关系。

非洲统一组织成立前，日本与"卡萨布兰卡集团"与"蒙罗维亚集团"的所有国家保持关系，不做政治性的选边站队，注重发展经贸关系。1975 年西非国家经济共同体（ECOWAS）成立之后，为避免参与共同体从事的维持治安、调解纠纷等政治性活动，日本通过联合国组织以及与共同体加盟国发展关系间接保持与共同体关系。1980 年南部非洲发展协调会议（SADCC）成立时，日本在非洲最大的贸易伙伴南非还在实行种族隔离制度，为避免刺激相关各方，日本既保持与南非的经贸关系，又通过南部非洲发展协调会议加盟国与共同体间接发生关系。正是由于日本在非洲地区采取了避免受到政治环境变化影响的做法，日本与非洲地区的经贸关系才保持了平稳发展。

第二，贸易品目相对集中。冷战时期，除去日本与利比里亚的船籍登记的服务贸易之外，日本与非洲国家的贸易基本上是货物贸易，几乎没有技术贸易和服务贸易。20 世纪 50 年代，日本恢复与非洲国家的经济贸易往来。这一时期，日本对非洲的经济贸易主要集中在埃及、南非、埃塞俄比亚等传统交流国家，日本出口贸易品目基本上为纺织、纤维制品和食品，进口贸易品目为棉花、咖啡、可可、矿业产品等原材料。20 世纪 60 年代，随着非洲国家的相继独立，日本借势努力扩展贸易区域，与独立国家签署经济和贸易协定。尼日利亚、肯尼亚、坦桑尼亚、赞比亚、加纳、多哥、塞拉利昂、乌干达、南罗得西亚（津巴布韦）、利比里亚、刚果（金）、象牙海岸（科特迪瓦）、马拉维等国先后成为日本新的贸易伙伴。在这一时期，日本与非洲国家的进出口贸易品目基本上与20世纪50年代相同，出口品目集中在纺织、纤维制品和食品，进口品目集中在棉花、农产品、矿业产品。

20世纪70年代之前，日本出口品目主要是以日用消费品为主的初级加工品，约占出口总量的80%，进口品目主要是农产品和矿业产品的初级产品，约占进口总量的90%。从20世纪70年代开始，随着日本产业结构的调整以及非洲国家纺织工业和食品加工业的兴起，日本调整了对非洲国家的出口品目，汽车、机械制品和化工制品成为对非洲出口的主要品目。在进口品目方面，以石油和天然气为主的能源产品以及工业用钻石、贵金属已经替代矿业产品和农产品成为最主要的进口产品。20世纪70—90年代，日本出口品目主要是汽车以及汽车零部件、机械制品、钢铁制品、日用消费品和化工制品，约占出口总量的90%，进口品目主要是能源产品、矿业产品和农产品等初级产品，约占进口总量的90%。

第三，贸易对象国相对集中。由于非洲许多国家长期援用《关税与贸易总协定》第35条对日本实行贸易限制，以及贸易品目过分狭窄导致贸易对象国受限等原因，20世纪60—80年代，日本与非洲国家的贸易主要集中在埃及、阿尔及利亚、利比亚、南非、埃塞俄比亚、尼日利亚、肯尼亚、坦桑尼亚、赞比亚、加纳、利比里亚、扎伊尔、象牙海岸（科特迪瓦）等13个国家。近30多年来，日本与上述13个非洲国家的贸易额始终占到对非洲地区贸易总额的80%左右。日本与其他40多个非洲国家也开展了贸易，但是从贸易量和金额上来看，所占比例都很小。特别需要指出的是，从贸易额上来看，利比里亚是日本的主要贸易对象国，但是日本与利比里亚的主要贸易方式是，日本海运船务公司为了减少商船的税金，将船籍登记在利比里亚而产生的服务贸易。日本与利比里亚之间的商品贸易、技术贸易、金融贸易等其他贸易非常少。

第四，贸易摩擦以及贸易不平衡。冷战期间，除去20世纪60年代中期到70年代中期之外，日本对非洲国家的贸易长期呈现出超，呈现贸易不平衡的状态。32年间,日本对非洲国家的贸易出超金额年平均达到4.3亿美元,最高年份的1981年甚至高达20.9亿美元。日本对非洲国家长期贸易出超问题加重了贸易对象国的对外债务负担,造成贸易对象国资源流失,在一定程度上影响了贸易对象国的经济和社会发展。

贸易不平衡状态使得许多非洲国家对日本采取了限制进口的措施。从1963年开始,肯尼亚、乌干达、坦桑尼亚、尼日利亚等主要贸易伙伴国对日本采取了进口配额许可制。尼日利亚一直是日本在撒哈拉沙漠以南国家仅次于南非的第二大贸易对象国。20世纪60—70年代中期,日本输出尼日利亚的商品中,棉纺织制品占到70%以上。对日本来说,尼日利亚是仅次于澳大利亚和中国香港地区的第三大棉纺织制品出口地,以及棉花、可可、花生等农产品初级市场的供给地,具有重要的贸易地位。

从日本对尼日利亚进出口贸易金额来看,1961年,出口为7000万美元,进口为960万美元,1962年出口为6000万美元,进口只有530万美元,贸易差额巨大。由于贸易不平衡,尼日利亚对日本采取了进口配额许可制度。

为了解决由于贸易不平衡带来的非洲国家对日本商品进口限制的问题,日本试图尽可能地加大从贸易对象国进口更多的商品,但是由于进口商品的品目和金额有限,无法从根本上解决贸易不平衡问题。为此,日本针对主要贸易伙伴国加大了经济和技术援助力度,采取了提高政府开发援助金额的措施。这项措施缓和了日本与主要贸易伙伴国的贸易摩擦问题,肯尼亚、乌干达、坦桑尼亚、尼日利亚等国在20世纪60年代末期相继撤销了针对日本商品的进口限制。

(二) 政府开发援助的特点

日本对非洲政府开发援助相对集中在15个国家,并且在能动性方面,呈现出从被动性援助向主动性援助转变的特点。

第一,受援国相对集中。日本从20世纪60年代起开展对非洲的技术援助活动,20世纪70年代中期又开展了资金援助活动。冷战期间日本对非洲国家政府开发援助总额排位,埃及10.8亿美元,位居全体非洲国家的第一位,然后是肯尼亚(6.6亿美元)、坦桑尼亚(5亿美元)、赞比亚(4.1亿美元)、尼日利亚(3.9亿美元)、苏丹(3.6亿美元)、扎伊尔(3.5亿美元)、加纳(3.4亿美元)、塞内加尔(3亿美元)、摩洛哥

(2.9亿美元)、马拉维(2.1亿美元)、马达加斯加(2亿美元)、突尼斯(1.8亿美元)、科特迪瓦(1.3亿美元)、索马里(1.2亿美元)。在冷战期间,日本提供给上述15个非洲国家的政府开发援助总额占到对全体非洲地区的80.2%,呈现出相对集中的样态。

尽管20世纪70年代到90年代,日本拥有强大的经济实力并加大了对外援助力度,但是,针对非洲的政府开发援助并没有采取向所有国家均等用力的方式,而是根据不同国别有针对性地进行推进。日本之所以采取这种方式开展政府开发援助,主要是受到非洲国家的内政情况,以及国家对日本的相对重要性两个方面因素的影响。

受援对象国的政局稳定是影响日本实施政府开发援助的重要因素。1976年,日本与安哥拉建立了外交关系,但是由于安哥拉爆发内战,日本不想卷入有美国和苏联背景的安哥拉内战,一直没有向安哥拉提供政府开发援助。直到安哥拉内战各方达成协议,外国军队撤出安哥拉实现停火之后,1988年,日本才通过联合国儿童基金会(UNICEF)向安哥拉提供紧急经济援助。其他比如乌干达、达荷美(贝宁)、马里等国都因为政局稳定问题,日本没有将这些国家纳入政府开发援助的重点国家。

一个国家对日本的相对重要性也是影响日本实施政府开发援助的重要因素。1973年秋天爆发的石油危机对正在大展宏图的日本经济和社会造成巨大的冲击。与此同时,由于贸易失衡、日本企业与受援国特权阶层相互勾结等多方面原因,20世纪70年代中期,泰国、印度尼西亚等东南亚国家相继爆发了反日运动。在此背景下,日本为了确保石油以及资源的供给,将政府开发援助从东南亚国家向中东和非洲地区拓展。1974年,日本先后派出政府特使、通商产业大臣、文部大臣、众议院议长频繁出访中东地区。11月,外务大臣木村俊夫访问尼日利亚、扎伊尔等非洲五国。在谈及出访非洲的意义时,木村俊夫强调:"对多样化的资源供给地的需求以及受到东南亚反日运动的影响,感到非常有必要与尚未开发的非洲国家进一步发展外交关系。"① 冷战时期,日本对非洲国家的政府开发援助是着眼

---

① [日]木村俊夫『対談:木村外務大臣のアフリカ歴訪』,日本アフリカ協会編『月刊アフリカ』,1975年2月号,第11页。

于这个国家是否能够满足日本资源需求的考虑。肯尼亚、赞比亚、扎伊尔、尼日利亚都是蕴藏着丰富自然资源，特别是石油和矿产资源的国家。日本将能够获得资源的国家作为政府开发援助的重点对象国就成为必然。

第二，被动性转为主动性。冷战时期，日本对非洲国家的政府开发援助还具有从被动性援助向主动性援助转变的特点。从20世纪60年代中后期开始，以西方发达国家为核心的发展援助委员会每年以年会报告的形式不断地要求日本加大政府开发援助力度。在这种持续不断的压力下，日本逐渐扩大的政府开发援助是面对西方国家压力的一种回应性行为。更为重要的是，在这种回应性的基础上，在20世纪80年代中期之前，日本针对非洲国家的政府开发援助是接受非洲国家的要求而实施的，具有被动性的特点。

这一时期，日本外务省和通产省在总结对非洲的政府开发援助时，曾经多次指出是根据受援国政府的请求而实施政府开发援助的。比如，1970年，外务省在论述针对马达加斯加的援助时，指出："根据马达加斯加政府提出的希望我国帮助开发该国电力资源的请求，我国派遣了援助调查团。"1971年，外务省指出："根据赞比亚政府的请求，我国派遣了青年海外协力队""中非向我国提出开发铀矿的请求，我国对此进行了援助"等等①，这样的例子比比皆是。从上述情况来看，在20世纪70—80年代中期，日本对非洲国家的政府开发援助是根据受援国的请求而实施的，具有被动性的特点。这一状况在20世纪80年代中期开始发生变化。

进入20世纪80年代中期，高速经济成长以及贸易顺差使得日本的外汇储备迅速增加，但是，日本与其他国家的贸易摩擦也在加剧。1985年9月，日本与美国、联邦德国、英国和法国签署"广场协议"，日元迅速升值。日本的外汇储备总金额1980年为252.3亿美元，1987年已经达到814.8亿美元。这一时期，日本通过大量海外并购活动收购海外资产，急剧的资本扩张使得日本迅速取代美国成为世界上最大的债权国。在加大国际影响力、提升国际地位方面，日本有了可以借助的资本之力。

1984年，皇太子德仁访问塞内加尔、扎伊尔，外务大臣安倍晋太郎出

---

① 外務省『外交青書（1972）』第一章"わが国と各国との諸問題"。

访非洲三国，外务政务次官北川石松出访非洲五国。日本政府还派遣经济使节团访问非洲五国。针对非洲的粮食危机，日本主动提供了1亿美元的人道主义救援，同时还开展了以农业技术推广为中心的"支援非洲绿色革命"活动以及"非洲月"活动。1984年8月，世界银行发表《撒哈拉沙漠以南地区共同行动计划》，决定在1985年设立世界银行"非洲基金"，日本政府主动对非洲基金进行了特别融资。1983年2月，日本加盟非洲开发银行（AFDB），成为主要出资国之一。1985年，日本针对非洲开发银行以及非洲开发基金（AFDF）分别进行了7.9亿美元和4.4亿美元的融资。在非洲开发银行来自非洲以外国家的资本占比排名中，日本以4.6%的占比仅次于美国位居第二位。[①] 在非洲开发基金资本占比中，日本也以13.6%的占比仅次于美国位居第二位。日本对非洲的经济贸易活动以及政府开发援助活动变得主动起来。

1986年1月，时任内阁总理大臣中曾根康弘在施政方针中提出"战后政治总决算"理念，指出："我们必须铭记，今天的我国能够在国际社会中占有重要地位以及战后的经济发展，这些都是在世界和平与各国人民的理解和共鸣的基础上实现的。为了促进世界的和平与繁荣，我国也必须做出积极的贡献。""为了对发展中国家的经济发展做出贡献，我国正在最大限度地扩大贸易往来和扩充经济技术合作。特别是面对因粮食危机而苦恼的非洲国家，在全体国民大力支持和帮助下，我们要在更加广泛的领域进一步强化支援活动。"[②]

根据"战后政治总决算"的理念，日本政府对政治和经济进行了"告别过去面向未来"的总规划。与此同时，围绕着这个承前启后的总规划，日本政府还提出了变被动为主动积极推进外交的总方针。1987年1月，日本再次指出："从根本上说，我国外交的基本方针是维护世界的和平与繁荣，遵守联合国宪章，推进与价值观相同的自由世界的连带和团结，作为亚洲和太平洋地区的一员为本地区的发展做出贡献，推进自由贸易，积极

---

① 为确保非洲开发银行的领导权掌握在非洲国家手中，不受非洲域外国家控制，非洲国家在非洲开发银行（AFDB）中的资本占比达到2/3，非洲域外国家的资本占比为1/3。
② 内阁总理大臣中曾根康弘在第102回国会众议院上所做的施政方针演说，1986年1月25日。

协助发展中国家增进经济和福祉。"① 从上述的施政方针中,我们可以非常清晰地看出,20世纪60—70年代强调的"亚洲的一员"到20世纪80年代中期已经变成了"亚洲及太平洋地区的一员"。这种变化不仅仅体现为地缘政治中所涉及疆域范围的改变,更是体现为伴随着国力的增强,日本的外交已经从"被动的战后处理"改变为"主动的推进拓展"。

在外交总体方针的指导下,针对非洲地区的政府开发援助活动,时任外务大臣安倍晋太郎做出具体指示:"在去年的联合国大会上,我强调了国际社会支援非洲地区的重要性。我也视察了遭受干旱威胁的非洲地区,发表了紧急支援非洲地区的讲话。我国对非洲地区积极支援的姿态,正在引起国际社会的注目。今后,政府在积极开展以经济援助为首的支援活动的同时,在国际场合要进一步呼吁加大支援非洲地区的力度。"②

根据施政方针,外务省以"积极和主动的援助"为题开始调整政府开发援助实施方针,指出:"从开始实施对外经济援助到今日,经过四分之一世纪的努力,我国已经成为世界上主要的援助国。为了成为国际经济援助活动最主要的牵引力量,我国需要适时改善以往的经济援助方式。作为这项工作的一环,我国针对深受粮食危机困扰的非洲地区,在继续保持以往各种援助的同时,需要加大无偿援助与日元贷款的力度。1985年度的无偿援助款项比前一年度增加80亿日元,总额达到了600亿日元,同时日元贷款也以1亿美元为目标,有弹性地进行了对应。我们已经取得了超过上述目标的好成绩。"③ 非洲国家成为政府开发援助新方针的主要实施地区。在此背景下,20世纪80年代中期之后,日本对非洲国家的政府开发援助开始发生变化,从过去的根据受援国的请求进行援助转变为主动向非洲国家提供援助,开始具有主动性。

1986年5月,第13届联合国大会召开特别会议专门讨论非洲经济和发展问题,针对今后5年非洲经济复兴工作制订了"联合国行动计划",其中特意强调国际社会特别是发达国家应该担负起非洲复兴的责任。日本积极响应加大了对非洲国家的政府开发援助的力度。1985年,日本提供给

---

① 内阁总理大臣中曾根康弘在第108回国会众议院上所做的施政方针演说,1987年1月26日。
② 外务大臣安倍晋太郎在第102回国会众议院上的外交方针演说,1986年1月25日。
③ 外务省『外交青书(1986)』第三章第三節 "開発途上国の安定と発展への協力"。

撒哈拉沙漠以南国家无偿援助为 2.1 亿美元，日元贷款为 0.7 亿美元，政府开发援助总额为 2.8 亿美元；1986 年，无偿援助为 3.1 亿美元，日元贷款为 1.4 亿美元，政府开发援助总额增长到 4.5 亿美元。除去日元升值因素影响之外，日本对非洲国家开始积极主动地开展经济援助活动也是拉升政府开发援助总额的重要因素。

通过上述事例可以看出，以 20 世纪 80 年代中期为时代划期，日本对非洲国家的政府开发援助经历了从被动到主动的变化过程。这一变化最终直接影响了 20 世纪 90 年代初期日本决定实施 TICAD，日本针对非洲国家的外交活动变得越来越主动和积极。

另外，综合日本对非洲贸易情况来看，埃及、肯尼亚、坦桑尼亚、赞比亚、加纳、尼日利亚、扎伊尔、象牙海岸（科特迪瓦）等 8 个国家既是日本主要贸易对象国，又是主要的政府开发援助对象国。需要指出的是，由于南非的经济发达程度以及实行种族隔离制度，日本没有向南非提供政府开发援助，但是，南非也依然是日本主要的贸易国和以矿物为主的资源供给地。

（三）经济外交与政治外交分离

冷战时期，日本对非洲的外交活动采取了政治外交与经济外交并进的方针。但是，日本并没有将政治外交与经济外交相互挂钩，而是采取了政治外交与经济外交分离的做法。

绝大多数非洲国家虽然在国家主权上获得了独立，但是，由于受到历史、宗教、民族和阶级等多方面因素的影响，出现了经济不发达和社会冲突较多的问题。面对经济和社会问题，许多非洲国家在瓦解殖民地经济的同时，试图创建自身的经济制度和体系。在这个过程中，非洲国家一方面希望依托贸易和援助帮助解决经济和社会发展的问题，另一方面又非常警惕出现经济控制等形式的"新殖民主义"。

1959 年，日本敏锐地察觉到非洲国家的独立趋势与动态之后指出："最近，非洲地区的独立运动越来越高涨，已经获得独立以及近期内有可能获得独立的国家，以确立本国政治上和经济上的自主性为目的，希望世界各国进行援助合作的要求越来越活跃。"[①] 20 世纪 60 年代，日本已经成

---

① 外務省『外交青書（1960）』第二部分 "各説" "最近における経済協力の諸問題"。

长为世界上位居前列的经济大国。此时，日本是以经济大国的面孔和非殖民宗主国的身份进入非洲地区的。这两种新鲜的角色为日本在非洲地区营造了一种"友善"的氛围。

日本深知非洲国家的国家理念和民族情绪。日本为了能够在对非洲外交方针中不破坏非洲国家强调的"政治上和经济上的自主性"，小心翼翼地采取了政治外交与经济外交分离的做法，以此来应对非洲外交的敏感性和脆弱性。即使是在南非实施种族主义时期，在政治外交方面，日本没有与南非建立大使级外交关系，也基本上与国际社会同步而行谴责种族主义。但是日本始终与南非保持着密切的经济关系。这一时期，日本以政治外交与经济外交分离为盾牌，与种族主义制度下的南非保持着经济贸易往来。

20世纪70年代，日本开始对非洲国家实施政府开发援助工作之后，继续沿用了政治外交与经济外交分离的做法，明确提出："针对发展中国家的开发援助，应从国际主义立场出发，充分考虑受援对象国的立场和希望，以促进受援对象国自立与能够在发展方面起到真正作用为目的，积极地推进政府开发援助工作。"① 其中的"充分考虑受援对象国的立场和希望"表明了政府开发援助的一大原则，不以政治压力为手段实施政府开发援助。但是，日本针对非洲国家的政府开发援助的目的具有一定的政治性和经济性。针对非洲国家的政府开发援助可以强化日本与非洲国家的外交关系，赢得非洲国家在国际场合对日本的支持，提高日本的国际声誉和国际地位，确保日本获取稳定的经济资源。也就是说，对于政府开发援助而言，在实现目的性上具有政治企图和政治意义，但是在实施过程中不能够有政治前提和政治压力。

1982年，中曾根康弘执政之后，日本提出了在国际社会"担当起更加积极的政治作用"的口号，指出："为了能够适应国际社会对我国的期待，我国必须积极发挥包含政治领域在内的作用。为此，我国将遵循所阐述的外交方针，为了成为世界各国值得信赖的国家，必须开展与我国国力国情

---

① 内阁总理大臣佐藤荣作在第65回国会众议院上的外交方针演说，1971年1月22日。

相适应的更加积极的自主外交。"① 这是日本战后第一次明确提出要在国际社会的政治领域发挥作用。

20世纪50—70年代日本的外交活动是以恢复战后经济、促进贸易立国、加速经济发展建设经济大国为目标的。到了20世纪80年代初期，在上述基本目标实现之后，日本的外交开始向政治领域拓展。针对政治领域的作用，日本外务省明确阐明包含四个方面的内容：第一，在国际社会明确表明我国的基本立场和基本态度以及所持依据；第二，坚持基本立场，采取对国际社会负责任的行动，推行长期并且一贯的政策；第三，对于国际形势的变化，具有客观公正的判断和基于判断的独自认识；第四，开展立足于国民基础的外交活动。日本所要表达的政治作用的真正核心，一是要在国际社会明确日本的政治态度，二是要坚持日本的立场开展独立外交活动。政治领域的作用所表达的核心含义是与时任内阁总理大臣中曾根康弘提出的"日本政治大国论"与"国际社会责任论"相契合的。

尽管从20世纪80年代开始，日本提出了国际社会中日本的"政治作用论"，但是，并没有将政治外交与经济外交直接挂钩。发挥政治作用是日本要在国际社会中参与政治性决定，加大日本的发言力和影响力。在基本遵循"巴黎统筹委员会"原则以及西方七国首脑会议联合声明之外②，日本没有将政治要求作为开展经济外交必不可分的条件。这一做法是日本采取务实主义方针制定对外政策处理对外关系的体现。

冷战时期，日本没有以任何政治理由终止对非洲国家的政府开发援助，在实施政府开发援助时没有附加任何政治性条件。在日本对非洲国家的政府开发援助的实施过程中，日本在举措和手法上采取了政治外交与经济外交分离的做法。

---

① 外務省『外交青書（1983）』"総説"第一章"我が外交の基本的課題"。
② 1987年5月，日本发生了违反"巴黎统筹委员会"规定向苏联出口数控机床的"东芝事件"。1989年7月，西方七国首脑在巴黎召开第十五次会议之后，日本曾同西方国家一起对中国实施经济制裁，冻结了政府开发援助贷款。

第三章　影响日本非洲外交的大国因素

外部环境因素是影响和制约日本外交的重要因素。日本在非洲地区的外交活动必然要受到非洲外交环境的影响。冷战结束之后不久的1993年，日本利用大国势力退出非洲大陆形成的"窗口期"，创建了针对非洲地区的TICAD机制，对非洲政策和外交活动做出重大调整。日本实施TICAD是自身需求的结果，在实施TICAD前必然会充分考虑非洲国家的需求以及考察非洲地区外交环境乃至国际环境，以便做出与需求相适应相符合以及与各方不冲突的外交举措。

苏联、美国以及法国和英国都曾经是对非洲地区产生重大影响的大国。梳理这些国家冷战时期的非洲外交活动，有助于加深了解非洲地区大国势力演变过程以及大国的非洲政策，更有助于看清冷战之后日本在非洲大陆实施TICAD的"窗口期"是如何形成的。

第一节　苏联在非洲的外交活动

对于非洲国家而言，无论是殖民时代还是独立之后，苏联是第二次世界大战之后才进入非洲的新面孔。非洲国家对苏联的印象是世界上第一个社会主义国家，绝大多数非洲民族主义者认为苏联的社会主义主张与经验同非洲的独立与建国运动契合，强大的苏联是一个可以提供各种援助的后盾。而苏联则认为非洲大陆是一个崭新的未知世界，充满了无限的可能性，支持和帮助独立后的国家是苏联进入非洲大陆施加影响力的最好机会。苏联经过20世纪50年代与非洲独立国家经济交往之后，在60年代利用蓬勃而至的"非洲独立运动"开始积极地参与非洲大陆事务,与非洲国家全面地发展关系。

一 20世纪50—60年代苏联在非洲的外交活动

20世纪50年代,由于非洲的大多数国家还处在欧洲殖民者的统治中,以及欧洲发生了柏林危机和东亚爆发了朝鲜战争和越南抗法战争。在这个时期,苏联的战略重心是欧洲和亚洲,并没有将非洲大陆置于战略重点区域。与此同时,此时的苏联奉行斯大林提出的"只有无产阶级领导的民族解放运动才能从根本上根除民族压迫"的理论,以及"殖民地人民只有通过自己的双手进行战斗才能赢得民族解放"的主张,并没有过多地直接参与包括非洲在内的殖民地国家的独立运动。

1957年3月,加纳摆脱英国殖民统治宣告独立,成为第二次世界大战之后撒哈拉沙漠以南地区第一个独立的非洲国家。加纳的独立对非洲大陆来说具有标志性意义。美国非常重视与加纳的关系,在加纳独立当天便与加纳建立了大使级外交关系,并在1957年至1960年期间向加纳提供了约360万美元的经济援助。相对美国积极发展与加纳的关系而言,苏联并未重视与加纳的关系,直到1959年1月才与加纳建立外交关系。在整个20世纪50年代,苏联的非洲外交活动主要是同一些非洲独立国家发展经贸关系,先后与埃及(1956)、突尼斯(1957)、摩洛哥(1958)、加纳(1959)、几内亚(1959)、埃塞俄比亚(1959)和肯尼亚(1959)等国家签订了通商和经济合作协议。这一状况从20世纪60年代开始,伴随着非洲国家的独立运动,开始发生变化。

冷战是以苏联和美国为首的两大阵营为争夺势力范围和利权以军备竞赛、局部性代理战争、外交竞争为手段进行的角逐。冷战既然是社会主义和资本主义两大阵营的角逐,那么就必然会通过意识形态和社会制度的角力加以体现。独立之后的新国家采取什么样的社会制度直接影响着苏美两大阵营的力量对比,争夺和拉拢新独立的非洲国家成为苏联和美国的新战略。为此,20世纪60年代开始,非洲大陆的一些国家陆续进行民族解放和国家独立运动之后,非洲大陆开始成为两大阵营展开激烈角逐的前沿地区。在这个时期,如果说欧洲以及东亚和东南亚是两大阵营对峙地区的话，那么非洲以及西亚则是两大阵营的争夺地区。

20世纪60年代，面对非洲国家风起云涌的独立运动，苏联政府开始意识到非洲大陆战略地位的重要性，着手调整对非洲的外交政策，并在外交部内新增设了专门负责非洲事务的部门。苏联通过向独立的非洲国家直接提供军事和经济等方面的援助，开始加大在非洲大陆的影响力。

美国学者里夫布维尔认为，这一时期，苏联在非洲实行的外交政策遵循了赫鲁晓夫提倡的"和平共处"处理国际关系的原则，采取了被喻为"友谊之手"的政策。这一政策具体体现为，"西方殖民秩序的解体和不结盟运动的出现为莫斯科在第三世界提供了新的机遇。为了帮助发展中国家摆脱对西方经济和军事的长期依赖，赫鲁晓夫表示愿意伸出友谊之手，为他们提供援助而'不附加任何政治或军事义务'"①。

上述提法和论断认为这个时期苏联对非洲的外交活动并不完全拘泥于意识形态和社会制度，并不设置任何政治和军事条件，是苏联真心实意地帮助非洲国家的"友谊之举"。但是，从实际的政策操作来看，苏联向非洲国家伸出的"友谊之手"并不是中立的，而是具有偏向性的。第一，苏联对非洲国家的援助中包含了大量的军事援助，而对一个国家进行军事援助的本身就意味着强化执政者的统治手段。支持和强化执政者的统治地位则可以确保苏联的地位，形成双方相互依赖的关系。第二，苏联向非洲国家提供的军事和经济援助主要集中在加纳、几内亚、马里等提出泛非主义推行非洲式社会主义道路实践的国家，"这三国在1959—1964年间得到苏联对撒哈拉以南非洲地区援助总额的44.5%"②。

苏联在加纳、几内亚和马里三国的外交活动是紧紧围绕着与美国的竞争而展开的。美国在加纳独立之初就重视发展与加纳的关系，不仅建立了大使级外交关系，还提供经济援助，试图将留在英联邦之内的加纳培育成为西非地区的亲美国家。

1958年7月，美国政府邀请曾经留学美国的时任总理恩克鲁玛访问美

---

① ［美］杰弗里·里夫布维尔：《冷战时期及冷战后的莫斯科对非洲政策》，朱静芳、赵巍译，《西亚非洲》1998年第3期。
② ［美］杰弗里·里夫布维尔：《冷战时期及冷战后的莫斯科对非洲政策》，朱静芳、赵巍译，《西亚非洲》1998年第3期。

国，并安排他在国会参众两院发表演讲。美国甚至派出副总统尼克松参加加纳独立庆典活动。而在20世纪50年代，苏联并未重视与加纳的关系，在加纳独立两年之后才与加纳建立外交关系。加纳1960年7月实行共和制，恩克鲁玛就任共和国总统。恩克鲁玛支持非洲民族解放运动提倡泛非主义，他在就任总统之后积极推行泛非主义以及非洲式社会主义道路实践活动。1961年1月，加纳、几内亚、马里联盟三国与北非的阿尔及利亚等国成立了卡萨布兰卡集团，主张开展民族独立的斗争运动，反对美国等西方国家的非洲政策。加纳与美国等西方国家关系恶化。

苏联看准时机开始大力发展与加纳的关系。1961年2月，苏联最高苏维埃主席勃列日涅夫访问加纳，7月，恩克鲁玛总统访问苏联。10月，苏联邀请加纳的执政党人民大会党以及几内亚、马里等国的执政党一起出席苏共二十二大。苏联在1961年8月开始向加纳提供军事援助，11月与加纳续签通商和经济合作协议，向加纳提供4200万美元的贷款，[1] 并向加纳派遣苏联军事顾问和经济专家。1962年，苏联授予恩克鲁玛列宁国际和平奖。苏联通过支持恩克鲁玛总统以及提供军事和经济援助加强了与加纳的关系。

面对苏联的攻势，美国并没有放松对加纳的外交活动。1961年3月，恩克鲁玛出席联合国大会时，肯尼迪总统亲自前往机场迎接，并表示美国可以帮助加纳建设沃尔特河阿科松博大坝工程以及冶炼铝厂工程。美国继续向加纳提供经济援助。但是，恩克鲁玛始终坚持泛非主义以及非洲式社会主义实践活动，重视和发展与苏联的关系。1966年2月在美国的策划和参与下，反对恩克鲁玛激进政策的加纳军人发生政变推翻了恩克鲁玛政权。政权更选后，苏联基本上断绝了与加纳的关系。

---

[1] 有关冷战时期苏联与非洲国家关系的资料和数据，详见浦野起央编著『資料体系アジア・アフリカ国際関係政治社会史』第5卷第2分册d（アフリカ2d）"ソ連のアジア・アフリカへの関与"，パピルス出版，1983年1月，第1774頁。其中苏联与加纳的关系，详见"ブレジネフ・ソ連最高ソビエト幹部会議長のガーナ訪問に際してのガーナ・ソ連共同声明（要旨）"（1961年2月19日），以及"エンクルマ・ガーナ大統領の訪ソに際してのソ連・ガーナ共同声明"（1961年7月24日），第1793—1794頁。苏联与几内亚的关系，详见"トゥレ・ギニア大統領の訪ソに際してのソ連・ギニア共同声明"（要旨）（1959年11月26日），以及"ブレジネフ・ソ連最高ソビエト幹部会議長のギニア訪問に際してのギニア・ソ連共同声明"（1961年2月15日），第1790—1791頁。

同一时期，苏联与同样号称推行泛非主义以及非洲式社会主义道路实践活动的几内亚和马里积极发展关系。1958年10月，几内亚摆脱法国殖民统治宣告独立，苏联马上与几内亚建立了外交关系。1959年2月，苏联与几内亚签署通商和经济合作协议并开始提供贷款和经济援助，9月，苏共中央派出代表团出席了几内亚民主党全国代表大会。1960年3月，苏联与几内亚签订武器供给协议，开始向几内亚提供军事援助。1961年2月，苏联最高苏维埃主席勃列日涅夫访问几内亚。9月，塞古·杜尔总统访问苏联，苏联授予杜尔总统列宁国际和平奖。苏联和几内亚两国关系发展顺利。但是在12月，由于几内亚国内反对杜尔总统的活动牵涉到苏联大使，几内亚以苏联大使从事干涉几内亚内政活动为由驱逐了苏联大使，几内亚与苏联关系出现裂痕。

美国趁此机会开始进行外交活动，1962年10月，邀请杜尔总统访问美国，向几内亚提供了1250万美元的经济援助。而苏联为了修补与几内亚的关系，从1962年到1964年的3年间总计向几内亚提供了高达6900万美元的军事和经济援助。1965年7月，苏联邀请杜尔总统再次访问苏联，并称赞几内亚的发展道路。在苏联强大的外交攻势下，几内亚恢复了与苏联的关系。1966年2月加纳军人发生军事政变推翻恩克鲁玛政权之后，与恩克鲁玛关系密切的几内亚认为美国对政变事件负有责任，与美国的关系迅速恶化，10月，发生了扣押美国大使事件以及抗议美国的活动。之后，几内亚驱逐了美国在几内亚的经济援助人员。

20世纪60年代的苏联与美国在加纳、几内亚展开了激烈的竞争。苏联在支持和帮助社会主义色彩浓厚的卡萨布兰卡集团国家的同时，也对蒙罗维亚集团国家进行了支持与帮助，积极与刚果（布）、埃塞俄比亚、尼日利亚、索马里等国发展关系。为了与美国竞争，苏联曾经在尼日利亚内战时期向雅库布·戈翁政权提供高达3900万美元的军事援助，[①] 成为尼日

---

① 有关冷战时期苏联与非洲国家关系的资料和数据，详见浦野起央编著『資料体系アジア・アフリカ国際関係政治社会史』第4卷第5分册C（アフリカ5C）"ソ連とアフリカ"，パピルス出版，1981年9月，第1055—1255頁。『資料体系アジア・アフリカ国際関係政治社会史』第5卷第2分册d（アフリカ2d）"ソ連のアジア・アフリカへの関与"，パピルス出版，1983年1月，第1774—1868頁。

利亚最大的武器供应国。

20世纪60年代，苏联一改50年代在非洲大陆只重视经贸关系的做法，在非洲国家积极开展包括政治、军事、经济和文化等领域在内的外交活动。尽管赫鲁晓夫政府提出了"和平共处"处理国际关系的原则，但是，苏联在非洲的外交活动基本上是围绕着与美国的竞争而展开的。苏联伸出的"友谊之手"是回避发生战争以"和平式"进行竞争的一种方式而已。

二 20世纪70年代苏联在非洲的外交活动

20世纪70年代开始，独立的非洲国家中相继有30多个国家宣称走社会主义道路。这些国家宣称的所谓社会主义既有"非洲式社会主义"也有"阿拉伯社会主义"，形形色色各不相同。这个现象无疑给20世纪60年代中后期在一些非洲国家经历外交挫折的苏联重新提供了机会。

勃列日涅夫执政之后，提出具有浓厚扩张色彩的勃列日涅夫主义，"在对外政策方面，与赫鲁晓夫时代相比，强调'支援民族解放斗争运动'，努力在亚洲和非洲地区恢复影响力的同时，在处理美国关系上采取了比较慎重的态度和做法，强调坚持党的纲领路线以及'和平共存'的政策。"[①] 在亚非拉地区采取积极进取政策的指导下，苏联加大了对非洲的外交攻势。20世纪70年代，非洲大陆动荡起伏，许多国家发生了军事政变和长期的内战，苏联通过各种方式直接或间接地参与非洲国家的内部事务。在安哥拉发生内战期间，苏联直接或者通过古巴向"安哥拉人民解放运动"（安人运）提供军事和经济援助，与美国支援的"争取安哥拉彻底独立全国联盟"（安盟）为争夺安哥拉政权展开"代理人战争"。苏联提供给"安哥拉人民解放运动"的军事援助达到1.1亿美元。在莫桑比克独立战争期间，苏联直接向莫桑比克解放阵线提供了1200万美元的军事援助以及派遣军事顾问与葡萄牙殖民者展开作战。

为了在红海和亚丁湾甚至是印度洋掌握主动权，苏联对具有战略地位的"非洲之角"国家索马里和埃塞俄比亚展开了外交攻势。

---

① 外务省『外交青書（1965）』第一部分"世界の動きとわが国"。

1969年10月，西阿德·巴雷发动军事政变成立索马里民主共和国之后，苏联马上抓住时机积极发展与索马里的关系。1974年7月，苏联最高苏维埃主席波德戈尔内访问索马里，与索马里签订了友好合作条约。1976年，苏联邀请西阿德·巴雷访问苏联出席苏共二十五大，并与勃列日涅夫举行会谈。为了控制索马里，苏联向索马里派遣了上千名的军事顾问，并提供了1.3亿美元的军事援助和3200万美元的经济援助。

1974年9月，埃塞俄比亚发生军事政变推翻海尔·塞拉西政权之后，苏联大力扶持埃塞俄比亚门格斯图政权。1977年5月，苏联邀请门格斯图访问苏联，与埃塞俄比亚签订了经济、军事以及文化合作协议。苏联向埃塞俄比亚派遣军事顾问并提供军事和经济援助。就在苏联对位于"非洲之角"的索马里和埃塞俄比亚同时展开外交攻势的时候，1977年7月，索马里和埃塞俄比亚因为边界争端爆发了"欧加登战争"。苏联在调停失败之后转而支持埃塞俄比亚，为此，索马里在11月废除了与苏联签订的友好合作条约，驱逐了所有苏联军事顾问，公开指责苏联和古巴干涉"非洲之角"事务。最后，苏联直接出动军队帮助埃塞俄比亚击退了入侵的索马里军队。1978年5月和11月，门格斯图先后两次访问苏联，得到帮助的埃塞俄比亚与苏联签订了友好合作协定。通过以上事例可以看出，"70年代中期，苏联在不危及缓和的范围内，再次在非洲最大限度地扮演起主要角色，对西方在非洲的影响形成有力的挑战。"[①] 非洲成为苏联展示实力进行扩张的重要地区。

三 冷战后期苏联在非洲的外交活动

勃列日涅夫之后经过短暂的安德罗波夫和契尔年科政权，戈尔巴乔夫针对美国里根政府的"战略防御计划"，推行新的外交政策试图通过发起"和平攻势"的手法来破解美国的挑战，苏联与以美国为首的西方国家的关系得到缓解。同时由于苏联在阿富汗持续的战争以及支持越南在印度支那半岛行动等原因，苏联针对第三世界国家的主要精力不得不放到亚洲地区。此时的苏联开始对20世纪70年代曾经热烈支持并花费巨大财力援助

---

① [美] 杰弗里·里夫布维尔：《冷战时期及冷战后的莫斯科对非洲政策》，朱静芳、赵巍译，《西亚非洲》1998年第3期。

的非洲"民族解放运动"进行重新审视。

"1987年11月，戈尔巴乔夫在纪念布尔什维克革命胜利70周年的讲话中，提到'民族解放运动的衰落'。苏联外长谢瓦尔德纳泽于1988年7月26日在外交部的一次会议上宣称'两种不同制度间的斗争已不再是当今时代的决定趋势'，实际上为'民族解放时代'画上了句号。"① 这一宣告不仅标志着苏联全面放弃对"民族解放事业"的援助，同时也意味着苏联决心调整对非洲地区的外交政策。1989年，苏联停止对古巴等国家的援助。1991年1月，经济互助委员会（COMECON）宣告结束使命。此时的苏联已经完全无力再像以往那样对非洲国家进行援助，而只能保持着道义上的支持。同时，在20世纪80年代末期，曾经宣称走社会主义道路的非洲国家也纷纷宣布放弃社会主义，大多数非洲国家与苏联的关系进入"冰河期"。

1991年12月，苏联解体，战后长达40多年的冷战彻底画上句号。在叶利钦执掌俄罗斯的时代，处理和全面发展与以美国为首的西方国家的关系成为俄罗斯最为重要的外交任务，此时的俄罗斯彻底放弃了与美国竞争的外交政策，致力于修复与西方发达国家的关系回归欧洲怀抱，重新调整在全球的战略布局。1992年7月，叶利钦受邀出席在慕尼黑举行的西方七国首脑第18次会议，俄罗斯开始接受西方发达国家的经济援助。在此背景下，在整个20世纪90年代，俄罗斯已经无力在非洲地区拓展外交事业，只是与非洲国家保持基本外交关系。

第二节　美国在非洲的外交活动

第二次世界大战之后，非洲大陆对于长期奉行"门罗主义"的美国而言是一个全新的有待拓展势力的地区。但是，20世纪40—60年代中期，由于非洲地区的状况、世界形势以及战略需要，美国并没有急于针对非洲地区大力开展外交攻势。

---

① ［美］杰弗里·里夫布维尔：《冷战时期及冷战后的莫斯科对非洲政策》，朱静芳、赵巍译，《西亚非洲》1998年第3期。

一 冷战初期美国在非洲的外交活动

在杜鲁门执政时期,美国将欧洲和东亚地区作为战略重点地区。战后初期,美国在欧洲实施"马歇尔计划"帮助资本主义国家恢复经济以及在这些国家消除社会主义势力的影响,在东亚地区帮助日本完成战后国家转型和经济复兴任务。

冷战开始之后,美国在欧洲建立起北大西洋公约组织组成对抗社会主义阵营的力量,在东亚地区参与朝鲜战争并对中国实行全面遏制政策。此时的美国忙于欧洲和亚洲的事务根本无暇顾及非洲,非洲大陆还处在美国外交活动的边缘位置。与此同时,美国也比较顾忌法国、英国等殖民地宗主国在非洲的权益,没有在非洲大陆大张旗鼓地开展外交活动。美国仅仅与利比里亚、南非、埃塞俄比亚等少数传统外交关系的非洲国家保持着国家间关系。1946年,美国准备将与埃及的公使级外交关系升为大使级外交关系时,因为顾忌英国在埃及的外交权益,还特意与英国进行了交涉和协商。

1950年4月,美国国家安全保障会议向杜鲁门总统提交了冷战政策中最重要的NSC 68号报告,指出"当我们自己展示力量、信心以及道德和政治信仰时,这些价值将会在西欧广泛地引起同感,我们可以预见这些价值也开始在拉丁美洲、亚洲以及非洲提醒人们警惕苏联式极权主义"[①],同时提议美国以及盟国需要共同努力进一步增强军事力量,用于抵御苏联及其卫星国,以及保护包括非洲大陆在内的一些地区和交通线。

20世纪50年代初期,美国开始从冷战的角度认识非洲地区的重要性,已经考虑与以苏联为首的社会主义阵营争夺非洲国家,将非洲大陆第一次纳入冷战政策的范围之中。与此同时,杜鲁门总统在1949年1月提出了"援助不发达国家和地区的经济开发计划"(第四点计划)。1950年6月,美国国会也通过了"援助不发达国家法案"。但是在整个20世纪50年代,这项计划针对非洲地区的实施援助额却非常少,只占美国对外经济援助比

---

① 美国国家安全保障会议NSC 68号报告,https://www.citizensource.com/History/20thCen/NSC68.PDF,第17、39页。

重的1%①，援助对象国也基本上局限在南非、埃及等几个传统外交国家。尽管美国将非洲地区纳入了冷战政策的范围之内，实际上在杜鲁门总统执政时期，忙于在欧洲和中东地区布局进行干涉的美国却没有在非洲真正落实冷战外交政策。非洲还是美国外交的"冷地区"。

艾森豪威尔执政期间，美国依然将欧洲和亚洲地区作为战略重点地区，但是已经针对非洲国家开展外交活动。1956年10月爆发苏伊士运河战争之后，中东地区局势骤然紧张，苏联和美国势力开始介入中东地区。1957年1月，艾森豪威尔向国会提出有关外交政策的特别咨文，表示将对中东地区所谓"面临国际共产主义挑战"的国家提供经济和军事援助。这项被称为"艾森豪威尔主义"的外交政策具有非常强烈的干涉性，其实质是美国与以苏联为首的社会主义阵营展开角逐争夺在中东地区的影响力和控制力。美国推行的"艾森豪威尔主义"不再局限在中东地区影响北非国家，而是以中东地区为核心辐射到其他周边地区，地处西非、中非和东非的一些非洲国家也受到影响。

1957年3月，时任副总统的尼克松对非洲九国进行访问，之后"在他访问加纳等9个非洲国家后写给艾森豪威尔总统的报告中，他还认为在共产党领袖征服世界的图谋中，非洲具有重要意义。他们正在非洲大陆的各个地方进行外交宣传和发动经济攻势。因此，美国必须采取各种措施'帮助这个地区的国家保持它们的有效的独立，公开反对这种危险'。"②尼克松访美之后，1958年，美国国务院单独设立了非洲部门。

美国在开展对非洲外交活动的同时，还针对非洲国家的政治经济状况以及政治人物展开详细的调查，为制定非洲政策做准备。此外，美国派遣各种政府代表团前往非洲开展外交活动推销"艾森豪威尔主义"。1959年12月，艾森豪威尔访问北非国家，实现了美国总统在第二次世界大战之后第一次访问非洲。在艾森豪威尔执政时期，美国政府首脑和高级官员先后对20多个非洲国家进行了访问。与杜鲁门执政时期相比，艾森豪威尔政府在非洲大陆的外交活动更加积极和广泛，主要是针对苏联展开争夺非洲

---

① 许亮：《美国援助非洲政策评析》，《西亚非洲》2010年第7期。
② 梁根成：《美国同苏联争夺加纳和几内亚（五十年代后期至六十年代中期）》，《国际政治研究》1989年第3期。

的活动。例如，1960年7月，刚果（金）危机发生之后，美国主导了联合国在刚果（金）的维和行动，但是当刚果总理卢蒙巴为解决危机求助苏联时，美国参与杀害了卢蒙巴，扶持亲美政权驱逐了苏联和东欧的外交援非人员。

20世纪50年代中后期，由于美国的外交重点地区是欧洲和亚洲地区，特别是这一时期美国着力加大在中东地区的外交力度，对于尚不明朗的非洲局势，美国针对非洲大陆的外交政策依然处于摸索阶段，还没有将非洲地区置于冷战的前沿地区。针对这种情况，1959年10月，美国西北大学非洲研究所接受美国国会参议院委托对美国的非洲政策进行评估，评估报告非常鲜明地指出："美国现在依然缺乏积极灵活的非洲政策。"[1] 美国这种轻视非洲的外交状况在20世纪60年代开始转变。

二　20世纪60—70年代美国在非洲的外交活动

20世纪60年代开始，非洲国家涌起独立热潮，法国、英国等原殖民宗主国的势力开始衰弱，苏联也跃跃欲试地对非洲国家展开外交活动，非洲大陆的政治格局开始发生重大变化。

面对非洲出现的新局势，特别是加纳发生的变化使得美国开始重新审视对非洲的外交政策。加纳作为撒哈拉沙漠以南地区第一个独立的国家，在独立之后依然留在了英联邦之内，政府内依然保留了英国官员，国家依然沿用了英国式的统治系统。加纳刚刚获得独立，美国就迅速承认加纳建立了大使级外交关系并给予了经济援助。1960年7月加纳实行共和制，恩克鲁玛总统表示要发展非洲式社会主义。加纳出现国家政体转向时，美国担心这一行为会在非洲国家引起连锁式的多米诺骨牌效应，惧怕独立后的非洲国家投入社会主义阵营的怀抱，美国开始对非洲外交用力。

1961年1月就任美国总统的肯尼迪推出"新边疆"政策，改变了美国以往轻视非洲的做法。"肯尼迪当政时期则重视邀请非洲国家首脑访问美国，在其执政的三年时间里，共邀请26位非洲总统和总理访问白宫。美

---

[1] Program of African Studies, Northwestern University, United States Foreign Policy, Africa: A Study Prepared at the Request of the Committee on Foreign Relations, United States Senate, No. 4, October 23, 1959, Washington, D. C: Government Printing Office, 1959, p. 1.

国在非洲的外交机构、与非洲国家签订条约的数量都迅速增加,美国驻非洲的大使馆从1959年的6个增加到了1965年的34个。同非洲国家签订的条约和协定由1955年的20个增加到1965年的100个。"① 显著增加的使馆和条约表明在非洲国家纷纷独立时,美国马上与这些国家建立了外交关系,并努力发展两国间的关系。

尽管肯尼迪在执政时期加大了在非洲地区的外交活动,但是,肯尼迪总统外交政策的核心任务之一是在全球遏制共产主义的蔓延,非洲政策也是紧紧围绕着这一任务而运作的。此外"门罗主义"依然对美国的非洲政策产生着影响,就像历史学家小亚瑟·施莱辛格针对美国对非洲地区的战略思维时指出的那样:"就像我们把拉丁美洲地区作为我们自身的职责范围一样,非洲地区自然而然地就当然看作是欧洲国家的职责范围。"②

20世纪60年代中期之后直至70年代末期,美国先后陷入越南战争和严重的经济危机,为了应对苏联在全球范围内的扩张,美国才会采取与苏联缓和关系谋求"势力均衡"的政策,并将欧洲作为外交重点地区。在亚洲则是开始发展与中国的关系围堵苏联,在非洲避免与苏联直接对立以及避免卷入非洲国家内乱。这一时期,只有当苏联的扩张行为在南部非洲和北非地区直接影响到美国的权益时,美国才会采取反击式的回应措施。例如,美国对苏联在安哥拉、南罗得西亚(津巴布韦)、南非的渗透活动,针锋相对地给予了反击,在北非地区趁埃及与苏联关系破裂之机,对埃及进行援助展开对埃及的外交攻势。这一时期,尽管美国在非洲地区的外交活动有所收敛,但是美国在非洲地区的外交理念依然是将苏联作为敌手展开对抗。

三 冷战后期美国在非洲的外交活动

1981年里根就任美国总统之后,推行"里根主义"全面遏制苏联扩张主义与苏联争夺第三世界,借机消耗苏联实力来拖垮苏联。在此背景下,美国不是专注于帮助深陷经济衰落和粮食危机的非洲国家摆脱困境,

---

① 崔戈:《美国非洲战略在国家安全战略中地位的演变》,《亚非纵横》2014年第1期。
② [美] A. M. シュレジンガー:『ケネディ——栄光と苦悩の一千日』(下巻),中屋健一译,河出書房,1966年,第28—29頁。

反而是为了对抗苏联加大了对非洲国家的军事援助,"1981年至1985年,里根政府共给非洲提供了67.296亿美元的军援。这比1962年到1980年美国对非军援的总和25.851亿美元还多190%。"① 整个20世纪80年代,美国趁着苏联深陷阿富汗战争无法脱身的机会,在非洲地区连续重击苏联。美国通过与苏联的竞争耗尽了苏联的国力。

在整个冷战时期,美国在非洲地区的外交活动是在全球范围内遏制共产主义蔓延的重要一环,在这个意义上非洲是美国和苏联争夺势力范围的前沿地区。绝大多数非洲国家对于美国而言只是与苏联展开较量和对抗的一个区域而已,非洲国家的政权就是美国用来对抗苏联的工具和利器。美国始终没有把非洲国家作为国际社会中相互尊重、平等互利的对象国。非洲国家的自身命运对于美国而言无足轻重。

冷战结束之后,俄罗斯已经无力在非洲地区拓展外交事业,从非洲地区抽身而出战略撤退。在非洲地区失去了较量对手的美国再一次将非洲置于外交的"冷地区"。美国对非洲的外交政策从"遏制共产主义""对抗苏联"调整为"培育和推进民主主义""发展市场经济""协调联合国维持和平活动以及国际援助",对非洲的外交姿态变得消极。对此,1993年5月,哈佛大学教授、非洲问题专家罗伯特·罗特伯格尖锐地指出:"目前非洲地区的混乱状态,对华盛顿新政权来说就是一场没有出口的挑战。"② 非洲地区被美国"边缘化"。

第三节 法国在非洲的外交活动

殖民时代,法国是在非洲拥有殖民地最多的国家。后殖民时代,绝大多数非洲国家与法国依然保持着紧密的关系。法国与非洲国家之间的认知与互动对两者的关系起着至关重要的作用。

1973年5月,曾任法国外交部长的让·弗朗索瓦·蓬塞在法国国民议会上说:"像非洲大陆那样饱含了法国利益与感情的地区在全世界绝无仅

---

① 崔戈:《美国非洲战略在国家安全战略中地位的演变》,《亚非纵横》2014年第1期。
② Robert I. Rotberg, "The Clinton Administration and Africa", *Current History*, Vol. 92, No. 574, May 1993, p. 198.

有",这基本上代表了法国对非洲地区的认识。从向非洲地区提供政府开发援助金额的排行来看,冷战时期的每一年度,法国一直是仅次于美国的第二位国家,冷战之后也始终是位居前四位的国家之一。而对于非洲国家而言,法国依然是在非洲具有影响力的大国,在政治、经济以及文化等诸多方面发挥作用。像阿尔及利亚、马达加斯加、突尼斯、加蓬、塞内加尔、喀麦隆等国与法国的进出口贸易总额占这些国家对外贸易的前列。在非洲,有16个非洲法郎区[1]国家,而加入法语国家组织(Francophonie)的国家占非洲国家总数的将近半数,使这些国家凝聚在经济共同体或文化共同体的底蕴是法国因素。

一 冷战初期法国在非洲的外交活动

第二次世界大战之后,法国依然奉行对殖民地进行直接支配的理念。1946年10月,法国根据《法兰西第四共和国宪法》[2]第16条规定创建了由法国共和国、海外省以及海外领地等构成的"法兰西联邦",宣称法兰西联邦成员在权利和义务上享有平等。法国通过"法兰西联邦"统治体系,在政治、经济、文化、军事和宗教等全部领域对殖民地国家进行直接控制。法国将内阁中的殖民地部改为海外合作部,同时在总统府内设立了与外交组并行的非洲组负责辅佐总统开展非洲事务。

在"法兰西联邦"时期,戴高乐政府坚持法国主导解决殖民地问题的原则。戴高乐毫不掩饰地认为:"对于亚洲和非洲那些带有'殖民地性质'的国家,我表示了意见。我认为新的时代将使它们走向独立,不过在程序和方式上必须是多样的、渐进的。西方应当理解这一点,甚至应当同意这样做。必须把事情安排得让西方能够参与其事,而不是反对西方。要不

---

[1] 非洲法郎区分为中非法郎区(XAF,中部非洲经济与货币共同体的赤道几内亚、刚果共和国、加蓬、喀麦隆、乍得、中非等6个国家)和西非法郎区(FCFA,西部非洲经济与货币联盟的贝宁、布基纳法索、科特迪瓦、几内亚比绍、马里、尼日尔、塞内加尔、多哥等8个国家)以及科摩罗。除去赤道几内亚、几内亚比绍为原葡萄牙殖民地之外,其他非洲法郎区国家为原法国殖民地,法语为国家的官方用语或通用语言之一。

[2] 1946年10月宪法详见 https://www.legifrance.gouv.fr/affichTexte.do;jsessionid=5EA1477804AB4A8AD4FA82E7E0ABC7C7.tplgfr29s_3?cidTexte=JORFTEXT000000868390&dateTexte=20200227。

然，这些还不健全的民族和不够稳定的国家的变化便会引起激烈的排外主义、穷困和无政府状态。不难看出，世界上有谁会从这种情况下得到好处……对于我们的属国，我们已决定让它们自由处理自己的事务。有些国家可以快一些，有些国家不能太快。至于哪些国家快，哪些国家慢，应由法国自己来决定。"①

从戴高乐的讲话中可以体会到，戴高乐认为殖民地最终是要获得独立的，但是这个过程必须要由法国来主导，并最终建立一个亲善法国的势力圈。法国是以法国的利益为核心考虑殖民地国家独立问题的，却全然没有顾及殖民地国家的任何感情和想法。法国将殖民地人民和国家视为"不健全的民族"和"不够稳定的国家"，对法属殖民地国家拥有文明的、政治的和经济的优越感。基于这个理念，法国政府认为完全放任让殖民地自行处理自己的事务便会出现可怕的恶果，必须由法国来主导决定。

法国政府在殖民地独立问题上之所以强硬地坚持主导地位，其目的是：第一，使独立后的殖民地国家成为法国可控可靠的盟友；第二，倚重原殖民地的势力保持法国的大国地位；第三，继续获取在原殖民地国家的权益。戴高乐非常明确地指出："不管法国经受了多少灾难，在旧大陆上依然是西方政策的唯一可以依靠的国家。而且它在非洲还有很大的实力。它的主权一直扩大到美洲和大洋洲的土地上。它还没有离开近东。没有任何力量可以阻止它再回到远东去。它的威望和影响在全世界都将重新发扬光大。不管美国是想通过各国的合作来组织和平，还是仅限于保持均势，或者只是迫不得已为自己布防，都不能忽视法国。"② "我们只是要使这样的独立制度和我们在这个地区的利益协调起来。这些利益既有经济、文化方面的，也有战略方面的。"③

为了实现法国的大国梦想，一旦殖民地国家出现与法国的意愿相违背的事态时，法国不惜动用武力维护法国的统治。这一情况通过法国在越南

---

① ［法］戴高乐：《战争回忆录》第 3 卷，陈焕章译，中国人民大学出版社 2005 年版，第 242—243 页。
② ［法］戴高乐：《战争回忆录》第 3 卷，陈焕章译，中国人民大学出版社 2005 年版，第 238 页。
③ ［法］戴高乐：《战争回忆录》第 3 卷，陈焕章译，中国人民大学出版社 2005 年版，第 217 页。

和阿尔及利亚阻止民族解放运动的战争行为表现得淋漓尽致。

二 20世纪50—60年代法国在非洲的外交活动

20世纪50—60年代，法国与苏联和美国一样，都是想建立一个自己的势力阵营。与苏联和美国以意识形态划分建立势力阵营不同，法国是极力通过保持原有的殖民地来建立自己的势力圈。与此同时，与苏联和美国两国争夺世界霸权不同，经过两次世界大战已经显露出衰势的法国则是要努力维护自认为应有的利权。

1956年7月，埃及决定收回苏伊士运河公司实现国有化，10月，法国与英国联合以色列一起发动了苏伊士运河战争，法国派出军队直接对埃及进行了军事攻击。针对战争中法国的军事行为，苏联进行了核威慑，就连号称盟友的美国也进行了外交干涉。对法国和英国来说，苏伊士运河战争的本质体现了两国抱残守缺的殖民主义思想。

苏伊士运河战争对法国产生了巨大的影响：第一，加速了法国殖民统治的崩溃，直接促进了法属殖民地特别是非洲殖民地国家的独立运动；第二，苏联和美国在战争中的行为使得法国清醒地认识到与苏联和美国外交关系的真面目，促使法国开始沿着戴高乐的设想发展第三势力。

戴高乐的第三势力理念提出："在这个事实面前，法国陷于软弱的状态暴露出来了，无论从法国所追求的目标来看，还是从其他国家的意图来看，都是如此。不言而喻，其他国家一定要利用这个局势竭力在悬而未决的争端上压制我们，或者在建立和平的大协作中把我们贬低到次等国的地位。但是我要尽力制止它们这样做……必要时同东方国家或西方国家结成不附带任何条件的同盟，使法兰西联邦逐步成为自由大家庭，以防止造成进一步分散导致瓦解的危机。把靠近莱茵河、阿尔卑斯山和比利牛斯山的国家在政治、经济和战略上联合起来，使这个组织成为世界三大势力之一，在必要时，使它成为苏联和盎格鲁—撒克逊两大阵营之间的仲裁者。"[①]

根据这个理念，法国的策略是不管非洲的殖民地是独立后的主权国家

---

① ［法］戴高乐：《战争回忆录》第3卷，陈焕章译，中国人民大学出版社2005年版，第207—208页。

还是高度自治的法属领地，只要是法国的同盟，法国就必须紧紧地抓住不放手，以便以此为基础建立以法国为核心的第三势力。尽管后戴高乐时代的法国政府不再强调第三势力，但是第三势力理念已经植根于法国政府之中，对法国的非洲政策影响巨大且深远。

法属非洲殖民地在法国殖民统治中具有举足轻重的地位，能否处理好法属殖民地问题直接影响第三势力的成败，也对法国在其他地区的殖民地产生连锁式影响。为此，在"法兰西联邦"时期，法国的主要精力是应对法属殖民地独立运动问题。当时的法国在非洲面临法属殖民地和非法属殖民地两个不同类型的对象区域，所涉及的政策比较复杂，既有殖民地政策又有外交政策，两个政策迥然不同但是又相互影响、相互关联。法国针对非法属殖民地国家的政策是依照外交政策而展开的，具体而言是在处理好大国间关系实行不干涉主义政策。而法属殖民地政策是法国战后殖民政策的重要一环。

第二次世界大战之后，面对在战争期间对戴高乐领导的自由法国运动做出巨大贡献的非洲殖民地，法国绝无可能再延续战前时代的殖民政策了。戴高乐指出："从我们亚非属地上所发生的事情可以看出，要想再像过去那样保持我们的帝国，那简直是异想天开。特别是目前全世界各地的民族正在觉醒，俄国（苏联）和美国又在争相煽动这些民族，我们更不能有这种梦想。为了使那些由我们负责的各国人民将来仍然同法国站在一起，我们必须采取主动，使他们摆脱目前的臣民地位，享有自治，把他们目前的从属关系变成协作关系。"① 法国战后殖民政策是要通过"自治"的方式解决殖民地问题。但是事与愿违，法国在殖民地推行的"自治"的道路根本行不通。

20世纪50年代初期，地处北非地区的突尼斯和摩洛哥对法国所谓的"共同主权"以及"内政自治"等自治政策不满掀起民族解放运动，1956年3月两国先后独立。苏伊士运河战争之后，非洲民族解放运动更加高涨。面对非洲地区的独立风潮，法国不得不对殖民政策做出调整。1958年

---

① ［法］戴高乐：《战争回忆录》第3卷，陈焕章译，中国人民大学出版社2005年版，第254页。

6月，法国制定《法兰西第五共和国宪法》，根据宪法序言以及第 12 章[①]的相关规定，法国把"法兰西联邦"改组为"法兰西共同体"，决定在 1958 年 9 月，由法属殖民地以及法国保护地的人民在自由意志下投票选择是否加入法兰西共同体。共同体成员享有自治权，并本着自由民主的原则管理行政和处理内部事务，但是在对外政策、国防政策、货币和共同经济、财政政策以及战略资源、司法监督、高等教育、对外交通等方面共同统筹和规划。投票前的 1958 年 8 月，戴高乐总统出访非洲法属殖民地国家，为组建法兰西共同体做工作。

1959 年 2 月，除去几内亚之外，原来的法属殖民地马里、达荷美（贝宁）、尼日尔、塞内加尔等 12 个非洲国家加入了共同体。在被誉为"非洲独立之年"的 1960 年，法国在 6 月修改了宪法。根据修改后的宪法第 86 条，法国同意法兰西共同体成员国在与法国保持关系的同时可以实现独立。法属殖民地纷纷宣告独立。这一年，17 个非洲独立国家中有 13 个国家是原法属殖民地。达荷美（贝宁）、尼日尔、马里、上沃尔特（布基纳法索）等 6 个国家在独立之后脱离了法兰西共同体，实现真正意义上的独立。1961 年，提议创建法兰西共同体的戴高乐认为"共同体已经失去存在的意义"，此后尽管法兰西共同体依然有 7 个成员国，但是仅仅保持了经济上的共同关系。仅仅不到 3 年的时间，法兰西共同体就失去了大部分的功能和作用。1995 年 8 月，法国修改宪法之后，解散了法兰西共同体。

1962 年 7 月，法国在非洲最大的殖民地阿尔及利亚宣告独立之后，只剩下科摩罗和吉布提成为法国领地实行自治并在 20 世纪 70 年代相继独立，留尼汪选择加入法国成为法国海外省。科摩罗独立时，科摩罗群岛的马约特宣布保持与法国的关系，为此科摩罗与法国围绕着马约特主权问题争执了 30 多年。马约特最终在 2011 年成为法国海外省。20 世纪 60 年代，伴随着非洲法属殖民地的相继独立，法国在非洲的殖民地政策彻底终结。在非洲殖民地当中，法属殖民地较早地实现了非殖民化。

[①] 1958 年 6 月制定宪法时为"共同体协议"，经过 1995 年 8 月修改后的现行宪法已经将其废除。1958 年宪法详见 https://www.legifrance.gouv.fr/affichTexte.do; jsessionid = 5EA147780 4AB4A8AD4FA82E7E0ABC7C7.tplgfr29s_3? cidTexte = JORFTEXT000000571356&dateTexte = 20200 227。

法国在殖民地国家采取的直接统治方式，在政治、军事、经济、社会和文化等所有领域进行支配性统治。受此影响，即使在直接殖民统治瓦解之后，法国也往往会通过政治、军事和经济的干预干涉活动来介入前殖民地国家的内政。法国在放弃对法属殖民地直接统治和支配的同时，努力与独立后的原殖民地建立一种新型的特殊关系。这种新型的特殊关系是通过双方建立紧密的政治、军事、经济、文化、社会往来关系以及国际社会的相互需求加以体现的，具体表现为经济金融的非洲法郎区、文化社会的法语圈、军事的合作协定、国际关系的相互配合等方面。20世纪60年代之后，法国参与非洲地区事务的方式发生了巨大变化，参与度已经不再像殖民时代那样高。

通过表3-1可以看出，在20世纪60年代，由于法属殖民地纷纷独立，在独立之初的几年内，法国提供给非洲地区的政府开发援助呈现急剧下降趋势。这一状态直到20世纪60年代中后期之后趋于缓和。但是，根据经济合作与发展组织（OECD）的数据，在整个20世纪60年代，针对非洲地区的政府开发援助在法国全部政府开发援助中的占比高达65%左右。法国在非洲地区的影响力以及对非洲地区的依存需要依然存在。

表3-1　　　　法国对非洲地区各年度政府开发援助净额　　（单位：百万美元）

执政政权	年度	金额
戴高乐 1959年1月—1969年4月 1969年4月—1969年6月阿兰·波厄代总统	1960	5994.6
	1961	6466.0
	1962	5825.9
	1963	4919.4
	1964	4462.3
	1965	3287.4
	1966	2790.3
	1967	4193.9
	1968	2709.3

续表

执政政权	年度	金额
蓬皮杜 1969年6月—1974年4月 1974年4月—1974年5月阿兰·波厄任代总统	1969	2889.3
	1970	2740.8
	1971	2729.1
	1972	2701.8
	1973	2472.0
德斯坦 1974年5月—1981年5月	1974	2668.7
	1975	2694.1
	1976	2529.1
	1977	2359.1
	1978	2499.8
	1979	2460.1
	1980	2667.2
密特朗 1981年5月—1995年5月	1981	2955.0
	1982	3380.8
	1983	3183.4
	1984	3606.0
	1985	3728.8
	1986	3593.4
	1987	3779.3
	1988	3876.2
	1989	4444.6
	1990	5031.4
	1991	5010.1
	1992	4968.4
	1993	5022.3
	1994	5161.4

续表

执政政权	年度	金额
希拉克 1995年5月—2007年5月	1995	4190.2
	1996	3875.0
	1997	3700.4
	1998	3057.8
	1999	2851.0
	2000	2833.6
	2001	2415.6
	2002	3823.5
	2003	4313.9
	2004	4015.3
	2005	4908.0
	2006	5280.7
	2007	3256.7
萨科齐 2007年5月—2012年5月	2008	2859.7
	2009	3595.0
	2010	3825.7
	2011	4001.0
	2012	3805.5
奥朗德 2012年5月—2017年5月	2013	2806.1
	2014	2394.4
	2015	2220.4
	2016	2305.2
	2017	2396.5

资料来源：根据收集经济合作与发展组织（OECD）数据库中各年度有关法国的统计数据整理而成，https://data.oecd.org/oda/distribution-of-net-oda.htm#indicator-chart。

三 20世纪70年代法国在非洲的外交活动

在戴高乐总统之后，蓬皮杜和德斯坦基本上继承了戴高乐的方针政策。对于前法属殖民地国家，法国继续在政治、军事、经济等领域施加影响。

政治方面，在首脑访问以及外交往来之外，法国还直接介入和干预前法属殖民地国家内政。例如，达荷美（贝宁）独立之后，几次发生军事政变，法国一直高度介入贝宁内政。1970年3月，蓬皮杜政府对贝宁大选进行干预。在中非、加蓬、塞内加尔等国扶持亲法政权。法国在非洲介入前法属殖民地国家政治的事例比比皆是。政治介入的同时，此时的法国还通过与前法属殖民地国家签署军事协定和共同防卫协定的形式，在军事领域高度介入。法国曾经直接向塞内加尔、加蓬、科特迪瓦、中非、乍得、布基纳法索、毛里塔尼亚等国派驻军队，在吉布提建立海外军事基地，法国军队始终没有离开过非洲。只要对法国有利，法国甚至动用法军直接参与非洲国家的军事政变活动。在经济方面，法国通过非洲法郎、经济援助以及贸易介入甚至控制非洲国家的经济。在蓬皮杜和德斯坦执政时期，法国对非洲地区的政府开发援助比较平稳，基本上保持了戴高乐执政后期的水准，延续了戴高乐对独立后非洲地区的做法。

20世纪70年代初期，由于毛里塔尼亚和马达加斯加脱离法语圈，法国与非洲国家的外交关系开始出现问题苗头，为此，法国开始规划对非洲外交活动的新方案。1973年11月，法国倡导创办了法国非洲首脑会议，将过去不定期的两国间首脑会晤改为定期的多国间首脑会议。12个国家首脑参加了第一届会议，并围绕着法国的援助、改组法语圈、与欧共体合作、非洲干旱地区救援对策等议题展开了讨论和协商。法国是想通过首脑会议的形式维护和促进法国与非洲国家之间的关系。

1974年5月，德斯坦就任总统之后，强调加强法国与非洲国家的关系。德斯坦一方面以法国非洲首脑会议为舞台继续拓展与法语圈国家的关系，努力扩大法国非洲首脑会议参加国的规模；另一方面对非法语圈的其他非洲国家也开始展开外交活动。1975年2月，洛美协定签订时，德斯坦曾经倡议创建非洲特别基金向非洲国家提供金融和经济支援，但是由于非洲特别基金的设想明显偏向有利于前法属殖民地国家，遭到其他欧洲共同体国家的反对。

在蓬皮杜和德斯坦执政时期，法国在非洲地区的活动重点之所以还是前法属殖民地国家，这是因为此时许多英国和葡萄牙等国的殖民地还没有独立或刚刚独立，英国和葡萄牙等国对这些国家的影响力依然很大。法国受势力范围旧思维的影响，对英国和葡萄牙等国有所顾忌，为此法国在非洲活动的原则是避免与他国发生冲突，专心经营与前法属殖民地的关系。另外，这一时期，法国基本上不是以意识形态和国家发展道路为标准衡量和判断是否发展两国间关系。法国对号称发展社会主义奉行泛非主义的国家，甚至恢复帝制的中非，只要是符合法国利益亲近法国都给予扶持。法国在非洲活动的主要任务是维护与前法属殖民地国家的关系，确保法国的利权。

四　冷战后期法国在非洲的外交活动

1981年5月，密特朗就任法国总统。密特朗曾任法国海外领地部部长，对非洲的情况非常熟悉。与强调保持"传统国家"关系的戴高乐和德斯坦相比较，密特朗更像是一名"改革者"，主张法国应该打破法郎区和法语圈的界限，在整个非洲地区积极开展外交活动，着手对法国"偏向传统关系"的非洲政策进行改革。

在密特朗积极拓宽对非洲政策的推动下，1986年2月，法国倡导召开了第一届法语国家组织首脑会议，确定法语圈国家在促进和平、民主和人权、经济合作、环境发展、文化和教育、科技信息和研究等方面开展多边合作。法国非洲首脑会议是法国与非洲国家之间地区性的合作机制，法语国家组织首脑会议将这种机制拓展到非洲地区以外的法语圈，已经具有全球性。密特朗政府再接再厉继续扩大非洲关系的规模。1988年12月，在卡萨布兰卡召开第15届法国非洲首脑会议时，参加国开始从法语国家扩大到非洲的英语、葡萄牙语和西班牙语国家，有39个国家参加了会议。此后，绝大多数非洲国家参加了每届会议。从此，法国非洲首脑会议以及法语国家组织首脑会议成为法国与非洲国家之间发展关系的两大重要平台。密特朗政府扩大法国与非洲国家关系的规模，意味着法国放弃势力范围的旧思维，开始以包容的姿态在全球范围内"共建"非洲大陆。

密特朗还对法国对非洲的援助进行改革，强调法国的援助一定要与非洲国家的民主政治相挂钩的原则。1990年6月，在第16届法国非洲首脑会议上，密特朗发表讲话，呼吁非洲国家实行民主改革，表示法国的援助将与争取非洲的民主自由联系起来。密特朗的这次讲话标志着法国对非洲政策的重大转变，法国开始将对非洲地区的经济援助与民主政治直接关联起来。由于密特朗在执政时期改变了"偏向传统关系"的政策，拓宽了外交活动的地域范围，法国对非洲地区的政府开发援助开始呈现稳步上升趋势。到了20世纪80年代后期，密特朗对非洲民主化运动的支援使得政府开发援助再次上升。

密特朗执政时期，法国继续通过各种方式在政治、军事、经济等领域介入非洲地区事务。法国"以帮助解决危机""撤出法侨"等名目使用武力对非洲国家内部事务进行干预干涉成为法国介入非洲政治的一大特点。例如，在多哥、科摩罗、卢旺达、加蓬、吉布提等国内动乱以及乍得与利比亚的冲突中，法国军队都进行了直接的干预。这种常态化的做法，使得法国与非洲国家包括政府反对派在内的所有政治领袖之间形成了一种相互依赖的特殊供需关系。法国还积极向非洲地区出售武器和军用设备，20世纪80年代初期，法国是仅次于苏联向非洲出口武器的第二大国家。

冷战结束之后的20世纪90年代，许多非洲国家深陷80年代开始的"失去的10年"之中，内战动乱、经济停滞、自然灾难和环境恶化等问题一起涌出。而此时的法国也面临着经济严重衰退的局面，经济增长率只有2%左右。即使在经济衰退的情况下，法国依然加大了对非洲地区的政府开发援助，基本保持了每年上升的趋势，这一状态一直持续到1995年密特朗下台为止。

冷战结束后，超级大国之间对抗式的军事竞争基本终结。在后冷战环境下，西方大国之间的关系开始从单边主义向多边主义转变，多国间协调以及国家与国际组织之间协调已经成为处理国际关系的主要方式。在此背景下，作为欧盟一员的法国加大了政府开发援助中多国间以及与国际组织合作的比例，主要是与欧盟、世界银行、非洲开发银行等国际组织展开合作。根据经济合作与发展组织（OECD）的统计，2004年法国政府开发援助中，多国间合作以及与国际组织合作的金额已经占到开发援助总额的35%。与此同时，法国政府指定的54个"优先援助地区"中有44个是非洲国家。法国提供给撒哈拉沙漠以南国家的两国间援助在对所有国家援助中的占比，2002年为59.6%，2003年为57.8%，2004年为54.3%；提供给北非和中东地区国家的占比，2002年为15.4%，2003年为14.1%，2004年为15.8%。

综上所述，尽管在战后不同的时期，法国对非洲大陆的外交活动发生了变化，但是非洲大陆是法国开展大国外交的支撑之一，法国始终没有放弃非洲大陆。

第四节　英国在非洲的外交活动

非洲曾经是"日不落大英帝国"殖民体系中非常重要的地区。后殖民时代，许多前英属非洲殖民地国家在独立之后选择留在了英联邦之内。对于英国而言非洲大陆至今依然是非常重要的地区。对非洲国家而言英国也是非洲重要的具有影响力的国家。

与法国殖民地相对集中在北非、西非和中非地区相比，英国在非洲大陆的殖民地遍布非洲的广大地区。更为重要的是，与法国殖民统治始终采取直接统治方式不同，从19世纪末期开始，英国对以往的殖民统治方式进行了改革，将直接统治改为间接统治。在非洲大陆，英国的间接统治方式往往通过利用和操控非洲出身的掌权者影响政治，谋取英国的利益加以体现，获取政治利益和经济利益是英国殖民统治的两大核心。

一　冷战初期英国在非洲的外交活动

第二次世界大战之后，面对汹涌蓬勃的独立浪潮，英国政府感到阻止殖民地国家独立已经是绝无可能的事情。为此，20世纪50年代英国政府针对英属殖民地的任务是：第一，确保独立运动顺利实现平稳过渡；第二，培养独立之后对英国亲善的国家。英国对即将独立的国家所采取的措施和方法是，在政治方面按照英国既定的方式进行"宪制改革"，同时在经济方面实施"援助计划"。"宪制改革"与"援助计划"成为英国应对殖民地独立运动的两大支柱，是英国为后殖民时代延续政治利益和经济利益的"战略性投资"。此后，"宪制改革"在殖民地独立运动的强烈冲击下以失败告终，而"援助计划"则转化为政府开发援助一直延续下来。

在撒哈拉沙漠以南的非洲地区，1957年3月独立的加纳是第一个获得独立的前英属殖民地国家。之后在20世纪60年代，绝大多数前英属殖民地纷纷取得了独立，只剩下塞舌尔实行自治以及南罗得西亚白人政权。①英国与非洲国家的关系从宗主殖民关系转变为国家之间的关系。非洲大陆的前英属殖民地在独立之后，选择了自己的发展道路，国家的政体形态千姿百态。加纳、坦桑尼亚、赞比亚等国家推行非洲式社会主义实践运动，而冈比亚则实行议会制和多党制，莱索托实行君主立宪制，斯威士兰成立王国。

对于英国来说，与国家政体相比，保持独立之后的前英属殖民地继续留在英联邦之内发展与英国的关系是更加重要的事情。英国为了维持在非洲地区的政治影响力和经济利益，与前英属殖民地签署了一系列条约和协定。英联邦以及两国间的条约和协定成为英国与非洲国家保持关系的重要外交机制。无论是从非洲国家的角度还是英国的角度，极力保持和加强双边的经济关系成为外交活动的重点。与法国通过政治方式甚至军事手段强行介入非洲国家事务不同，英国更多地是通过大力开展经济外交的方式与非洲国家保持关系。国际贸易是英国对非洲经济外交的重要组成部分。

二 20世纪60—70年代英国在非洲的外交活动

1961年，英国政府设立技术协作厅（DTC），负责向海外提供技术合作服务。1963年根据英联邦开发法，英国政府将原来的殖民地开发公司改组为英联邦开发公司（CDC），专门负责针对英联邦国家以及英属自治领地实施政府开发援助活动。1964年，英国政府又设立了海外开发部（DFID）统合了原来分散在各个部门的海外援助业务，专门负责海外援助的政策以及年度计划的制订。1968年，根据海外援助法，英联邦开发公司

---

① 1976年6月，塞舌尔获得独立。南罗得西亚自治政府在1965年驱逐英国女王任命的总督成立白人统治的政权。罗得西亚政权仅仅获得南非等极少数国家的承认。1980年4月，英国在非洲最后一个殖民地津巴布韦获得独立，标志着英国在非洲的殖民体系彻底终结。西南非洲（纳米比亚）1920年成为南非的委任地，1949年南非吞并西南非洲，1990年3月获得独立。1965年，英国从毛里求斯分割了查戈斯群岛建立了英国印度洋领地。毛里求斯在1968年独立之后，一直与英国展开查戈斯群岛主权之争。2019年5月，联合国大会经过投票表决要求英国将查戈斯群岛归还给毛里求斯，但是英国一直并未采取行动。

将业务领域从英联邦国家和英属自治领地扩大到所有国家,向受援助国家政府、政府企业、公共事业以及民间企业提供资金援助、贷款或融资。在非洲国家纷纷独立的20世纪60年代,英国政府针对海外援助建立起了一套比较完整的行政体系。

前英属殖民地独立之后,创建新国家需要坚实的经济基础做保障。英国便通过继续提供政府开发援助的形式紧紧地拉住前英属殖民地国家,以便使这些国家留在英联邦体系内。通过表3-2可以看出,在整个20世纪60年代,不论是保守党的麦克米伦和霍姆政府还是工党的威尔逊政府,提供给非洲地区的政府开发援助都保持了比较高的水准,年平均水平达到15.6亿美元。

表3-2　　　英国对非洲地区各年度政府开发援助净额　　（单位:百万美元）

执政政权	年度	金额
麦克米伦 1957年1月—1963年10月	1960	1289.3
	1961	2224.1
	1962	1640.4
霍姆 1963年10月—1964年10月	1963	1595.4
威尔逊 1964年10月—1970年6月	1964	1924.8
	1965	1734.1
	1966	1479.1
	1967	1350.8
	1968	1270.1
	1969	1044.9
希思 1970年6月—1974年3月	1970	899.4
	1971	829.2
	1972	700.3
	1973	656.8
威尔逊 1974年3月—1976年4月	1974	657.6
	1975	582.1

续表

执政政权	年度	金额
卡拉汉 1976年4月—1979年5月	1976	675.4
	1977	628.9
	1978	797.1
撒切尔 1979年5月—1990年11月	1979	1049.3
	1980	938.8
	1981	917.8
	1982	790.0
	1983	703.2
	1984	680.1
	1985	827.1
	1986	697.5
	1987	711.5
	1988	994.1
	1989	1096.5
梅杰 1990年11月—1997年5月	1990	766.0
	1991	994.0
	1992	904.4
	1993	696.0
	1994	888.1
	1995	787.3
	1996	803.4
布莱尔 1997年5月—2007年6月	1997	776.7
	1998	978.2
	1999	951.7
	2000	1426.8
	2001	1535.0
	2002	1274.6
	2003	1621.9
	2004	2313.8
	2005	3524.3
	2006	4867.5

续表

执政政权	年度	金额
布朗 2007年6月—2010年5月	2007	1964.8
	2008	2221.1
	2009	2727.8
	2010	2987.6
卡梅伦 2010年5月—2016年7月	2011	3125.5
	2012	3144.1
	2013	3552.1
	2014	3681.9
	2015	3816.6
	2016	3881.6
梅 2016年7月—2019年7月	2017	3991.8
	2018	3730.9
	2019	3814.3

资料来源：根据收集经济合作与发展组织（OECD）数据库中各年度有关英国的统计数据整理而成，https：//data.oecd.org/oda/distribution-of-net-oda.htm#indicator-chart。

表3-3的数据显示，在20世纪60年代，英国与非洲大陆的贸易金额尽管年度增幅不大，但也是保持稳定持续上升势态。从1960年的22.2亿美元稳步上升到1969年的36.3亿美元，说明英国对非洲地区的贸易需求增加了。另外，通过某一地区的贸易在国家总体贸易中占比可以看出这一地区贸易的重要性。在20世纪60年代，英国对非洲地区的贸易在总体贸易中占比呈现平稳的态势，各年变动的幅度不大，基本保持在约11%的水平。可以看出在这一时期，对英国来说非洲地区的贸易重要性还是比较高的，显示了20世纪60年代的经济外交在英国与非洲国家之间的重要地位。

表3-3　　冷战时期英国与非洲地区各年度贸易金额以及总占比

（单位：百万美元,%）

执政政权	年度	贸易总额	贸易总占比
麦克米伦 1957年1月—1963年10月	1960	2218.4	11.0
	1961	2253.1	11.1
	1962	2138.8	10.3
霍姆 1963年10月—1964年10月	1963	2368.6	10.5
威尔逊 1964年10月—1970年6月	1964	2950.2	11.6
	1965	3174.4	12.1
	1966	3148.5	11.4
	1967	3043.9	10.6
	1968	3186.7	10.2
	1969	3628.3	10.9
希思 1970年6月—1974年3月	1970	3865.3	10.3
	1971	4064.9	9.9
	1972	4169.7	8.7
	1973	5263.2	8.2
威尔逊 1974年3月—1976年4月	1974	7608.6	8.9
	1975	8465.9	9.7
卡拉汉 1976年4月—1979年5月	1976	8580.4	9.0
	1977	9290.4	8.3
	1978	9730.2	7.3
撒切尔 1979年5月—1990年11月	1979	9464.4	5.5
	1980	8713.2	4.4
	1981	12353.0	6.2
	1982	10512.3	5.5
	1983	8438.1	4.6
	1984	7770.0	4.0
	1985	7962.2	4.0
	1986	6843.2	3.0
	1987	7966.6	4.0
	1988	8333.0	2.7
	1989	8530.8	2.6

续表

执政政权	年度	贸易总额	贸易总占比
梅杰 1990年11月—1997年5月	1990	9466.6	2.5
	1991	8607.1	2.4
	1992	9757.6	2.5
	1993	8748.3	2.3
	1994	9766.9	2.3
	1995	11729.9	2.4
	1996	13023.8	2.5

资料来源：根据收集国际货币基金组织（IMF）数据库中各年度有关英国的统计数据整理而成，http：//data.imf.org/? sk = 388DFA60-1D26-4ADE-B505-A05A558D9A42。

20世纪60年代，英国与独立后的非洲国家的政治关系总体上保持稳定。而英国与非洲国家之间的政治障碍是围绕着在非洲大陆彻底废除殖民主义展开的。

由于英国与奉行种族主义的南非保持着紧密联系，英国与非洲国家在南非问题上针锋相对。在反殖民运动最为激荡的20世纪60年代，种族主义、白人至上等殖民主义色彩的政治始终是萦绕着前宗主国与前殖民地之间的噩梦。1965年11月，在南罗得西亚伊恩·史密斯政府宣告脱离英国成立白人政权时，英国与非洲国家之间爆发了一场政治危机。非洲统一组织敦促英国政府采取有效行动阻止南罗得西亚的白人政权，并呼吁成员国抵制南罗得西亚由白人统治独立建国，非洲地区英联邦国家也一致反对南罗得西亚的白人政权。非洲统一组织以及非洲国家是想通过给英国施压的方式，借助英国的力量阻止南罗得西亚建立白人政权。但是由于英国威尔逊政府没有能够解决南罗得西亚白人政权问题，坦桑尼亚于12月与英国断绝了外交关系，加纳、埃及、苏丹以及前法属殖民地的几内亚、马里、毛里塔尼亚、刚果（布）和阿尔及利亚等8个非洲国家同样对英国采取了抵制措施。直到1968年，坦桑尼亚才与英国恢复了外交关系。反殖民主义成为衡量20世纪60年代非洲地区政治局势的标志。

20世纪60年代末期开始，英国发生严重的英镑危机，英镑大幅度贬值直接对英国经济产生重大影响。20世纪70年代，英国前后发生过三次经济危机,经济增长停滞,失业率上升。此时对非洲国家的政府开发援助已经成为英国政府的一种重负。20世纪70年代,英国围绕着政府开发援助进行了多次机构调整。1970年英国政府撤销了海外开发部(DFID),在外交及英联邦部内设置海外开发厅负责政府开发援助工作,1974年又将海外开发厅升格为与外交及英联邦部并立的海外开发部。1979年11月,为了实现撒切尔提出的"小政府"目标,英国再次将海外开发部撤销,重新设置海外开发厅将其纳入外交及英联邦部。[①] 无疑这种在极短时期内反反复复的行政改革对英国的政府开发援助影响很大。

受到经济危机、减轻政府开发援助负担以及对政府开发援助改革的影响,英国针对非洲国家的政府开发援助大幅度下降,基本上跌至10亿美元以下。整个20世纪70年代的政府开发援助金额年平均水平为7.5亿美元,只有1979年刚刚超过10亿美元,相比60年代的水平下跌了51.9%。针对政府开发援助的大幅度减少,此时的英国决心通过加大贸易的方式弥补政府开发援助的缺口,通过表3-3的数据可以看出,20世纪70年代,英国与非洲地区的贸易增幅较大,10年间翻了将近2.4倍。但是,英国对非洲地区的贸易在总体贸易中占比在这一时期开始跌破10%,并呈现下降的势态,从20世纪70年代初期的10.3%持续下滑到末期的5.5%左右,对英国来说,非洲国家的贸易地位开始急剧下降。

从政府开发援助和贸易数据来看,保守党的希思政府和工党的威尔逊和卡拉汉政府没有什么大区别,反映了20世纪70年代英国政府在非洲地区经济活动总体上是趋同性的。20世纪70年代经济外交活动的变化,显示出英国与非洲国家的关系已经不像60年代那样热络,开始变得冷淡起来。在政治方面,英国一直为加入欧洲共同体而努力,经过几次申请之后,1973年1月终于加入欧洲共同体。此后英国外交工作的重点区域是欧洲大陆、美国和苏联。在非洲地区,英国通过与非洲国家的高层互访,保持正常的国家关系。面对20世纪70年代非洲动荡的政治局势以及频发的军事政变,与法国积极参与非洲地区事务相比,英国却不愿过多地卷入非

[①] 1997年,英国政府将设置在外交及英联邦部内的海外开发厅改组升格为大臣级别的国际开发部(DFID),依照1980年制定的海外开发合作法行使职责。2002年英国政府制定了国际开发法替代了海外开发合作法。

洲国家的争端之中，对非洲地区的局势基本上是"漠然"的。对英国而言，非洲地区的战略地位开始下降。

三　冷战后期英国在非洲的外交活动

撒切尔1979年5月上台执政一直持续到1990年11月。英国在整个20世纪80年代蔓延的就是充斥着"新自由主义"和"保守主义"的撒切尔主义。

撒切尔执政时期英国对外推行"强硬"和"积极"的外交政策，在立足于强化英美联盟关系、与欧共体国家发展关系的基础上，重视与第三世界国家协调关系。在非洲地区，尽管受到来自联合国以及国际社会的压力，撒切尔政府依然采取了偏袒南非种族主义的政策，显示出"强硬"性格的一面。与此同时，撒切尔政府重视保持和发展与英联邦等传统关系国家的关系。为了解决南罗得西亚问题，撒切尔政府在1979年协调英联邦国家召开了"卢萨卡会议"，之后又积极推动和主持召开了由津巴布韦各方参加的"制宪会议"，促成各方实现停火并组成英联邦选举观察团监督津巴布韦大选。津巴布韦独立后，英国向津巴布韦提供经济援助。在津巴布韦独立过程中的一系列措施体现了撒切尔外交政策中"积极"性格的一面。妥善解决津巴布韦问题成为20世纪70年代英国在非洲地区外交活动的最大成果。

1989年9月，德克勒克就任南非总统之后实施政治改革，释放曼德拉并开始与非国大谈判协商解决制宪问题。在南非问题出现和解势头的背景下，对曾经长期支持南非政府的英国而言，来自非洲国家的压力有所缓解。这意味着非洲国家与英国的政治角力开始衰减，直接影响了英国在非洲地区的外交地位。

撒切尔执政时期，英国对非洲地区的政府开发援助金额年平均为8.3亿美元，与20世纪70年代基本保持同一水平。这一时期，英国继续加大与非洲地区的贸易往来，相比20世纪70年代中期的贸易金额有所提高，并基本上保持了各年的稳定状态。但是加入欧洲共同体之后的英国，对外贸易活动需要在欧共体的体制下协调运营。根据英国学者保罗·本内尔的统计,① 撒哈拉沙漠以南非洲地区总计139家英国企业中有43家在1979年至1989年之间撤资。20世纪80年代非洲地区出现的动荡与灾害,使得非洲面临的国际环境异常艰难。非洲地区除了苏联和美国依然在较量之外,开始成为国际社会"遗忘"的地区。这一时期,英国针对非洲地区的贸易占比从撒切尔执政之初的5.5%下降到执政末期的2.5%,非洲地区的贸易地位持续下降。

英国在解决完津巴布韦问题之后,非洲地区的重要性更加日渐削弱。1990年11月,保守党的梅杰就任英国首相之后,英国外交的重心是处理与欧共体以及与美国之间的关系。面对日益严重的非洲政治与经济问题,此时的英国心有余而力不足,无暇也无力介入非洲事务,与非洲国家高层之间的互访开始减少。非洲地区已经从英国外交活动的视野中淡出。这种状况一直持续到1997年5月工党的布莱尔上台之后才有所改变。

第五节 冷战后非洲"窗口期"的形成

影响战后40多年的冷战结束后,20世纪90年代初期大国势力开始重新为后冷战时期的新格局做出战略调整,世界舞台上的政治势力和世界格局出现新的变化,这一变化对非洲大陆也产生了巨大的影响。

苏联解体之后,俄罗斯根本无暇无力顾及非洲大陆,势力和影响急剧萎缩。失去竞争对手的美国将战略重心转移到欧洲和中东地区,将非洲排除在外交重点区域之外。欧洲共同体国家在荷兰马斯特里赫特举行首脑会议之后,法国和英国等欧洲国家忙于处理成立欧盟之后的事务,非洲事务被分散轻视以及需要重新调整。20世纪90年代开始,大国势力将非洲大陆移出外交的重点区域,相继从非洲大陆抽身而出进行撤退,长期影响非洲大陆的政治势力发生巨大变化,冷战时期的竞争前沿地区非洲大陆被边缘化,成为大国势力的"真空地带"。

与此同时,许多非洲国家独立之后的经济发展基本上沿袭了旧殖民宗

---

① Paul Bennell, "British Industrial Investment in Sub-Sharan Africa: Corporate Response to Economic Crisis in the 1980s", *Development Policy Review*, Vol. 8, 1990, p. 170.

主国的模式，一些自主创新的模式也多以失败告终。许多国家的经济发展高度依赖农产品和矿产品等初级产品的出口，忽视了建立自身独立完整的工业体系。

许多非洲国家在经历了独立运动、国家建设、发展困境这样一个过程后，在20世纪70年代出现了政治发展倒退、人口急速膨胀、外债负担加大、发展资金依赖大国的情况，80年代开始又陷入政治动荡和暴力冲突之中。上述情况给非洲大陆带来粮食、难民、环境、疾病等一系列问题。非洲大陆成为世界上最动荡最贫穷的地区。联合国认定的全球42个最不发达的国家有28个在非洲地区。20世纪90年代之初，大国势力抽身而退之后，许多非洲国家处于孤立无援的状态，无力依靠自身的努力解决饥饿、环境、公共卫生等影响生存的问题。苏联和东欧国家政治体制的变化也对非洲地区产生了巨大影响，许多非洲国家开始抛弃旧的政治体制，从一党制转变为多党制，选择了"民主化"的道路，面临着谋求新发展的局面。

非洲地区出现的上述情景是TICAD得以实施的重要外部环境。20世纪90年代初期非洲地区形成了日本实施TICAD的"窗口期"。

第四章　TICAD 是日本实现自主外交的体现

冷战结束的 20 世纪 90 年代，大国势力开始重新为后冷战时期的新格局做出战略调整，冷战时期的竞争前沿地区非洲大陆被边缘化，形成了日本实施 TICAD 的"窗口期"。TICAD 是冷战之后非洲地区实施的第一个由国际社会多方参与的综合性开发援助机制，对非洲地区而言史无前例。TICAD 不仅仅是一个针对非洲地区的战略性举措，也是战后日本外交上，由日本创建和主导的第一个洲际性外交活动，是日本实现"自主外交"的体现。"旧金山和约"之后，实现真正意义上的"自主外交"一直是日本追求的最高目标。日本通过推动和主导 TICAD 第一次实现了这个目标。应该说相比 TICAD 机制本身而言，日本通过 TICAD 实现"自主外交"的意义更为重大。

第一节　实现自主外交的政治需求

20 世纪 80 年代，国际社会对日本的印象是国力充足的经济大国，对此，日本提出了构建政治大国的设想。日本设想的政治大国是指日本在国际社会成为与国力相适应相匹配的具有政治影响力的国家，而能够体现政治大国的重要标志是"自主外交"。为此，作为构建政治大国的重要一环，日本外交开始始终不移地朝构建"自主外交"的方向努力。

一　"国际协调"下的日本外交

经过 20 世纪 50 年代的战后复兴以及 60 年代的经济高速腾飞，从

1968年开始,日本就如愿以偿地成为仅次于美国和苏联的世界第三位经济大国。尽管经济发展以及国力增强,"但是战后大多数日本人,无论是政治家、官僚,还是一般国民,又都放弃了坚持独立判断世界形势和掌握对外战略的立场,而是跟着形势的变化亦步亦趋。战后的日本历史完全是努力适应'美国世纪'的历史。"[①] 之所以出现这一问题是与日本战后的外交方针密不可分的。

战后的20世纪50年代开始直到70年代末期,日本外交的主流基本上采取的是被誉为"吉田路线"的外交方针,强调和主张的是以"对美协调"为核心的国际协调。尽管20世纪50年代中期到60年代初期,以鸠山一郎和岸信介等为代表的政治家曾经在执政期间推行过反"吉田路线"的外交方针,主张和强调"自主外交"与"对美协调"之间的平衡关系。与苏联建交恢复日苏两国关系、设立东南亚开发基金积极开展东南亚外交等,对实施"自主外交"的可能性进行了初步的尝试和摸索。但是因为执政短暂,以及在当时的历史背景和国力条件下,鸠山一郎和岸信介等人清醒地认识到违背美国的意志盲目推进"自主外交"是极度困难的事情,在主张和尝试"自主外交"的同时,在实际的外交活动中主要还是要顾忌美国的意志而进行"对美协调"。"岸信介的目标是调整日美关系,在内政上给人呈现出呼吁自主地选择亲美路线的形象,确立亲美保守路线,总之是用自主外交的方式重新确认了吉田选择的路线。"[②] 昙花一现的"自主外交"尝试不得不在无可奈何中最终放弃。

在鸠山一郎政府和岸信介政府之后,池田勇人政府和佐藤荣作政府的内政和外交都全力围绕着将日本建设成"经济大国"而展开。田中角荣政府强调的是作为经济大国日本的"经济外交",以便对外推进日本经济国际化和对内促进"日本列岛改造"。三木武夫执政之后,针对"自主外交"提出了需要辩证地认识和处理"自主外交"与"国际协调"之间的关系,指出:"在此之际,有一个特别需要向国民表达的问题,这就是自主性与协调性之间的问题以及国家利益问题、权利和责任的问题。目前,

---

① [日]正村公宏:《战后日本经济政治史》,上海社会科学院世界经济研究所译,上海人民出版社1991年版,第857页。
② [日]五百旗头真:《日美关系史》,周永生译,世界知识出版社2012年版,第195—196页。

日本有追求'自主外交'的呼声和要求。但是，绝不能说进行反对就是采取了自主，进行协调就是实施了追随。自主决定国际协调的事情也是自主外交。同时，有人认为国家利益应该是排除国际协调而主张自己国家的权利。但是，在相互依存高的当今世界，如此狭隘的国益论是不通用的。还有一点，如果过分急于强调权利，而忽视相对应的责任与义务，就会引发各种国内问题，就会给外交和内政带来非常大的困难。""对于国际社会，我认为我国在军事方面是无能为力的，但是在经济、政治、文化等领域大有做出贡献的余地。"① 三木武夫在确保"国际协调"的前提下，再次声明和强调日本是经济大国而并非军事国家的国家身份，明确指出了"自主外交"与"国际协调"的关系。需要指出的是，三木武夫政府所强调的"国际协调"的核心还是"对美协调"。尽管三木武夫政府通过阐述"在经济、政治、文化领域大有做出贡献的余地"表明日本拓展外交空间的态度，但是外交政策的核心还是以"对美协调"为主的"国际协调"。

20世纪70年代中期，日本以"自由主义国家一员"的身份加入西方七国集团。在西方七国首脑会议以及主要国际场合中，相比国际政治、安全保障以及人类环境等问题，此时的日本更主要的是在处理经济问题方面发挥作用。例如1978年7月，在第4届西方七国首脑会议上，为了加速世界经济复苏促进经济增长，时任内阁总理大臣福田赳夫提出了日本为推进世界经济增长要积极起到"火车头牵引"作用的倡议，并做出扩大内需和进口以及自行限制出口的承诺。

通过对20世纪60—70年代日本外交脉络进行梳理，可以清晰地看出，这一时期的日本是以解决经济问题以及发挥经济能力处理内政和外交事务的，因而根本无法提出和实施"自主外交"，无法在国际社会积极主动地发挥政治作用。澳大利亚著名日本问题学者加文·麦考马克曾以《附庸国：美国怀抱中的日本》为题撰写专著，核心观点是："对美国而言，日本是追随最久、出手最大方、最忠心不二的盟国。在国际援助中，日本是最大的捐助国，然而在外交上却总是笼罩在阴影之中。无论日本怎样接近华盛顿，在国际场合上几乎听不到也从不指望听到日本的声音。""在冷战

---

① 内阁总理大臣三木武夫在第77回国会众议院上所做的施政方针演讲，1976年1月23日。

的数十年里，日本放下尊严、忘掉民族自豪感甚至忘掉民族身份与国家声望，通过为国际市场生产高质低价的商品而富起来了。日本将自己的防务和外交权交给美国，以此换来的是对新生产业的保护权以及'自由世界'范围内的技术、资本和市场准入。"① 加文·麦考马克的论述非常形象地说明了战后日本外交的无奈选择以及处境和结果。

日本无法在国际社会发挥政治作用有内因和外因两个方面的原因：其内因是日本的国策就是以发展经济和贸易立国为核心，这种政策必然会外溢而出从而影响国际社会对日本的认识和印象。其外因是：第一，冷战环境下，美国和苏联的影响力巨大，第二世界的其他政治势力从属于美国或者苏联两大势力集团，日本只能作为美国势力集团的一分子在经济方面发挥从属性作用；第二，日本认为时刻面临着苏联的威胁，需要美国及其西方盟友给予安全保障；第三，日本与以美国为首的大多数西方国家发生了贸易摩擦，解决好贸易摩擦问题必然成为日本的当务之急。这种有求于美国的现实需要和心态，迫使日本无法在日美贸易摩擦严重的环境下还提出发挥政治作用的要求和主张。

二　积极拓展外交空间

对于主权国家来说，拥有外交的自主权是理所应当的事情。但是拥有国家主权的日本在很长一段时间里强调的是"国际协调"，在许多国际问题上很大程度实行的是以"对美协调"为主的"国际协调"，内政和外交依靠和借助的是日美关系，在外交活动中需要考虑美国的意志。20世纪70年代，成长为经济大国的日本开始决心扭转这种局面。

成长为经济大国的日本开始在外交方面加紧软实力的建设，首先以文化领域为突破口进行拓展外交空间的工作。1972年10月，在时任外务大臣福田赳夫的提倡下，外务省设立了特殊法人国际文化基金。国际文化基金的主要职责和任务是在世界各国进行日语教育和日本文化的推广工作。以创建国际文化基金为标志，日本开始将外交拓展到文化交流领域。但是

---

① ［澳］加文·麦考马克：《附庸国：美国怀抱中的日本》，于占杰、许春山译，社会科学文献出版社2008年版，第1页。

这一时期,日本在国际舞台上的政治影响力依然薄弱。

20世纪70—80年代,日本一些政治家和国民认为日本对美国的完全依从使得日本沦落为美国的政治附庸,日美贸易摩擦后日本妥协采取的出口"自主限制"以及签署的"广场协议"使得日本成为美国的变相提款机。日本取得的经济成就并没有提升日本在国际社会的政治地位,国际社会对日本的普遍印象是经济上国力充足的大国和政治上的侏儒国家。

面对在国际社会出现的政治影响力与经济影响力失衡的"跛脚"问题,1978年12月,大平正芳就任内阁总理大臣之后,作为自民党内保守本流派成员在坚持"吉田路线"的同时,开始强调日本的国际责任需要从经济方面拓展到包括政治、社会、文化等多方面的领域。1979年9月,大平正芳在国会发表施政方针演说时指出:"我认为,我国作为国际社会的一员,为了能够实现担当起责任发挥应有作用这一目标,需要加深国际间的相互理解……我认为,我们不能仅仅停留在经济领域上有所作为,要在政治、社会、文化乃至研究开发领域等更大的范围内,努力地促进更加紧密的国际交流与合作。"① 这是日本政府第一次表示要在政治领域等方面担当责任发挥作用的表态。

尽管此时的日本政府没有重新提出"自主外交",但是在实际的外交活动中,还是突破美国的束缚扩大了外交空间。1979年2月,伊朗发生伊斯兰革命之后,亲美的巴列维下台流亡美国,伊朗大学生占领德黑兰美国大使馆要求引渡巴列维,美国对伊朗采取了包括禁止石油贸易在内的强硬制裁措施。可是,日本却购买了美国中断伊朗石油贸易后富余的石油,为此,美国政府直接指责日本政府,美日关系严重受挫。最终日本明确表示支持美国对伊朗的立场之后,日美的紧张关系才出现缓和。两伊战争发生之后,美国采取了全面支持伊拉克的立场,尽管日本迫于美国以及西方国家的外交压力,强化了与伊拉克的关系,但是日本看着美国眼色的同时,在可能的范围内继续保持着与伊朗的关系。在以美国为首的西方国家反对伊朗支持伊拉克的环境中,日本成为唯一对伊朗和伊拉克保持等距离外交的发达国家。以上这些事例既是日本实用主义外交的结果,也是日本自主

---

① 内阁总理大臣大平正芳在第88回国会众议院上所做的演讲,1979年9月3日。

拓展外交空间的体现。

日本处理与伊朗关系不仅仅是个别外交事例，大平正芳执政时期的总体外交方针和政策也体现了日本自主拓展外交空间的理念。1978年11月，大平正芳在竞选自民党总裁期间提出了构建"环太平洋联合构想"以及"综合安全保障构想"两大外交政策。大平正芳就任内阁总理大臣之后，为推进这两个构想专门设置了相应的研究小组，并积极给予落实和推进。"环太平洋联合构想"以及"综合安全保障构想"两大外交政策都体现了日本为自主拓展外交空间所做出的努力。

"环太平洋联合构想"的宗旨是，面向21世纪，在环太平洋地区内构建一个涉及经济、社会、文化、技术等多个领域以及两国间或多国间，自由开放的相互理解相互支持的合作机制。大平正芳直言："环太平洋联合构想，不仅仅是涉及经济领域，也必须包括政治、外交以及文化等多个领域。"[1] 以这个构想为基础经过多国的努力，1980年9月，环太平洋国家的非政府组织创立了太平洋经济合作会议（PECC）[2]，在1989年11月，亚洲太平洋经济合作组织（APEC）成立之前，太平洋经济合作会议在环太平洋地区一直发挥着经济合作的核心作用。"环太平洋联合构想"是战后日本第一次推动和主导跨越亚洲的国际外交活动，是日本第一次将对应性的外交政策提升到战略性高度的摸索和尝试。"环太平洋联合构想"以及其后的太平洋经济合作会议表明了日本试图突破经济领域的界限，在更加广泛的领域和空间有所作为。

"综合安全保障构想"的宗旨是要以《日美安全保障条约》为核心，作为传统的军事安全的补充，在经济、文化、社会等方面构建复合型的综合安全保障机制，在诸多方面实现高质量的安全保障。构想所要实现的具体目标是："要把日本的自主努力同日美安全保障体制以及推进友好国际环境的努力结合起来，实现以传统的军事安全保障为核心，同时将因石油危机体验到重要性的能源在内的经济安全保障和包含地震等大灾难在内的

---

[1] 大平正芳：『大平総理・政策研究グループにおける発言』，『大平正芳全著作集』第5卷，講談社，2011年9月。

[2] 1980年9月，第一届太平洋经济合作会议召开时有11个国家的政府、民间和学界三方代表参加，现在已经有25个会员国。

国内安全保障这两项也包括在内的综合安全保障。"① "综合安全保障构想"中阐述的"日本的自主努力"表明日本在"对美协调"的同时寻求外交空间上的自主性。

1979年5月,大平正芳在访美的欢迎式上宣称"美国是无法替代的日本的友邦和同盟国",日本第一次通过口述表达了日美之间是"同盟国家"关系,拉近了日本与美国的距离。尽管大平正芳政府一贯主张和强调"对美协调",但是,在实际的外交活动中,日本的外交还是第一次实现了从经济领域向更加广阔领域,以及从亚洲向亚太区域的拓展。日本积极拓展外交空间是对实施"自主外交"的摸索,是提出"自主外交"理念的前奏。

三 "自主外交"的努力和创建

通过拓展外交空间的摸索,进入20世纪80年代,日本认为面向21世纪,日本的内政和外交必须要适应时代、符合国情、满足自身需求。"因此,对于20世纪后半叶在经济方面已基本取得'成功'的日本国民来说,21世纪,不是考虑如何去适应外部世界的环境的时代,而是要更多地考虑为了创造出人类理想的世界,如何去行动的时代。"② 日本要求"自主外交"的愿望越来越强烈。"自主外交"成为当时政治领域最重要的自身需求。

与此同时,面对苏联在全球咄咄逼人的扩张姿态以及阿富汗战争,对在西亚的伊朗、中亚的阿富汗、东南亚的印度支那半岛甚至欧洲大陆出现竞争劣势的美国来说,重新进行战略布局对抗苏联成为其时最大的外交任务。此时,尽管日美之间存在并未完全解决的汽车贸易摩擦以及债务等问题,但是美国决定将日本定位为亚洲地区对抗苏联的战略性伙伴,强烈要求日本提升自我以及共同防卫的能力。1982年5月,里根政府发表国家安全决策指令(NSDD)32号文件,明确指出:"在东亚,必须要鼓动日本为其自身及共同防卫做出进一步的贡献。"③ 在要求日本提升防卫能力方

---

① [日] 五百旗头真:《日美关系史》,周永生译,世界知识出版社2012年版,第250页。
② [日] 正村公宏:《战后日本经济政治史》,上海社会科学院世界经济研究所译,上海人民出版社1991年版,第861页。
③ 美国国家安全决策指令(NSDD)32号文件,https://www.reaganlibrary.gov/sites/default/files/archives/reference/scanned-nsdds/nsdd32.pdf。

面，里根政府将以往单纯要求日本增加防卫费变为具体向日本分摊防卫任务，实质上强化了日本提高防卫职责和能力的要求。此后，以安保领域为开端，美国向日本提出了应该在更多的领域担负起国际责任的要求，美国不断地以"国际责任论"向日本施加压力。日本在这种压力之下，也在摸索和寻求以何种最佳方式担负起美国要求的"国际责任"。

1981年5月，时任内阁总理大臣铃木善幸访问美国，日美两国发表共同声明指出："总理大臣和总统确认将在日美共有的民主主义和自由主义的价值基础之上构筑两国的同盟关系，再一次确认了两国之间连带、友好以及相互信赖的关系。"① 通过共同声明，日本和美国第一次在国家公文中阐明了日美关系是"同盟国家"之间的关系。之后，尽管围绕着"同盟国家"关系是否意味着日美已经缔结成为"军事同盟"在日本朝野引起轩然大波，但是无论如何，"为应对苏联，在美国和欧洲各国之间存在摩擦和紧张的过程中，日本确定了作为美国'同盟国'的角色定位"②。日本与美国确认两国的"同盟国家"关系，为日本拓展外交空间提供了条件和可能。在"同盟国家"关系以及回应美国提出的"国际责任论"的背景下，中曾根康弘就任内阁总理大臣之后，日本借势提出"自主外交"理念也就成为水到渠成自然而然的事情了。

1982年11月，中曾根康弘就任内阁总理大臣仅仅7天，就在国会提出："我国外交的基本是，作为欧美为首的自由国家的一员，在与这些国家协调的基础上，努力推进自主外交。"③ 继鸠山一郎和岸信介之后，日本时隔20多年再一次明确提出了"自主外交"的理念和目标，再一次试图改变20世纪50年代以来始终占据外交方针主流地位的"吉田路线"。也就是通过扭转和改造"吉田路线"强调和主张的以"对美协调"为主的"轻武装"以及"经济外交"方针，实施"自主外交"从而改变对美国过分依从的状态，通过主张和强化"防卫自主权"谋求在日美同盟中保持对美的平等地位。之后，中曾根康弘在其执政期间始终极力主张日本政治大

---

① 外務省『外交青書（1982）』第三部资料篇 "鈴木総理大臣とレーガン＝アメリカ合衆国大統領との共同声明"。
② ［日］五百旗头真：《日美关系史》，周永生译，世界知识出版社2012年版，第258页。
③ 内阁总理大臣中曾根康弘在第97回国会众议院上所做的演讲，1982年12月3日。

国并积极推进"自主外交"。

在主张"自主外交"的同时，中曾根康弘还极力强调日本外交要变被动为主动，试图通过"主动外交"的方式逐步实现"自主外交"。中曾根康弘曾经指出："国际社会期待我国发挥更加积极作用的呼声日益增强。日本目前拥有占世界经济十分之一的国力，缺少日本的贡献就无法推进和平与人类共同繁荣的前进。"[1] 这样的表述与6年前三木武夫政府的表态，"日本无论从和平宪法所体现的精神以及资源匮乏贸易依存度高的现实来看，没有世界的和平就不可能有日本的存在"[2] 迥然不同，与战后日本政府一贯奉行的收敛、谨慎、保守等行为处事的理念和方式大相径庭。中曾根康弘政府做出如此的表态是敢于担当还是过度张狂让国际社会不得而知。但是，这种充满"当今之世，舍我其谁"的意味，极端自信的表态体现了日本外交要变被动为主动的决心。日本政府认为通过充分发挥外交主动性，可以让日本在国际社会发挥作用的意愿和能力不像20世纪70年代之前那样微不足道，可以让日本成长为政治大国具有国际影响力的国家。

从20世纪80年代初期开始，强调"自主外交"与推动"主动外交"相辅相成，共同对日本的外交活动发挥着作用。1983年5月，中曾根康弘在出席威廉斯堡举行的第9届西方七国首脑会议时，提议针对裁军问题以及"中导条约"（INF）问题进行首脑间协商，法国和加拿大等国以西方七国首脑会议是讨论和解决经济问题的会议为由表示反对，"对此中曾根提出尽管'日本既没有加入北约，又拥有独自的宪法，遵循非核三原则'，但'从世界政治战略的角度则应该赞成。这表示出了西方的团结，并可以使得在与苏联的交涉中得到一个稳妥的结果。在这个时候，一定要竭力避免西方内部的分裂和混乱局面'。为此，中曾根曾努力去说服密特朗。"[3] 在中曾根康弘和里根的大力推动下，西方七国首脑会议最终发表了关于裁军问题的声明，这是西方七国首脑会议第一次针对政治性问题发表声明。日本在会议期间的言行和举动，"这给其他各国的领导人留下了深刻印象，因为世界对日本政治家的被动性已经习惯，尤其在军事、战略问题上，只

---

[1] 内阁总理大臣中曾根康弘在第97回国会众议院上所做的演讲，1982年12月3日。
[2] 内阁总理大臣三木武夫在第77回国会众议院上所做的施政方针演讲，1976年1月23日。
[3] ［日］五百旗头真：《日美关系史》，周永生译，世界知识出版社2012年版，第265—266页。

能期待其沉默。"① 对世界而言，西方七国首脑会议第一次通过政治性文件以及裁军问题的内容令人瞩目，但对日本来说，通过此次会议所展现的"外交自主"性和"主动性"，所发挥的"政治性作用"也让国际社会开始对日本外交有了全新的认识。中曾根康弘政府为争取实现"自主外交"的目标做出了努力。

1988年，日本超过美国成为世界第一位的经济援助国。这个变化表明日本既回应和缓解了"国际责任论"的压力，同时实现"自主外交"的机会也在增加。1月，时任内阁总理大臣竹下登在访问美国期间发表了日本外交坚持的四项基本原则：第一，保持外交政策的持续性；第二，开展具有自己意志和主体性的外交；第三，将日美关系置于最优先的外交事项；第四，自觉承担国际责任，创建对世界做出贡献的日本。② 日本的外交原则将"自主外交"与"国际责任"相提并论。4月和8月，此时尽管日本还没有制定《有关联合国维持和平活动协力法》（1992年法律第79号），但是日本分别向联合国阿富汗/巴基斯坦斡旋特派团（UNGOMAP）以及联合国伊朗/伊拉克军事观察团（UNIIMOG）派遣了文职职员。这是日本第一次参加联合国维持和平活动（PKO），对日本来说具有划时代的意义。日本开始通过参与联合国维和活动展示日本外交的独立性。

尽管竹下登政府重申了日本坚持"自主外交"的方针，但是由于日美经济摩擦的加剧，美国出现"日本异质论"和"唯利是图的日本"的论调。日本为了缓解日美经济摩擦的压力，破除美国持有的"日本异质论"和"唯利是图的日本"的印象，海部俊树政府和宫泽喜一政府不得不在外交活动中对"自主外交"有所收敛，依靠"追随美国"来修补日美关系。对美国的要求采取了服从的做法，最为显著的事例就是，在海湾战争中，根据美国政府的指示要求，日本向"多国联军"提供了高达130亿美元的援助，但是国际社会对日本的贡献评价却很低。就连美国也不认同日本，时任驻日大使迈克尔·阿马科斯特给华盛顿的电报中指出："事实表明，

---

① ［日］北冈伸一：《日本政治史：外交与权力》，王保田等译，南京大学出版社2014年版，第154页。

② 竹下登在美国国家记者俱乐部上的演讲"日米のグローバル・パートナーシップを目指して——世界に貢献する日本"，1988年1月14日。

在日本获得大国承认的渴望与承担相应风险和责任的意愿、能力之间存在巨大的鸿沟……尽管日本有很强大的经济实力,但日本仍然不是大国圈子里的一员……因为日本过于谨慎……使它丧失了发挥主动性的机遇……日本的危机管理体系被证明是完全不充分的。"[①] 当"自主外交"与"追随美国"发生冲突时,"自主外交"不得不让位于"追随美国"。这种"通过花钱息事宁人的做法"体现了战后日本依靠美国的支持和保障专心致志地发展经济,而绝无可能开罪美国的生存方式。

经过短暂的宇野宗佑政府,20 世纪 90 年代初期,日本在苏联解体之后跃升为世界第二大经济大国,同时冷战结束后非洲形成了政治势力重新调整的"窗口期"。此时的日本在美国和俄罗斯因为冷战结束进行的区域撤退和新的战略调整中,看准了发挥外交作用的机会,决定以此为契机在非洲大陆积极主动地尝试开展"自主外交"活动。在此背景下,日本主导并联合一些国际组织对非洲国家开始实施综合性政府开发援助的 TICAD。

第二节　冷战末期日本的外交反应

TICAD 的实施并不是一蹴而就的事情,也不是水到渠成自然而然发生的。TICAD 既是日本在国力充足的条件下,构建政治大国"自主外交"自身需求的结果,更是日本政府对冷战趋势、世界格局、非洲动态等各种外部环境因素长期进行综合性观察、分析、判断和抉择的结果。

对日本真正实现"自主外交"而言,"时机""场合""方式"是极其重要的事情。一国的外交活动是根据自身对国际社会的需求以及对象国家和地区、国际组织的回应所开展的活动。外交活动可能会受到"时机""场合""方式"的影响甚至限制,但是开展外交活动的"自主性"不应该受到任何干涉和限制,这是一国是否真正拥有外交主权的头等大事。日本为了实现"自主外交"不得不考虑"时机""场合""方式"就是对"自主外交"的反讽,同时也说明日本实现"自主外交"的过程就是一场

---

① [美] 理查德·塞缪尔斯:《日本大战略与东亚的未来》,刘铁娃译,上海人民出版社 2010 年版,第 87 页;美国国家安全档案,http://www.gwu.edu/~nsarchiv/NSAEBB/NSAEBB175/index.htm。

"决定胜负"的活动。TICAD 就是这场活动的最好载体。

在冷战结束世界格局发生巨大变化的时期,日本政府之所以决定通过实施 TICAD 实现"自主外交"的自身需求,这是因为日本政府认为冷战结束后,实现"自主外交"的时机已经到来。

一 苏联和美国的冷战角逐

如果说日本实施 TICAD 是落实"自主外交"这一自身需求的具体体现的话,那么,冷战结束为实现这一需求提供了机遇和可能。

冷战是以苏联和美国为首的两大势力集团之间为争夺霸权在全球范围内进行的角逐和竞争,所涉及的领域涵盖了政治、军事、经济、社会、文化等各个方面,所跨越的时间长达 40 多年。苏联和美国两个超级大国的动向是决定冷战进程的关键所在。

20 世纪 40 年代中期冷战开始,并逐渐从欧洲蔓延到亚洲以及全球。20 世纪 40 年代末期和 50 年代中期,北大西洋公约组织和华沙条约组织相继成立,以苏联和美国为首的两大阵营对抗的格局基本形成。20 世纪 60 年代,以苏联和美国为首的两大阵营在欧洲展开对抗的同时,针对亚非拉地区刚刚摆脱殖民统治赢得民族独立的国家大肆开展势力争夺活动。在南北也门、印度支那半岛以及加纳、刚果(金)等非洲国家的纷争中都可以看到两大阵营明暗的影子。经过 20 世纪 60 年代柏林墙危机以及古巴导弹危机等一系列剑拔弩张的高强度对抗之后,苏联和美国的争霸活动开始进入此消彼长的对峙阶段。

20 世纪 70 年代,在勃列日涅夫执政时期,苏联的国力和所能控制的势力范围增强,而美国则由于陷入越南战争的泥沼,国力和国际影响力衰退。这一时期的冷战基本上呈现出苏联占据战略攻势地位,而美国处于相对被动的守势地位。为避免直接冲突和战争危险的发生,在整个 20 世纪 70 年代,苏联和美国举行了 5 次首脑会谈并签署了 100 多个协定和条约,苏联和美国的紧张关系相对得到缓和。苏联避免与美国以及北约组织发生直接冲突的同时,在世界各地尤其是第三世界国家开始了大规模的势力扩张活动。这一时期,苏联先后与 12 个国家签订了"友好合作条约",还向许多亚非拉国家派遣军事顾问,提供军事方面的援助以及直接输出武器。

在非洲，苏联通过古巴等国进行代理人战争，直接插手安哥拉、索马里和埃塞俄比亚战争。20世纪70年代末期，苏联为实现控制中亚地区打通南下印度洋通道与美国争夺霸权的目的，1979年12月入侵阿富汗。苏阿战争没有能够实现苏联的战略意图，反而将苏联拖进长期战争状态。相对于苏联的积极扩张，20世纪70年代的美国在结束越南战争甩掉沉重的战争包袱之后，迅速调整外交战略，尼克松执政时期通过与中国发展关系避免和缓解多重战略冲突、承认日本以及西欧国家为同盟国家关系获得相关各国的支持一起遏制苏联，同时在意识形态等方面有针对性地对东欧国家和苏联展开"毫无硝烟"的攻势，在第三世界国家通过各种文化渗透活动开展软实力外交削弱苏联的影响力。

苏联在全球的扩张政策并没有使得苏联在冷战较量中达到最初的战略目的，反而在与美国无限制的角逐竞争中耗尽了国力。在20世纪80年代，东欧国家和一些第三世界国家开始纷纷出现反对苏联霸权主义的呼声和行动。与此同时，苏联僵化的国内政治也开始暴露出巨大问题，一步步地引发政治危机。内政和外交的双重问题使苏联陷入国家危机之中。在重重危机之下，苏联并没有放松与美国的争霸事业。面对苏联锐力不减的攻势，美国在里根执政时期，提出"重建强大的美国"的战略，通过强化军事力量等措施对苏联采取了强硬对抗的方针，推行"里根主义"通过介入和干涉第三世界国家内政建立"亲美势力"削弱苏联的影响。

1985年3月，戈尔巴乔夫就任苏联共产党总书记之后，推行"改革与新思维"，试图通过实施人道的、民主的社会主义改革打开苏联出现的政治停滞以及外交困局。在戈尔巴乔夫改革的推动下，苏联社会开始发生根本性变化。1989年春季开始，东欧许多国家发生围绕着政治经济制度的震荡。美国看准时机加速对苏联和东欧国家的演变攻势，7月，布什总统访问波兰和匈牙利，对东欧国家正在发生的变化表示赞赏。9月，布什政府发表国家安全指令（NSD）23号文件①，提出采取促进苏联加速改革使其尽快融入国际体系的政策。11月，作为冷战重要标志之一的柏林墙开始开

---

① 美国国家安全指令（NSD）23号文件，https：//bush41library.tamu.edu/files/nsd/nsd23.pdf。

放。12月，苏联和美国在马耳他举行首脑会议宣告结束冷战。1990年6月，民主德国正式决定拆除柏林墙。1991年7月，华沙条约组织宣布解散。同月，在伦敦举行第17次西方七国首脑会议时，英国特邀戈尔巴乔夫参加"7+1"会谈，戈尔巴乔夫在峰会上宣布与美国建立美苏战略伙伴关系。12月，苏联解体。

二 日本在冷战末期的外交反应

毋庸置疑，如果要搞清楚日本政府在20世纪80年代对冷战进程所做出的反应，最好的办法就是去了解当时日本政府的言行。日本政府保留的外交记录、内阁总理大臣等政府首脑在国会的执政方针演说，以及在联合国的演讲为这个有意义的探索提供了可能。

在20世纪80年代中期，当围绕着冷战的国际环境开始出现变化时，日本及时关注并捕捉东西方世界发生的每一个细小变化。日本主要是通过观察戈尔巴乔夫进行的改革在苏联引起的政治、经济、社会以及大众思潮的变化来判断苏联的动向，通过观察戈尔巴乔夫改革在东欧国家所引起的连锁反应来判断苏联阵营的动向，通过与美国以及西方国家的首脑会谈和信息互通来共同协调对苏联以及东欧国家的政策。日本通过以上多种方式综合性判断冷战的动向和趋势。

1984年2月，契尔年科接任因病去世的安德罗波夫担任苏共中央总书记。虽然契尔年科任职期间仅仅13个月，但是他基本上继承了安德罗波夫时期的对内和对外政策，认为苏联和美国两大阵营的对抗没有缓解，为此，依然保持了对美强硬的态势。此时的美国刚刚推出"战略防御计划"（SDI）不久，里根总统奉行对苏联的强硬政策。苏联和美国争霸的势头丝毫未减，世界笼罩在冷战的阴影当中，国际社会无法推断冷战的走向进程。

此时的日本政府对冷战的判断是："东西方世界的关系，近年来呈现出严重的对立和紧张局势。从1984年中期开始，虽然出现了改善关系和缓解局势的动向，但是，目前的东西方世界所面临的问题仍然极其复杂，期待与现实相背离的情况还在持续当中。""东西方世界的关系是影响国际局势的基础，其变化与大国关系一起共同对国际局势产生巨大影响。同时，世界各地区的局势虽然受到东西方世界关系的影响，但是在受影响程度上存在着一定的差异。另外，由于世界各地区的独立性，所以，这一切在整体上构成了国际局势的不稳定因素。"① 通过上述日本政府对世界局势的认识可以看出，在1984年，日本对冷战中东西方世界的紧张对抗保持了担忧，认为东西方世界关系未见缓和以及影响冷战的不确定因素依然多变。但是与此同时，日本政府还表示："今后，日本在继续展开日苏两国对话的同时，对1985年3月诞生的戈尔巴乔夫新政府的动向应保持高度的关注。"② 日本在关注中对戈尔巴乔夫新政府显示出了期待。

1985年3月，时任内阁总理大臣中曾根康弘前往莫斯科出席契尔年科的葬礼时与继任苏共总书记的戈尔巴乔夫举行了单独会谈。10月，中曾根康弘在国会发表施政方针演说时提到："我在今年早期曾经拜访过里根总统，3月又在苏联与戈尔巴乔夫总书记举行了会谈，同时在伯恩的西方七国首脑会议上同与会的各国首脑交换了意见。在这些会谈中，我国向各方呼吁为了世界的和平与稳定促进军备管理以及裁军谈判，希望早日举行美苏两国首脑会谈。秋天，时隔6年半的美苏两国首脑会谈终于再次举行，为此，我们表示由衷的喜悦。对于我国来说，今后将要继续强烈呼吁开展包括军备管理和裁军在内的东西方世界之间的对话和谈判，与此同时，将特别密切关注美苏两国之间的对话，并对此进行必要的支援。"③

尽管此时的日本还无法预见和设想冷战的进程，但是在关注和推进美苏两国针对冷战展开对话方面，日本还是采取了积极的外交行动。作为发达资本主义国家阵营一员的日本之所以在苏联和美国以及西方国家之间积极进行协调工作，并不是日本像苏联和美国那样具有能够控制和把握冷战进程的能力，而是日本希望在国际舞台上做出"政治性"贡献，希望缓和因贸易摩擦而紧张的日美关系，希望与苏联解决悬而未决的北方四岛领土问题以及缓解来自苏联的威胁。

---

① 外务省『外交青書（1985）』第一部"総説"第二章"1984年の世界の主な動き"。
② 外务省『外交青書（1985）』第一部"総説"第三章"戦後の日本外交と1984年の我が国の主要な外交活動"。
③ 内阁总理大臣中曾根康弘在第103回国会众议院上所做的施政方针演讲，1985年10月14日。

1986年2月，在苏联共产党第27次代表大会上，戈尔巴乔夫在大会报告中提出实施"加速战略"推动苏联社会经济发展，改变党政机关的工作方式方法，扩大社会主义民主和人民民主权利的改革。对于戈尔巴乔夫推行的"新思维"改革，日本政府评论说："苏联实行'戈尔巴乔夫路线'之后，进行了加速和重建苏联社会经济以及'强化民主社会主义'的改革，在大范围和深层次采取了社会改革的政策。""戈尔巴乔夫总书记推进的社会改革，对苏联社会带来了一定的变化。在政治和社会方面，开始实行党和国家机构的民主化、强化信息公开和政治透明度、维护人权、干部任用非党员和女性。在经济方面，制定了国营企业法和个体劳动促进法，实行了苏联企业可以直接与外国企业进行贸易活动等一系列搞活经济的措施。在文化方面，伴随着对党和国家机构的全面改革，公开了被查禁的作品，通过电影和文学等形式重新开始文化领域的非斯大林化，也开始积极尝试与西方国家进行文化交流。"① 在外交文书中，日本对戈尔巴乔夫改革的具体内容进行评论足以显示出日本对苏联动态的关注度。

随着戈尔巴乔夫改革的推进，日本政府在1987年继续评论说："1987年，在1月的中央全会上苏共确定了实施'民主化'的方针，6月的全会上决定进行经济体制改革。随着'民主化'和经济体制改革的展开，苏联所进行的以'重建'为基本方针的全面改革的目标在第一期阶段上已经实现，对此应该给予评价。""戈尔巴乔夫总书记推行的改革，作为非斯大林化的一环，稳步地推进所谓的'历史改革'，这项工作已经在学术界、媒体、戏剧界活跃起来。"② 日本对苏联所进行的民主化和经济体制改革给予了肯定的评价，特别是高度关注苏联在意识形态领域所发生的变化。

1987年9月，中曾根康弘在第42届联合国大会上发表演讲时强调："上周，美苏两国原则上达成了中导条约（INF）协议，并决定今年秋天里根和戈尔巴乔夫举行第3次会谈，日本对此表示衷心的欢迎，对两国首脑的政治决断给予高度的评价。"③ 如果对4年前中曾根康弘的表态稍稍做些

---

① 外务省『外交青書（1987）』第三章"各国の情勢及び我が国との関係"。
② 外务省『外交青書（1988）』第三章"各国の情勢及び我が国との関係"。
③ 外务省文书『第42回国連総会一般討論いおけろ中曽根康弘内閣総理大臣演説』，1987年9月21日。

回顾的话，就可以发现日本对苏联的看法已经发生了一些变化。1983年1月，中曾根康弘在接受《华盛顿邮报》的采访时曾经指出，日本列岛就像巨大的不沉航空母舰那样，可以对抗苏联的轰炸机，全面控制周围的四个海峡。这一发言显示出日本可以协力美国一起对抗苏联的态度。而在戈尔巴乔夫实施改革之后，通过对戈尔巴乔夫改革的正向式评价，已经显示出日本对苏联的看法开始悄然发生变化。

经过3年多的戈尔巴乔夫改革，到1988年，苏联社会已经发生了巨大的变化。日本对戈尔巴乔夫改革以及苏联可能出现的趋势有了基本的认识和判断。此时的日本认为："1988年，苏联国内发生的值得肯定的变化以及'新思维'对缓和美苏两国和东西方世界关系做出了积极性贡献。东西方世界关系是影响世界和平与安定最主要的因素，在这个意义上，我们对东西方世界之间进一步地积极开展对话和交流表示欢迎。我们对苏联以及一些东欧国家正在发生的令人满意的变化，非常愿意给予正当的评价。"① 通过上述评价，日本从总体上对苏联以及东欧国家发生的变化表示了肯定。

针对日苏两国关系，日本政府认为："伴随着东西方世界关系的改善，日苏两国关系所具有的意义也在增强。从构建真正稳固的东西方关系，以及保持亚洲太平洋地区的和平与稳定这个立场出发，日苏两国关系的改善就显得越来越重要。""为了使苏联正在进行的'新思维'能够充分反映到日苏两国关系上，今后我国要继续努力最大限度地做出与之相对应的政策，这是至关重要的事情。"② 日本对戈尔巴乔夫的"新思维"表示了支持和配合。

1989年东欧国家开始发生社会体制的变化。10月，时任内阁总理大臣海部俊树在国会众议院发表演说时指出："当今世界正处在巨大变化的浪潮之中，特别是苏联进行的重建式改革以及民主化与改革开放等根本性变化正在社会主义各国发生，这是非常值得留意和关注的事情。""在国际社会中已经成为重要存在和具有影响力的我国，作为负责任的国家，必须

---

① 外務省『外交青書（1989）』第二章"国際社会の主要動向とわが国の外交課題"。
② 外務省『外交青書（1989）』第二章"国際社会の主要動向とわが国の外交課題"。

要明确今后前进的方向和道路。"① 根据东西方世界的每一个变化和趋势，日本政府一方面谨慎地因势而动顺势而为地做出对应，另一方面留心观察日本在世界舞台发挥作用的可能性，为进一步发挥日本的影响力做好准备。

作为外交方面的努力方向，日本政府提出了具体的构想："国际形势的变化变得非常激烈。在此环境中，国际社会对我国同时存在着期待发挥更大作用的呼声以及批判的声音。我国必须要重新考虑为了世界能做什么应该做什么这些问题，并为此制定具体的方针和策略。为了世界的和平与繁荣，我们要积极开展一场有意义的外交。""面向世界，我国将更加积极地致力于发挥更大责任和作用的国际合作构想。作为国际合作构想三大支柱的促进和平与发展的合作、扩充ODA、加强国际文化交流，需要进一步具体化。在此基础上，我们将积极努力解决累计债务问题，为促进旨在强化和维护多边自由贸易体制的乌拉圭回合谈判成功做出积极的努力。"②

海部俊树发表上述施政方针演说的时间是1989年10月，此时距离苏联和美国在马耳他举行首脑会议宣布结束冷战还有两个月。从施政方针所表达的"我国必须要重新考虑为了世界能做什么应该做什么这些问题，并为此制定具体的方针和策略"以及"面向世界，我国将更加积极地致力于发挥更大责任和作用的国际合作构想"这些外交设想中可以看出，在冷战结束之前，日本政府就已经开始面对冷战的新变化进行调整外交方针的准备，已经开始为即将到来的世界局势大变动进行谋划。

为具体落实提出的施政方针，日本积极开展包括东欧国家在内的欧洲外交。1990年1月，海部俊树访问德国、英国、波兰、匈牙利等欧洲八国以及欧洲共同体（EC）。在访问期间，海部俊树特意前往柏林墙，之后发表演说："柏林墙明显是对人类本应拥有的自由的挑战。构筑柏林墙的当权者拒绝给予统治下的人们自由和繁荣，已经成为失败的象征。""日本在战后选择了植根于自由、民主与市场经济的体制，正是因为这个正确的选择，使得我国国民的生活有了提高，国力得到了增强。日本非常关注东欧

---

① 内阁总理大臣海部俊树在第116回国会众议院上所做的演讲，1989年10月2日。
② 内阁总理大臣海部俊树在第116回国会众议院上所做的演讲，1989年10月2日。

各国能够圆满地实现具有与我们相同价值观的改革目标。正是基于这样的认识,为了给波兰和匈牙利正在努力进行的改革增添力量,我访问了两国。"① 海部俊树访欧的主要目的有两个:第一,在世界格局发生重大变化的关键时刻,夯实日本与西欧发达国家以及欧洲共同体的战略伙伴关系,促进和强化国家之间的合作关系;第二,表明日本支持正在进行民主化的东欧国家,向这些国家提供道义和经济方面的支援。

日本政府在表明立场与态度的同时,还在经济、金融、技术和人员等多个方面对波兰和匈牙利两国进行实质性援助。1990年1月,日本宣布向波兰提供1.5亿美元的紧急援助以及2500万美元的粮食援助,提供2年期总计3.5亿美元的贸易保险承保金,将提供给匈牙利2年期的贸易保险承保金从2亿美元提高到4亿美元,以及向波兰和匈牙利两国提供3年期总计5亿美元的融资资金和2500万美元的技术合作资金。日本在提供资金和技术之外,还接收东欧国家的研修生,并向东欧国家派遣技术人员和青年海外协力队。对波兰和匈牙利以外的东欧国家,日本表示为了促进这些国家推进民主化以及市场经济的改革,将与其他西方发达国家一起提供积极的援助。日本从道义和实质两个方面对东欧进行体制转型的国家提供了援助。

20世纪80年代末期,日本政府对波兰、匈牙利等东欧国家进行经济援助的原因,尽管有用实际行动向国际社会特别是西方发达国家表明对东欧国家体制转型给予支持的一面,但更为主要的原因是,日本要抓住机会为今后与体制转型后的东欧国家建立良好关系创建条件。相对于关注东欧国家民主化等体制转型,日本政府更为关注的是如何创建两国间的正常关系。日本这种探查外交机会抓住时机拓展外交活动的做法是有先例的。日本在1969年察觉到尼克松就任总统之后美国对越南战争的政策开始出现变化时,就开始探索寻求与越南民主共和国建立关系。1973年1月,美国与越南南北各方签署《关于在越南结束战争恢复和平的协定》(巴黎和平条约)之后不久,在越南还未实现统一的情况下,日本在9月马上就与越南民主共和国建立了外交关系。可以说,日本政府对进行体制转型的东欧

---

① 内阁总理大臣海部俊树在德意志联邦共和国柏林日德中心的演讲,1990年1月9日。

国家进行经济援助是沿袭历来的务实主义外交方针的具体体现。

1990年3月,日本政府针对苏美两国马耳他首脑会谈宣布冷战结束之后的新情况,发表了新的施政方针,指出:"布什总统与戈尔巴乔夫最高苏维埃主席在马耳他举行的首脑会谈,对世界的和平与安定具有极其重要的象征意义。东西方世界已经摒弃了冷战时期所坚持的力量对决的理念,开启了通过对话和协调探索世界秩序的新时代。这种新变化不仅仅在欧洲发生,甚至在亚洲太平洋地区也引起了联动。在凭借力量改变和支配世界秩序的时代,日本是不能凭借力量支配对国际社会做出贡献。在通过对话和协调探索构建全新的和平共存世界秩序的今天,我国必须要发挥积极的作用。"① 在阐述具体的方针和措施时,日本政府提出了"我国应该充分地利用所拥有的经济能力、技术能力以及经验,积极地参与构建新的世界秩序"② 的设想和目标。

在冷战末期,日本通过对世界局势的变化,特别是对苏联和东欧国家所发生的一系列体制上的变化进行及时的跟踪与分析,采取了与以美国为首的西方国家协调一致的外交方针,同时也为冷战结束之后日本的战略布局和外交活动做好了相应的准备。冷战结束以及海湾战争尘埃落定之后,面对新的世界格局,日本政府认为开展"自主外交"的时机到来了。

第三节 非洲成为实现自主外交的突破口

搞清楚冷战结束是日本推动"自主外交"时机的话,那么就要继续搞清楚日本为什么会选择向非洲大陆提供开发援助作为"自主外交"的场合和方式。

一 非洲大陆具备日本实施 TICAD 的条件

"自主外交"是日本在20世纪80年代初期中曾根康弘执政时提出并

---

① 内阁总理大臣海部俊树在第118回国会众议院上所做的施政方针演讲,1990年3月2日。
② 内阁总理大臣海部俊树在第118回国会众议院上所做的施政方针演讲,1990年3月2日。

努力践行的主张，并被明确地写进了政府的施政方针当中。鸠山一郎和岸信介执政时期曾经短暂地提出过"自主外交"的主张。但是，那时"自主外交"的主张毕竟只是主张而已无法推进。在20世纪80年代之前日本无法真正践行"自主外交"主张的情况下，当然也就无从谈起"自主外交"与非洲大陆的关系。

鸠山一郎和岸信介提出"自主外交"主张时，日本所面临的外交环境并不具备实现"自主外交"的可能性条件。刚刚经历了战败的日本还处在战后重建国家的阶段，面临着处理以亚洲国家为主的战争善后问题，与被日本殖民战争深深伤害过的亚洲国家恢复关系。日本提出的外交原则之一是强调"亚洲的一员"，采取与亚洲国家共同前进的立场，将外交重点区域放置在亚洲，以亚洲为中心重建战后外交。而20世纪50年代的非洲大陆还处在殖民统治的阴霾当中，殖民地民族解放与独立运动方兴未艾。日本对非洲大陆的独立运动无心也无力"自主性"地给予任何形式的援助与支持。对日本而言非洲大陆还是一个尚待建立关系的地区。短暂的"自主外交"主张与尚未独立的"非洲国家"全无契合性。

20世纪60年代中期，完成战后复兴任务的日本在继续强调坚持"亚洲的一员"立场的同时，提出"国际社会的一员"的主张，开始决心在全世界范围内开展全域型外交。但是由于日本的国策是依靠美国提供的政经支持和安全保障专心致志地发展经济，所以这一国策折射到外交方面就是以贸易立国为主的重商主义式外交。没有外交关系的情况下推动"民间贸易"先行，两国关系紧张甚至恶化的环境下"政冷经热"就是这种重商主义式外交的体现。为此，日本全域型外交的核心就是在全球范围内积极开展经济外交，政治外交只是拓展经济外交的必要条件。只要实现了经济外交的成果，那么体现政治性的"自主外交"就可以让位于"经济外交"而全无踪影。

日本沉迷于贸易立国的"经济外交"而无法践行"自主外交"主张的年代，正是非洲大陆风云多变的时代。非洲国家相继独立之后，由于大国对独立后的非洲国家展开争夺，非洲国家马上又成为大国冷战的前沿地区。在非洲大陆，殖民地独立运动、部族与宗教纷争、大国势力争夺战等前后交织在一起。20世纪50—70年代末期，非洲国家发生了50多起军事政变。① 在这种环境下，日本在非洲地区面临的是殖民地独立运动、旧宗主国与非洲国家的博弈，苏联和美国的冷战竞争以及非洲国家复杂多变的政局。日本只能在大国势力的缝隙中开展对非洲的外交活动。同时，由于非洲大陆与日本的经济互补性差，即使是在"经济外交"方面，非洲大陆也没有能够进入日本外交的核心区。

20世纪80年代初期，日本开始提出"自主外交"主张时，许多非洲国家正面临着政治动荡、部族与宗教纷争、经济发展停滞、自然灾害频发等问题。非洲大陆显现出各种危机，特别是"军事政变作为'非洲历史上最广泛经历的一种政治现象'，20世纪60—80年代曾在许多非洲国家频繁上演（共发生约280次军事政变或兵变），80年代一度有20多个非洲国家的政权为政变军人控制。"② 军事政变是解决政治、经济、社会等各种纷争的极端手段，军事政变的频发恰恰说明非洲大陆正处在政治动荡的旋涡。此时面对异常动荡的非洲大陆，日本当然不想卷入非洲国家复杂多变的内部纷争，将自身置于高风险的外交环境当中，非洲大陆此时绝无可能成为日本"自主外交"的实践场。对日本来说，回避高风险性外交场合是践行"自主外交"主张的首要条件。

20世纪80年代末期，在苏联和东欧国家发生政情变化以及世界紧张局势趋于缓和的影响下，非洲大陆的政治局势也开始发生了变化。"20世纪80—90年代初，随着多党民主政治风潮的到来，军事政变作为一种非民主的极端政治手段，不仅丧失了其政治合法性，而且遭到绝大部分非洲国家和国际社会的谴责与唾弃，其频率和次数因而也大幅度减少。"③ 非洲大陆趋于安定的局势，为90年代初期日本通过实施TICAD实现"自主外交"创造了有利的外交环境。同时，非洲大陆的政治和社会依然潜在着脆弱性，这也为日本实施"自主外交"提供了机会。

而同一时期的亚洲地区，在中东地区爆发了伊拉克入侵科威特事件以及旋即发生的海湾战争。此外，以色列与阿拉伯世界的长期纷争也时刻潜伏着战争的危机。中东地区存在随时爆发战争的风险。中东地区之外的亚

---

① 易文：《非洲国家军事政变简况表》，《西亚非洲》1982年第3期。
② 贺文萍：《非洲军事政变：老问题引发新关注》，《西亚非洲》2005年第3期。
③ 贺文萍：《非洲军事政变：老问题引发新关注》，《西亚非洲》2005年第3期。

洲其他地区，中亚地区不管是在苏联时代还是在苏联解体之后，政治前景不明朗以及苏联和其后的俄罗斯还保留着一定程度的影响力，对日本推行"自主外交"而言存在一定的外交风险。在南亚地区，由于印度和巴基斯坦两个区域性大国长期存在国家纷争，这种区域性大国紧张的对抗状态并不适合日本在这个区域内开展"自主外交"。东亚和东南亚地区一直是日本外交的重点区域。此时东亚的韩国、新加坡、印度尼西亚、马来西亚和泰国等一些东南亚国家已经成长为充满活力的亚洲经济体（Dynamic Asian Economies，DAEs），柬埔寨、越南、缅甸等国的前景依然不明朗。日本提出的"自主外交"涉及政治、经济、文化等各个领域。由于历史的原因，东亚和东南亚国家对超越经济合作领域而带有"扩张性意味的政策"始终抱有一定的警戒心，不利于日本开展"自主外交"。

在拉丁美洲地区，20世纪80年代由于争取"民主化"运动，大多数国家基本上结束了军人政权实现了文官统治。美国一直将拉丁美洲地区视为美国的"势力范围"与发挥影响力的地区。拉丁美洲国家的"民主化"运动背后有卡特政府"人权与民主"政策以及里根政府"推进民主化"政策的影响。美国对实现了"民主化"之后的拉丁美洲各国的影响力很大。日本推行"自主外交"的一个目的就是要摆脱来自美国的影响。日本不可能在美国具有高度影响力的拉丁美洲地区推行"自主外交"来开罪和挑战美国。

在欧洲地区和大洋洲地区，美国也同样拥有很强的影响力。日本在这两个区域内开展"自主外交"是不现实的。

冷战结束不仅仅为日本提供了实施"自主外交"的机会，而且非洲大陆具备了日本实施"自主外交"的战略空间。

二 开发援助成为对非洲大陆"自主外交"的方式

20世纪90年代初期，非洲大陆成为日本开展"自主外交"的对象地区之后，如何落实和开展"自主外交"成为日本外交的课题。开展"自主外交"的方式必须符合对日本外交以及非洲大陆有益实现双赢的原则，要在日本的能力以及非洲大陆能够接受的范围内实施。日本根据非洲大陆的现状和历史，以及充分考虑政治和经济制度、宗教和文化、民族惯习等诸多因素之后，选择了由日本主导与国际组织共同参与的政府开发援助方式。之所以选择政府开发援助的方式是日本在20世纪80年代末期到90年代初期几次重大对外援助没有取得成效之后，探索如何有效开展国际合作的结果。

1987年之前，成长为世界经济强国的日本强调的是对国际社会的贡献，提出的定位是"国际合作贡献者"。那时的日本认为苏联和美国是世界秩序的决定性力量，还没有提出"国际秩序责任者"的概念。日本是想通过"国际合作贡献者"的姿态在国际社会增加认同感施加影响力。

1987年，面对由于苏联以及东欧国家发生的巨大变革可能给冷战局势带来的新变化，日本政府对国际秩序决定性力量的认识开始发生变化，认为参与国际秩序实现大国梦想的机会到来了。日本政府指出："在今日相互依存度逐渐增大的国际社会，美苏两国虽然以巨大的军事力量为后盾保持影响力，但是日本、西欧、中国的力量也在增长。在经济方面，第二次世界大战之后拥有压倒性经济力量，对国际秩序的形成和维持具有极大影响力的美国的地位开始相对地降低，自由贸易体制以及美元货币体系迎来了新的局面。""美国依然对国际政治和经济起着非常重要的作用。但是，为了更加顺利地维持目前的国际秩序，确保世界和平与繁荣，美国应该与重要的自由民主国家分担国际责任和作用，为此，加强相互之间的对话与政策协调变得更加重要。"[①] 日本第一次非常明确地提出了维护国际秩序的责任分担问题，要求发挥作用。

为了更清晰地说明日本对国际秩序责任分担问题的看法，时任内阁总理大臣竹下登做了进一步的解释，指出："世界和平与繁荣是日本生存与发展的基础，我国作为国际秩序的主要责任方，今后必须要在国际合作等方面积极地推进和平与繁荣。我们必须要向国际社会言明我国的立场，并诚实地履行日本的职责。"[②] 日本非常鲜明地指出日本是国际秩序的主要责任方，开始提出"国际秩序责任者"的主张。之后，竹下登对美国、加拿大、英国、意大利、菲律宾等12个国家访问时以及外国政要访问日本时

[①] 外务省『外交青書（1987）』第一章"我が外交の基本課題"第二節"国際社会の変貌と我が国の役割"。

[②] 内阁总理大臣竹下登在第111回国会众议院上所做的施政方针演说，1987年11月27日。

都极力推介这个主张。

1988年,日本再次指出:"我国作为国际秩序的主要责任方,站在世界格局视野的角度,积极地承担更大的责任和起到更重要作用是非常重要的事情。特别是作为一贯坚持和平国家路线的日本,必须要在政治、经济、文化等各领域做出应有的贡献。"[①] 在短短的两个月内,日本两次在施政方针中阐述了"国际秩序责任者"和"国际合作贡献者"的主张,并且阐明了"国际合作贡献者"与"国际秩序责任者"的关系,提出要通过国际合作的方式履行起相符合相适应的责任,鲜明地指出国际合作贡献所涉及的范围包含政治、经济、文化等各个领域。这一举动足以证明日本的态度和决心。

紧接着竹下登政府为了落实"国际秩序责任者"和"国际合作贡献者"的主张,提出了日本外交应对国际形势变化面向未来的新构想。这个新构想是"作为能够充分体现'对世界有积极贡献的日本',就是要推进以促进和平的国际合作、强化国际文化交流、扩充政府开发援助为三大支柱的国际合作构想。"[②] 就这样,促进和平的国际合作、强化国际文化交流、扩充政府开发援助成为20世纪80年代末期之后日本对外援助对外交往的主要方式。竹下登政府要求日本外交以"国际合作构想"为方针积极开展活动。

1989年2月,竹下登政府再一次重申:"不应该忘记的是,战后我国的繁荣,其背后是以美国为中心的自由民主国家阵营的努力与协调所支撑的国际秩序。今天,超越国界的活动和交流越来越广泛,在国家与国家相互依存以及多极化倾向增强的情况下,作为国际秩序的责任者,我国应尽的责任和义务是前所未有的。"[③] 竹下登在执政时期一共发表过4次施政方针演说,在第一次的施政方针演说中提出了"国际秩序责任分担"的主张,之后的3次竹下登在继续主张日本是"国际合作贡献者"的同时都强调了日本也应是"国际秩序责任者"。通过这些可以看出日本强烈希望充当"国际秩序责任者"的迫切感。

---

① 内阁总理大臣竹下登在第112回国会众议院上所做的施政方针演说,1988年1月25日。
② 内阁总理人臣竹下登在第113回国会众议院上所做的施政方针演说,1988年7月29日。
③ 内阁总理大臣竹下登在第114回国会众议院上所做的施政方针演说,1989年2月10日。

20世纪80年代末期正是世界格局发生重大变化的时期，此时日本充当"国际合作贡献者"的目的是要成为"国际秩序责任者"。日本要想成为"国际秩序责任者"，不仅仅需要在政治、经济、文化等诸多方面拥有足够的能力，同时还需要通过"国际合作贡献者"的努力使国际社会信服。"国际秩序责任者"与"国际合作贡献者"两个角色之间的相互契合才能实现日本的外交任务。竹下登政府提出"国际合作构想"不到两年，竹下登就因为陷入利库路特受贿事件以及实施消费税的政治僵局而辞职。竹下登政府提出"国际合作构想"之后没有来得及推行工作。竹下登政府之后的宇野宗佑政府仅仅存在了69天。1989年8月海部俊树就任内阁总理大臣。

海部俊树政府刚刚成立就在施政方针中明确表示要继续推行并强化竹下登政府提出的"国际合作构想"，指出："我们将更加积极地致力于推动在国际社会发挥更大责任和作用的'国际合作构想'，并将作为这一构想三大支柱的促进和平的国际合作、强化国际文化交流、扩充政府开发援助进一步具体化，更努力地推进工作。"①"国际合作构想"在海部俊树执政时代开始真正得以推进和实施。

尽管日本政府鲜明地提出了日本既是"国际秩序责任者"又是"国际合作贡献者"的主张，也明确了推行"国际合作构想"是实现主张的方式，但是日本实现这些主张落实"国际合作构想"的过程并非一帆风顺。

海部俊树政府推进"国际合作构想"的初期，正是冷战末期国际社会发生重大变化的时期。国际上发生了东欧国家剧变、海湾战争、华约组织解散、苏联面临解体等影响世界秩序和格局的重大事件。在处理和应对这一连串的事件中，本着"国际合作构想"中"促进和平的国际合作"的理念，日本向苏联以及东欧国家提供了特别经济援助。特别是在海湾战争中，日本提供了高达130亿美元的紧急援助，是非参战国家中提供援助最多的国家。

即使向苏联以及东欧国家提供特别经济援助，日本也无力成为在这一

---

① 内阁总理大臣海部俊树在第116回国会众议院上所做的施政方针演说，1989年10月2日。

地区的"国际秩序责任者"。尽管日本在海湾战争中提供了高额的紧急援助,但是由于没有投入人力的参与,日本最终也没有得到国际社会的好评。"海湾战争中以美国为首的联合国军获得了130亿美元来自日本市民特殊税收的资金支持,但是日本却没有向行动地区派出任何武装力量。科威特政府甚至都不承认日本所提供的财政支持。"[①] 对日本来说,这些对外经济援助都没有取得期望的成效,使得日本政府清醒地认识到缺乏人的参与而只是单纯提供金钱的贡献不能赢得好评,认识到要想成为实现互惠和双赢的"国际合作贡献者",针对不同的对象和地区采取更加细致化和多样化的合作方式至关重要。以日本现有的能力还无法做到"国际秩序责任者",面对现实专心做好"国际合作贡献者",赢得信任从而发挥影响力是更值得去做的重要事情。

在此背景下,海部俊树政府对"国际秩序责任者"与"国际合作贡献者"的主张进行了调整,不再刻意强调"国际秩序责任者",将国际秩序"责任者"变成了"参与者",指出:"在这样一个时代,为营造充满希望和崭新的国际社会,我们必须参与构建新的国际秩序,致力于开展'有志向的外交'""在努力构建新的国际秩序过程中,我国要充分利用所拥有的经济力、技术力以及经验积极进行参与。"[②] 日本回缩到"国际合作贡献者",将"国际合作构想"的重心转向"政府开发援助"。海部俊树政府明确指出:"我国国际合作的核心是政府开发援助。面对许多发展中国家深刻化的经济困境,作为经济实力已经达到全世界国民生产总值10%以上的我国来说,今后必须要扩充和强化政府开发援助力度。"[③]

面对正在转型变化中的发展中国家和地区,回缩到"国际合作贡献者"的日本对政府开发援助方式进行了调整和改革。此时的日本正值实施1988年制订的第4期ODA计划的中期。根据海部俊树政府提出的新的政府开发援助方针,日本加大了第4期ODA计划的力度。从1989年开始,在ODA总额方面,日本位居经济合作与发展组织发展援助委员会(Devel-

---

[①] [美]理查德·塞缪尔斯:《日本大战略与东亚的未来》,刘铁娃译,上海人民出版社2010年版,第87页。
[②] 内阁总理大臣海部俊树在第118回国会众议院上所做的施政方针演说,1990年3月2日。
[③] 外务大臣中山太郎在第120回国会众议院上所做的外交方针演说,1991年1月25日。

opment Assistance Committee, DAC) 成员国的第一位。① 同时日本还提出"改善 ODA 质量"计划，在简化程序迅速提供以及对应零散细小需求等方面进行改进工作，针对非洲、亚洲等国家开始实施"小规模无偿援助项目"。从 1989 年开始实施"国别援助实施方针"，第一次根据不同受援国的政治经济状况以及发展趋势具体实施政府开发援助。日本根据多伦多西方七国首脑会议达成的合意开始落实"布雷迪计划"②，减轻最不发达国家和地区（LLDC）的债务并加大提供无偿资金的力度，采取了涉及 650 亿美元的资金回流措施。日本还特别针对向民主化和市场经济转型的国家提供政府开发援助。

非洲地区在这一时期受民主化风潮、冷战结束以及经济停滞等因素的影响，许多国家发生了巨大的变化，出现了多党制政治体制变革。长期困扰非洲地区的南非种族主义问题也开始解决。但是非洲地区所面临的政治风险和经济困难依然存在，正如非洲统一组织秘书长萨勒姆所说的那样，"对非洲来说，如果 80 年代是失去的 10 年，那么 90 年代的境况也不会更好些。"③ 针对非洲地区的情况，海部俊树政府指出："在非洲地区，许多国家正在努力进行民主化以及经济结构调整的变革，我国将尽最大的可能对非洲国家的努力给予支援。"④ 已经坚定"国际合作贡献者"身份的日本无意直接参与正在变化之中非洲地区的政治，以采取提供政府开发援助的形式对非洲地区正在形成的市场经济新秩序而是间接性地施加影响力。

在第 4 期 ODA 计划的中期，日本加大了对非洲地区的政府援助开发力度，决定"对为了经济再建和发展正在进行自主努力的发展中国家，将协调国际组织向其提供必要的支援。发达国家向发展中国家提供包括民间资金在内的必要资金是非常重要的事情。我国以第 4 期 ODA 计划中期目标为基础正在努力加大 ODA 力度，同时，我们实施的资金回流措施也正在切

---

① 1989 年，日本的 ODA 总额为 89.7 亿美元，纯额为 59.9 亿美元，开始位居 DAC 成员国的第一位。日本除去 1990 年为第二位之外，到 1998 年为止一直位居第一位。
② 1989 年 3 月，时任美国财政部长尼古拉斯·布雷迪吸收时任日本大藏大臣宫泽喜一提案制定的减轻发展中国家债务的计划。
③ [美]巴弗尔·安科曼：《90 年代：非洲的转折点》，陈宗德译，《国际经济评论》1990 年第 9 期。
④ 外务大臣中山太郎在第 120 回国会众议院上所做的外交方针演说，1991 年 1 月 25 日。

实执行当中。特别考虑到需要妥善解决最不发达国家和地区（LLDC）各国存在的各种问题，今年5月，我国与联合国资本开发基金会（UNCDF）共同举办了东京论坛。像这样扩大国际合作，我国预定1993年在东京召开有关非洲地区发展的首脑级别非洲发展会议（TICAD）。"① 1991年9月，在第46届联合国大会上，日本政府第一次向国际社会公布了将要实施TICAD。TICAD将是20世纪80年代初期日本提出"自主外交"理念之后的第一次具体实践，是以政府开发援助为核心的国际合作机制。日本将通过国际合作工作具体推进TICAD。

继任海部俊树的宫泽喜一政府为了完善和推进政府开发援助做好国际合作工作，在总结20世纪90年代初期的经验教训之后，针对支撑"国际合作构想"三个支柱的"促进和平的国际合作""强化国际文化交流""扩充政府开发援助"进行了包括制定法律在内的制度性建设。1992年6月，针对"促进和平的国际合作"制定和实施了《有关联合国维持和平活动协力法》（1992年法律第79号，简称PKO法）。针对"扩充政府开发援助"制定了《政府开发援助大纲》。通过法制化等制度性建设使国际合作更具有针对性，更加效率化、条理化、细致化和合理化。《政府开发援助大纲》，成为日本实施政府开发援助的准绳，日本历届政府都按照《政府开发援助大纲》的原则推进国际合作工作。

海部俊树政府公布日本将要实施TICAD之后，宫泽喜一政府继承了这项工作，并对包括实施TICAD在内的政府开发援助提出要求，指出："对我国来说，积极致力于以全球环境问题为首，难民、人口、艾滋病、毒品问题等世界各国衷心希望解决的人类共同课题，以及支援深受饥饿和贫困困扰的发展中国家实现经济独立，面向未来确保世界和平与繁荣的稳定，是非常重要的事情。作为现在已经成为世界最大级别援助国的我国来说，我们需要率先解决上述这些问题。为了解决这些问题，我们将积极致力于构建国际性合作框架，并在之前制定的政府开发援助大纲原则的指导下，充分关注环境保护以及受援国家军事开支等动向，在进一步扩充对发展中

---

① 日本外务大臣中山太郎在第46届联合国大会上的演说，1991年9月24日。

国家政府开发援助力度的同时，努力做到政府开发援助更有效果和更具效率。"①

政府开发援助不再仅仅是为了发展经济，解决难民、人口、疾病、毒品、气候变化等人类共同课题成为政府开发援助的新目标。政府开发援助被赋予了新的使命，成为日本国际合作中最重要的核心部分。日本赋予政府开发援助新的使命也意味着深受难民、疾病、气候变化等问题困扰的不发达地区成为完成使命的重点地区。同时，政府开发援助也开始重视人的参与、资金支援、项目开发以及多方合作并举的形式。就这样，从20世纪90年代初期开始在发展中国家和地区，政府开发援助成为日本"国际合作"的象征与利器，在非洲地区成为日本实施"自主外交"的主要方式。

---

① 内阁总理大臣宫泽喜一在第125回国会众议院上所做的施政方针演说，1992年10月30日。

第五章 日本开启 TICAD 进程

1993—2019 年，日本已经召开了 7 届 TICAD。20 多年来，定期召开的 TICAD 已经都成为日本对非洲活动最重要的外交舞台，每一届 TICAD 的内容都成为日本对非洲最重要的外交政策，对日本与非洲关系起着至关重要的作用。同时，在实操与运营方面，TICAD 也构建了成熟完整的运营机制和多方合作体制。每一届 TICAD 制定的政策、目标和任务通过 TICAD 机制和体制予以落实。1993 年以来，TICAD 既是日本对非洲外交事务最为重要的集中体现，更是日本努力实现政治大国梦想开展"自主外交"的具体体现。日本通过在非洲实施 TICAD，终于开始了真正意义上的"自主外交"活动。

第一节 为准备 TICAD 的外交活动

1993 年 10 月，日本在东京举办了第一届东京非洲发展国际会议（TICAD 1）。实际上决定和筹划 TICAD 已经是两年前的事情了。

TICAD 是日本力图实现"自主外交"理念和目标提出的计划和设想。但是，如果理念和目标不予以付诸行动的话，再完美的理念终究只能是空想的理念，永远也不可能达到既定的目标。日本"自主外交"的理念和目标需要通过合理有效的 TICAD 去加以实现。日本提出 TICAD 计划和设想之后，海部俊树政府和其后的宫泽喜一政府为了实现这一计划和设想进行了不懈的准备活动，并对外交体系和机制进行了调整和改组。通过总结这两届政府在非洲地区积极拓展的外交活动以及为 TICAD 所做的准备工作，可以看出日本政府是怎样一步步接近并最终落实 TICAD 的。

一 海部俊树政府为 TICAD 的准备工作

TICAD 是 20 世纪 90 年代初期在海部俊树执政时期决定实施的。海部俊树政府提出创建 TICAD 是落实竹下登政府提出的"自主外交"的具体实践。

海部俊树政府在提出 TICAD 之前已经将非洲地区确定为落实"自主外交"的重点区域。1990 年,日本外务省指出:"近年来,我国与非洲各国的关系以经济合作为中心正在着实地日益紧密化。解决非洲各国的贫困问题以及经济发展问题,在非洲各国自身努力的先导下,今后国际社会的支援也不可或缺。我国应该做出与国际地位相适应的贡献,努力强化对非洲各国的援助。特别是由于最近苏联和东欧局势的变化,非洲各国非常担心国际社会的关注和关心会不会从此远离非洲地区。我国认为非洲仍然是最需要获得国际社会支援的地区,为了非洲地区的发展和稳定,我国有必要发挥积极的作用。"①

在一些非洲国家对未来国际社会对非洲的关注感到迷茫之际,日本着力在非洲地区开展外交活动。1989 年,日本与非洲地区的贸易金额达到 84.7 亿美元,仅次于美国、法国、德国、意大利和英国。日本向非洲国家提供的政府开发援助总额达到 12.1 亿美元,仅次于法国和意大利,特别需要指出的是,日本向非洲国家提供政府开发援助的 60% 是不需要返还义务的赠与。日本为了密切与非洲国家的政治关系,1989 年邀请了津巴布韦、坦桑尼亚、扎伊尔、马里和布基纳法索等非洲五国元首访问日本。1990 年 11 月,裕仁天皇举行继位典礼时,非洲 45 个国家派出了代表,有 11 位元首参加。日本还举办"非洲电影节""非洲音乐节""非洲服饰展""保护非洲自然环境之旅""非洲植树节"等大型文化活动。日本在政治、经济、文化等领域对非洲地区下足了功夫。

与 20 世纪 80 年代中期之前的政治外交不同,日本这一时期在非洲地区政治外交的理念从建立并保持外交关系转变为积极发挥政治性作用,开始积极主动地参与解决非洲地区政治问题的各种国际工作。1989 年 11 月,

---

① 外务省『外交青書(1990)』,第三章第七節"各地域情勢及びわが国との関係"。

遭受100多年殖民统治的纳米比亚举行独立前的制宪议会选举时，日本派出了选举监督员。日本还积极参与解决南非种族隔离制度问题，1990年2月，曼德拉获释之后，10月，日本马上邀请曼德拉访问日本，提议扩大和强化南非政府与非洲大国之间和平对话的机制，接收以黑人青年为主的技术研修生，向主张和从事废除种族隔离制度的非政府组织（NGO）提供援助，向联合国南非教育训练计划提供资金。另外，日本积极支持非洲国家的政治体制和经济体制转型。在赞比亚、肯尼亚等国家的转型过程中，日本对这些国家进行的"多党制""民主化""市场经济"改革表示支持并提供援助。日本通过开展一系列具有政治目的和意义的外交活动在实现"自主外交"方面进行尝试。

冷战后期，日本针对非洲国家的外交活动一方面是为了在非洲地区能够实现"自主外交"的突破，另一方面也是为了直接摄取非洲地区在国际社会的政治资源。1978年，日本竞选联合国安理会非常任理事国失败之后，1981年再次以141票当选。1987年的竞选活动，尽管日本成功当选，但是得票数只有107票，比1981年少了34票。日本对接下来1992年的竞选活动充满了担忧。非洲国家占将近1/3的联合国会员国席位，是具有决定性的关键力量。日本绝无可能无视和放弃非洲国家所拥有的政治资源。

1991年7月，日本外务次官铃木宗男出访非洲五国。8月，日本为争取非洲国家对日本1992年竞选联合国安理会非常任理事国的支持，派驻联合国副大使出访非洲11个国家，并邀请15个非洲国家的联合国大使访问日本。在这次为了竞选的外交活动中，通过与非洲国家的磋商交流，日本首次表明准备召开以非洲发展为主题的国际会议。9月，在第46届联合国大会上，日本政府第一次向国际社会公布了将要实施TICAD。日本针对非洲地区的外交活动直接与竞选联合国安理会非常任理事国相联系，开始寻求摄取非洲国家的政治资源。

二 宫泽喜一政府为TICAD的准备工作

1991年11月，宫泽喜一执政之后，继承了竹下登和海部俊树的外交方针政策，提出："随着国力的增强，日本所要发挥的作用不应再仅仅限于经济方面，还要在包括政治方面以及国际社会共同面临的问题上有所显著地扩大。"① 并确定了日本外交活动的4个重点领域，分别是确保世界经济的繁荣、确保世界的和平与安定、促进和推广自由民主等普世价值、积极解决包括环境和难民问题在内的国际社会共同面临的课题。上述外交活动4个重点领域中的3个直接涉及政治运作。具有政治化内容的"国际贡献"成为日本外交活动的重点。

宫泽喜一政府之所以将20世纪80年代中期之后日本始终强调的"国际贡献"的内容政治化，是因为日本在1992年第一次公开提出了加入联合国安理会常任理事国的意向。美国对日本这一要求的态度比较暧昧。美国一方面说原则上支持日本成为联合国安理会常任理事国，但是另一方面，面对联邦德国、印度、巴西等国同样的要求，美国无法具体承诺在何时以何种方式支持日本实现"入常"的意向。在这样一个环境中，承担起包括政治领域在内的各种国际责任和义务，做出相符合相适应的"国际贡献"就成为"入常"的必要条件之一。为此，日本需要纠正倚重和偏向于经济领域的"国际贡献"，必须要为以往的"国际贡献"注入新的内容。

在上述外交方针政策和外交活动原则的指导下，日本在非洲地区继续积极开展政治、经济、文化方面的外交活动。在政治方面，日本向政治转型的非洲国家提供投票计票等选举用器材帮助选举。在中非等10个非洲国家参加选举监督活动。在索马里内战纷争中，日本向联合国索马里建设和平信托基金提供1亿美元的资金。1992年9月，日本积极主动参加第二期联合国安哥拉核查团（UNAVEM-Ⅱ）活动，向安哥拉派遣了3名选举监督员，这是日本第一次在非洲地区从事联合国维和工作。日本实施《有关联合国维持和平活动协力法》（PKO法）之后参加的第一个联合国维持和平活动选择了非洲。日本这一时期在非洲地区开展的外交活动为实施TICAD奠定了政治基础。日本稳健地向实施TICAD靠近。

1992年9月，时任日本外务大臣渡边美智雄在第47届联合国大会上发表演讲时宣称："冷战结束之后，在保持世界整体秩序的基础上需要从如何协调南北问题的观点出发，更加积极地解决发展中国家的贫困问题。

---

① 外务省『外交青書（1992）』，第一章第二節"日本外交の課題"。

联合国应该站在经济发展能够给人类带来福祉带来政治安定的立场，更加认真地致力于消除贫困以及消除因为贫困而引发的社会不稳定因素。此时，需要格外留意那些已经开始经济自立发展的国家，正在解决累积债务问题的国家，以及像撒哈拉沙漠以南非洲各国那样陷入经济困境的国家，针对各自的实情仔细探索解决问题的办法。从这样的观点出发，我国将一如既往地对联合国为有效解决人类共同问题所做出的努力给予积极的支持。作为国际社会有责任的一员，在得到撒哈拉沙漠以南非洲各国、主要援助国、联合国以及其他国际机构的协助下，明年秋天，我国将在东京举办以非洲经济发展为主题的'非洲发展会议'。"[1] 日本在联合国大会上再一次宣布将要举办 TICAD。日本连续两次在联合国大会上宣布实施 TICAD，充分表明了将 TICAD 置于极其重要的地位，表明了通过实施 TICAD 实现"国际贡献"和"自主外交"的决心，也充分体现了日本认为实施 TICAD 的机会和条件已经成熟。

为了使外务省的外交体系和机制与外交职责相适应相配套，充分担当和顺利完成后冷战时期的外交使命，日本政府对外务省机构进行了调整和重组。TICAD 召开之前的 1993 年 8 月，日本政府根据《修改部分外务省组织令的政令》（1993 年 7 月政令 266 号），改组外务省国际局和情报调查局，新设置了综合外交政策局以及国际情报局。综合外交政策局的职责是制定中长期的综合性外交政策，以及总括和协调推进外交政策的联动机制。综合外交政策局是外务省的核心部门，在涉及重大外交事务方面发挥中枢性作用。综合外交政策局设置了国际社会合作部[2]专门负责协调联合国业务以及负责人权、难民、环境、反恐、取缔毒品等业务。国际情报局[3]的职责是综合处理涉及外交领域的情报信息，负责情报信息的收集、分析、管理以及分享等业务，特别是根据复杂多变的国际形势对不同的国

---

[1] 日本外务大臣渡边美智雄在第 47 届联合国大会上的演说，1992 年 9 月 22 日。

[2] 2006 年 8 月，外务省将经济合作局与国际社会合作部合并，新设置了国际合作局。国际合作局国别开发合作第三课负责中东、非洲地区的经济援助与技术援助计划的制定与实施，https://www.mofa.go.jp/mofaj/gaiko/bluebook/2007/pdf/pdfs/5_2.pdf。

[3] 2004 年 8 月，外务省将国际情报局改组为国际情报统官组织，下设四个国际情报官室，其中第四国际情报官室负责欧洲、俄罗斯及独联体国家、北美洲及中南美洲、中东以及非洲地区的业务，https://www.mofa.go.jp/mofaj/press/pr/pub/pamph/pdfs/k_kaikaku.pdf。

际地域和不同事项进行综合性分析。国际情报局的分析二课具体负责亚洲、大洋洲和非洲以及中近东地区的业务。尽管综合外交政策局以及国际情报局是针对总体外交政策和情报信息的部局,但是 TICAD 的业务与这两个新创建的部局息息相关。

与新创建的外交体系相对应,1993 年,外务省针对情报信息收集与分析、领事管理和危机处理以及国际贡献等方面增加了人员和预算。新增外交人员 140 人,外交财政预算比 1992 年增加 6.9%,达到 6641 亿日元。

日本的 TICAD 完成了从政策方针到实操机制的建设。

第二节 TICAD 奠定对非洲战略的基础

1993 年 10 月,日本开始实施 TICAD,在政府开发援助的名目下,将对非洲外交活动的重点从单纯地发展经济贸易转变为政治、经济、社会、文化、人才培育等多项并举,从此开始积极主动地从政治、经济、社会和文化等多个方面介入非洲大陆事务。以 TICAD 为契机,日本对非洲的外交活动开启了新的一页,实现了战略性转变。

一 细川护熙政府延续了 TICAD

1993 年 6 月,自民党因为政治改革的失败发生分裂,大量议员脱离自民党,组建了新生党和先驱新党等。8 月,执政 38 年的自民党失去政权,日本新党、社会党、新生党等八党派组成联合政府,"五五年体制"结束。日本新党代表细川护熙就任内阁总理大臣,新生党党首羽田孜就任外务大臣。

"自主外交"理念以及筹划 TICAD 是自民党执政时期提出来的事情。在自民党执政时期,宪法问题、外交政策和安保政策是执政党与在野党角逐政权进行的攻防战中三个最为核心也最为激烈的内容。尽管在"日美同盟"、"日美安全保障条约"、制定《有关联合国维持和平活动协力法》(PKO 法) 以及围绕自卫队海外派遣等外交问题上,执政的自民党与在野党发生了激烈的攻防战,但是由于自民党政权的强势,自民党主张的"自主外交"基本上被一以贯之地推进,同时 TICAD 也在着实地进行着准备。

1993年8月，自民党下台后，新生的非自民党政权如何对待和处置自民党执政时期提出的外交理念和外交目标引人关注。

新生的非自民党政权由8个党派联合组成。长期与自民党进行斗争的日本共产党被排除在细川护熙政府之外，无法参与执政政府的政策制定。参与联合执政的日本社会党以及民社党、社会民主联合等信奉民主社会主义和自由社会主义的党派在外交问题上部分放弃了过去的主张，采取了与其他执政政党协调妥协的做法。信奉资本主义的日本新党、新生党和先驱新党等采取的是新保守主义和新自由主义路线。这样一个单纯为了执政而夹杂了多种信仰和形形色色主张的联合政府在国家的大政方针上必定是协调和妥协的产物，特别是在外交政策和安保政策上采取了减少争论回避锋芒的做法。另外，日本新党等8个党派与自民党的政权争夺战主要是围绕着社会热切关注的政治改革问题展开的，细川护熙政府成立之后的政策重点是政治改革等内政问题，在外交政策和安保政策等方面不可能锐意进行改变。

1993年8月，细川护熙政府在执政方针中提出："这次的内阁是由八个党派共同创建的联合政府，我们在建立政府时，针对外交、防卫、经济、能源等基本的重要政策，确定了继承至今为止的国家政策的原则。"① 除去在政治领域坚定要实施政治改革的政策之外，细川护熙政府在外交、防卫和经济领域采取了继承自民党执政时期方针政策的原则。在外交领域基本延续以往的方针政策的原则，意味着将会继续推进"自主外交"的理念。

细川护熙政府还针对日本的"国际贡献"问题指出："当今世界面临着各种各样的全球性规模的问题。为此，我们尊重体现和平与国际合作的宪法精神，充分认识我国作为国际社会一员的立场和责任，为了解决全球性规模的问题，我们决心比以往发挥更加积极的作用。"② 将作为国际社会一员在更加广泛的范围内发挥更大作用作为一个目标提了出来。但是要真正实现这个目标必须要有具体的行动计划才行，举目望去只有海部俊树政

---

① 内阁总理大臣细川护熙在第127回国会众议院上的施政方针演说，1993年8月23日。
② 内阁总理大臣细川护熙在第127回国会众议院上的施政方针演说，1993年8月23日。

府和宫泽喜一政府提出的 TICAD 切实符合上述目标。举办 TICAD 不仅仅是日本政府需要向国际社会落实的承诺，而且也是日本政府当时为实现"自主外交"唯一可以选择的行动。

1993 年 9 月，时任内阁总理大臣细川护熙在第 48 届联合国大会上发表演讲，第三次向国际社会宣告日本将举办 TICAD。针对一件具体的外交活动，从外务大臣到内阁总理大臣在联合国大会演说中予以宣告，在战后日本外交上是绝无仅有的事情。日本在接连三届的联合国大会上提出实施 TICAD，足以说明 TICAD 对日本的重要性。日本开始将非洲放到战略地位的高度。非洲成为日本外交的重点地区。

在这种背景下，经过两届政府长期准备的 TICAD 孕育而生。日本在东京如期举办了 TICAD 1。

二 TICAD 1 的成果

1993 年 10 月，除主办方日本之外，来自 48 个非洲国家、12 个非洲域外国家、8 个国际机构、联合国和联合国所属组织、欧盟（EU）、非政府组织、企业的约 1000 名代表，以及来自博茨瓦纳、加纳、乌干达、布基纳法索、贝宁的 5 位非洲国家首脑参加了 TICAD 1。TICAD 1 期间，召开了各国政府代表高级别会议以及参会各界代表会议，围绕着非洲援助开发的主题共同开展商讨。

在后冷战时期，由于经济困难以及国际社会关注度淡漠等原因，非洲各国对有可能被世界抛弃抱有强烈的危机感。在此背景下，非洲各国积极地参与了 TICAD。TICAD 参与各方也拥有非常坦诚的解决非洲地区问题的态度，希望通过帮助非洲国家解决困难创造和平稳定的国际环境实现共赢。尽管召开了 TICAD 1，但是由于 TICAD 还尚未成型，参与各方还需要针对 TICAD 的方方面面进行反复的设计、磋商和磨合，今后能否继续推进 TICAD 顺利召开 TICAD 2 还是个未知数，所以，TICAD 1 与会各方只是决定在 20 世纪末之前，在合适的时机下召开同等水平同等规模的非洲开发援助会议。从这个决定以及 TICAD 1 的功能和实绩来看，TICAD 1 更像是为推进 TICAD 的准备会议。

时任内阁总理大臣细川护熙在 TICAD 1 大会上发表演说，首先指出：

"现在很多非洲国家正在顺应时代潮流,努力进行政治和经济方面的改革。为此,国际社会不应该因为热衷于非洲以外地区的活动从而减少对非洲的关注和关心。在世界各国相互依存关系越来越紧密的情况下,非洲所面临的问题就是整个国际社会的问题……TICAD 为非洲各国与非洲开发合作伙伴之间提供了认真对话的机会。我们强烈期待通过这样的对话机制,非洲各国显示出自主努力的坚定意志,非洲开发合作伙伴显示出对非洲各国自主努力表示支持的庄重政治性承诺。"[①] 日本向国际社会和非洲国家发出了共同努力开展合作的呼吁。日本在发出呼吁的同时,率先做出了 TICAD 承诺,决定在非洲大陆实施非项目(Non-Project)无偿援助资金计划、邀请非洲青年计划、水资源开发项目、举办亚非研讨会等措施。日本在国际社会面前展示了积极向非洲地区提供支援的姿态。

TICAD 1 最主要最大的成果是与会各方一致通过了有关非洲地区开发的《东京宣言》,并将《东京宣言》作为今后 TICAD 的指导方针和原则。《东京宣言》奠定了 TICAD 的政治基础。《东京宣言》共计 35 项,针对 TICAD 实施背景与前提、非洲地区的政治经济改革、通过民间组织活动开展经济援助、地区合作与地区统合、紧急援助与开发、亚洲的经验与非洲的开发、国际合作、监督机制与进一步行动等八个方面进行了阐述和统筹规划。

《东京宣言》的核心内容是达成了四项共识:第一,参加各方高度认同并强调对非洲地区进行积极支援的必要性,但同时认为援助并不能解决非洲地区的所有问题。第二,参加各方认为非洲各国有必要通过自身的努力解决民主化和善治问题提高国家治理能力,这些方面的行动与结果将直接决定国际社会以及援助方对非洲地区援助的程度。第三,由于各国的国情不同,任何一种发展模式都不可能单纯地通用于所有国家。但是参加各方充分认识到亚洲的成功经验对非洲地区的发展是极其有价值的,为此,认为非洲地区借鉴亚洲成功经验将会有助于推进南南合作工作。第四,非洲各国极其坦率地承认自身存在的缺陷和责任,并决心通过自身的改革寻求改善,参加各方认为这一行为让所有参加各方感受到了时代的变化,对此表示高度的评价。

---

① 内阁总理大臣细川护熙在 TICAD 1 上所做的演说,1993 年 10 月 5 日。

《东京宣言》成为所有参与国家实施TICAD的原则和方针。

三 TICAD 1 成果对日本的意义

国际贡献是20世纪90年代被日本政府不断反复提及的外交词语,并通过各种形式的援助以及积极参与国际活动加以体现。这是因为"援助有助于促进发展中国家的经济和社会发展提高福祉,是和平国家日本最重要的外交手段以及国际贡献的重要支柱。日本要通过援助等方式在国际社会实现发挥领导性作用的目标。实现这个目标可以增进日本与发展中国家的友好关系,提高发展中国家对日本外交的信赖,提高国际社会对日本的评价,同时,也可以得到国际社会对日本外交的广泛支持,从更加深远的意义上来说,可以对日本的国家利益做出贡献。"① 可以说TICAD 1的成功举办以及参与各方达成的TICAD共识满足了上述日本的愿望,对日本的国际地位具有重大的意义。另外,日本通过成功举办TICAD 1,已经迈出了TICAD实现"自主外交"目标的第一步,但是要想完全实现这一目标,日本还必须努力使TICAD 1不半途而废,后续有成地延续下去。

具体而言,TICAD的成果在以下几个方面具有实际意义。

第一,通过强调参与各方特别是非洲各国对TICAD具有高度的认同感,愿意在TICAD机制下促进非洲地区的发展,彰显了日本推动TICAD的正确性以及主导地位,并为延续TICAD夯实了基础。第二,通过强调努力促进非洲各国积极进行政治和经济改革,并将开发援助与非洲国家的民主化和政府善治相挂钩的做法,说明了日本一改曾经在亚洲地区开发援助中基本上不附加非经济性标准的惯例,接受采纳了对援助附加政治条件的西方国家准则。日本放弃了以往的政治外交与经济外交分离的做法,就连单纯的民间企业贸易投资也被冠以政治上的意义。这一做法凸显了日本实施政府开发援助的外交意图。第三,通过强调TICAD机制的局限性以及强调非洲各国的自主努力,采取了国际社会同心协力集体开展对非洲国家的援助的做法,体现了日本主导TICAD的责任与义务分担,可以减轻日本单独推进TICAD所承担的风险。第四,通过强调借鉴亚洲的成功经验以及以

---

① 外务省『外交青書(1995)』第二章"分野ごとに見た国際情勢と日本外交"。

此推进南南合作，凸显了战后以日本为"领头雁"并积极推动的"亚洲经济雁形理论"的作用，表明了日本决心在更加广泛的南南合作中谋取地位与发挥作用。以上这些足以体现日本牢牢把握 TICAD 的主导权和决定权的态度，足以体现日本在后冷战时期借助 TICAD 谋求国际社会的政治地位与政治影响力的态度。

日本通过 TICAD 1 完成了对非洲外交政策的重大转变，将过去重商主义影响下注重单纯的国别间经贸关系转变为全面、积极、全方位地参与非洲各项事务，日本对非洲政策有了战略性定位。TICAD 1 奠定了后冷战时期日本对非洲外交政策的基础。自此之后，在政治、经济、社会、文化、人员交流等诸多领域，日本开始以新的形式和姿态介入非洲事务。TICAD 1 成为日本对非洲外交的转折点。

第三节　日本政府开发援助与 TICAD

1992 年 6 月，日本第一次制定了政府开发援助大纲，明确了政府开发援助的基本理念和原则方针，提出政府开发援助活动必须与受援国家的"民主化""非军事和非纷争""市场经济"等相挂钩，政府开发援助活动被赋予了政治性目的和条件。通过实施政府开发援助大纲，日本对政府开发援助事业进行根本性改革。2015 年 2 月，日本又对政府开发援助大纲进行了修改，提出了新的《政府开发协力大纲》。

1993 年 10 月，日本开始实施 TICAD。尽管 TICAD 是多方主办多方参与的针对非洲大陆的开发援助机制，但是由于 TICAD 是由日本政府主导推进的，TICAD 必然要受到日本《政府开发协力大纲》基本理念和原则方针的影响。

一　从援助大纲到协力大纲

1954 年 10 月，日本政府加入"科伦坡计划"开启了政府开发援助事业。"科伦坡计划"的本意是通过提供经济和技术援助使相继独立的亚洲国家逐渐摆脱贫困并提高生活水平。加入了"科伦坡计划"的日本与其他援助国家不同，此时的政府开发援助事业是与战后赔偿工作紧密相连的。

日本与缅甸、菲律宾、泰国等东南亚国家签署战后赔偿以及经济合作协定，通过赔偿、提供技术和经济援助一揽子解决战争善后问题。根据协定日本与东南亚国家的战争善后赔偿以及被日本政府称之为准赔偿的经济援助工作直到1977年才告结束。由于日本初期的政府开发援助事业与战争善后工作交织在一起，在20世纪70年代末期之前，日本政府开发援助事业的重点领域主要是以技术援助和资金援助为主的无偿援助，重点区域主要是东南亚地区。同时在这一时期，日本还加紧了政府开发援助的体制性建设。1974年5月，日本政府制定了《国际协力事业团法》（1974年法律第62号），主要针对政府开发援助组织机构的组成、性质、人事和所担负的职责进行了规定，确定了国际协力事业团以技术援助、青年海外协力队、投融资、海外移民、人才培育五项事业为中心开展工作。8月，根据《国际协力事业团法》，日本政府把原分属于不同政府部门的海外技术协力事业团（OTCA）、青年海外协力队（JOCV）、海外农业开发财团（OADA）、海外贸易开发协会（JODC）统合为国际协力事业团（JICA），并将国际协力事业团指定为外务省所管辖的特殊法人，由外务省统一负责业务管理。

1978年8月中国与日本签署《中日和平友好条约》之后，日本开始向中国提供政府开发援助。通过表5-1可以看出，从20世纪70年代末期开始，日本政府开发援助的重点区域是以东亚和东南亚为中心的亚洲地区，同时，日本在这一时期开始逐渐加大了对非洲地区的政府开发援助。从1978年开始，日本提供给非洲地区的政府开发援助在政府开发援助总额的占比超过10%，到20世纪90年代初期接近15%的水平。由于这一时期，日本的政府开发援助依然与战争善后工作紧密相连交织在一起，日本不能针对政府开发援助提出政治性条件。在没有明确提出政府开发援助的基本理念和原则方针的情况下，日本通过具体设定政府援助目标计划开展政府开发援助活动。

表5-1 20世纪70年代至80年代日本对亚洲及非洲占比的政府开发援助

（单位：百万美元,%）

年份	亚洲	非洲	ODA纯额	亚洲占比	非洲占比
1973	673.1	18.6	744.7	90.4	2.5

续表

年份	亚洲	非洲	ODA 纯额	亚洲占比	非洲占比
1974	762.5	36.4	856.7	89.0	4.2
1975	638.0	59.1	749.3	85.2	7.9
1976	581.3	46.3	683.9	85.0	6.8
1977	533.0	58.3	669.3	79.6	8.7
1978	923.5	128.7	1185.7	77.9	10.9
1979	1331.2	208.3	1716.8	77.5	12.1
1980	1382.5	233.8	1745.2	79.2	13.4
1981	1604.5	218.1	2016.3	79.6	10.8
1982	1624.3	278.2	2106.6	77.1	13.2
1983	1613.8	286.9	2156.9	74.8	13.3
1984	1594.2	239.6	2089.2	76.3	11.5
1985	1731.8	278.0	2259.9	76.6	12.3
1986	2493.5	451.2	3318.3	75.1	13.6
1987	3415.9	593.4	4497.5	76.0	13.2
1988	4034.4	943.5	5474.2	73.7	17.2
1989	4239.5	1081.4	5993.9	70.7	18.0
1990	4116.6	830.7	5779.9	71.2	14.4

注：按照日本外务省对 ODA 实施地区的划分，北非五国纳入亚洲的中东地区，亚洲的数据含北非五国。非洲的数据为撒哈拉沙漠以南非洲国家的数值。

资料来源：根据收集日本外务省《ODA 白书》各年度版的数据整理而成。

1989 年，已经成长为世界经济大国日本的政府开发援助总额为 89.7 亿美元，纯额达到 59.9 亿美元，位居经济合作与发展组织成员国（DAC）的第一位。但是国际社会以及日本内部一些人士认为日本的政府开发援助缺乏基本理念以及原则方针，并且过度偏向于谋取经济利益，对日本的政府开发援助提出了批判。在此背景下，1992 年 6 月日本政府制定了《政府开发援助大纲》。《政府开发援助大纲》首次明确提出了遵循人道主义、致力于相互依存关系、有利于环境保护、强化受援国自主努力的基本理念，并具体明确了实施的四项基本原则。政府开发援助要：第一，促进保护环境与援助开发两立；第二，避免用于军事用途和助长国际纷争；第三，十分留意受援国家的军费支出、大规模杀伤武器、导弹开发与制造、武器的进出口等事项；第四，十分留意受援国家民主化进程以及构建市场经济、保障基本人权自由的动向。在坚持四项基本原则的基础上，日本政府根据受援国家的请求以及社会经济状况、与受援国家的关系进行综合性判断，最终决定是否实施政府开发援助。

实施《政府开发援助大纲》意味着日本的政府开发援助与战争善后工作正式脱钩，也意味着以往无明确条件的政府开发援助开始被赋予了条件。促进保护环境与援助开发两立是实施政府开发援助的经济和社会标准，民主化进程和构建市场经济以及保障基本人权和自由则体现了政府开发援助的政治标准。政府开发援助的四项基本原则就是社会经济标准与政治标准的结合。

日本之所以提出这样的经济和政治标准，是受到冷战结束国际环境发生巨大变化影响的结果。冷战时期，政府开发援助成为苏美两国各自拉拢和扩大东西阵营势力的利器。冷战结束之后，政府开发援助的角色和功能都发生了变化，俄罗斯以及东欧国家从援助国家变成受援国家，以意识形态划分的势力圈不再是提供政府开发援助的判断标准，确保政治稳定与经济繁荣能够增加国家利益成为政府开发援助功能的新选项。受到国际社会中这种政府开发援助新动向的影响，日本以制定《政府开发援助大纲》为契机，创建了自身的政府开发援助基本理念和原则方针，提出了实施政府开发援助的经济和政治标准，既保障了《政府开发援助》与国际社会的契合，又保证了《政府开发援助》与国家利益的结合。20世纪90年代，日本将亚洲地区定为政府开发援助的重点地区，将解决环境和人口问题、促进改善基本生活作为政府开发援助的重点领域。

由于日本政府将受援国家的请求以及与受援国家的关系作为提供政府开发援助的标准，国际社会对此进行了猛烈的批判。同时受到经济全球化的影响，政府开发援助也出现多样化、复杂化、易变化的变化，特别是援助国与受援国的关系从援助的授受关系变为相互依存相互支撑的关系。在此背景下，日本政府决心对《政府开发援助大纲》进行修改。2014年3月，时任外务大臣岸田文雄在日本记者俱乐部发表谈话时指出，新的政府开发援助要充分体现"通过政府开发援助引领国际社会""开发援助的根本是和平、稳定与安全""强化与国际社会各种参与主体的携手合作"三项基本内容。①

2015年2月,日本将《政府开发援助大纲》改称为《政府开发协力大纲》,并对内容进行了重要修订,不再坚持受援国家请求的标准,但是再次强调将政府开发援助与保障日本的安全和增加国家利益相结合,重新提出了政府开发援助的基本理念。其根本目的是:第一,为了更加积极地为国际社会的和平稳定与繁荣做贡献;第二,为维护日本的和平与安全以及进一步的繁荣、实现具有稳定性和透明度高的可预见的国际环境、维护基于普世价值的国际秩序等日本国家利益做贡献。其基本方针是:第一,用于非军事化促进实现和平与繁荣;第二,确保人的基本安全用于保障人的生存、生活和发展;第三,促进受援国家的自主努力与日本的经验和知识相结合。

大纲的修订变化表现了几个特点:第一,新的大纲下,政府开发援助以协力的新姿态出现。新大纲从名称以及内容上的改变表明政府开发援助的属性从过去的以援助为主开始改为以协力为主,今后的政府开发援助将围绕着促进受援国家的自主努力与日本的经验和知识相结合展开。第二,新的大纲下,政府开发援助更加政治化。为国际社会以及日本的"和平稳定与繁荣做贡献"已经取代了人道主义,成为基本理念中最优先的内容。如果说人道主义是"中性化"的理念并具有被动性的话,那么为"和平稳定与繁荣做贡献"则体现了更强的政治意义并具有主动性。为"和平稳定与繁荣做贡献"是贯彻安倍晋三第二次执政时提出的"积极的和平主义"外交方针以及"国家安全保障战略"的体现。在这样一个战略环境下,日本的政府开发援助活动更加政治化,而这种政治化不仅是政府开发援助的实施条件要求,也是实施的目的所在,为的是谋取和确保日本的国家利益。

通过《政府开发援助大纲》,日本的政府开发援助发生巨大转变,实现了实施条件化、内容政治化、目的利益化。

---

① 岸田文雄 ODA 政策スピーチ"進化するODA:世界と日本の未来のために",https://www.mofa.go.jp/mofaj/ic/ap_m/page3_000726.html,2014年3月28日。

二 政府开发援助下的 TICAD

1992年6月日本政府制定《政府开发援助大纲》,一年之后的1993年10月,日本开始实施 TICAD。为此,TICAD 必定会受到《政府开发援助大纲》的影响。

《政府开发援助大纲》提出了四项基本理念以及四项基本原则。这些理念和原则都在实施 TICAD 过程中给予了具体的贯彻与落实。具体而言,TICAD 框架内针对干旱灾害实施紧急粮食救援、对战争难民开展救援等活动都是遵循人道主义理念的体现。提供经济援助与获取非洲国家对日本入选安理会非常任理事国就是致力于强化日本与非洲相互依存关系理念的具体表现。解决全球性规模的问题符合有利于环境保护的基本理念。主张"主人公意识与合作伙伴关系"彰显了强化受援国自主努力的基本理念。

在坚持《政府开发援助大纲》四项基本原则方面,TICAD 机制中最引人注目的是将非洲国家的民主化和政府善治与政府开发援助相挂钩,把受援国家的民主化进程以及构建市场经济、保障基本人权和自由作为实施政府开发援助的目的与条件。可以说 TICAD 从开始阶段到推进阶段都是紧紧围绕着《政府开发援助大纲》而展开的,这也是日本在主导 TICAD 过程中特别有意将《政府开发援助大纲》与 TICAD 相结合的结果。

日本在推进 TICAD 进程中,积极发挥主导作用努力促成 TICAD 与日本的政府开发援助相结合,成功地将政府开发援助的基本理念和基本原则融入 TICAD。TICAD 1 通过的《东京宣言》曾经指出:"在确信国际社会迎来新时代的同时,我们和非洲各国作为参与者再次确认了实施政治与经济改革,特别是对进一步促进民主化、尊重人权、政府善治、人文和社会开发、经济多样化和自由化等方面形成了共识。"[①] 通过《东京宣言》,TICAD 与政府开发援助的基本理念和基本原则形成了契合。

包括非洲国家在内的 TICAD 参与各方之所以能够对 TICAD 促进非洲国家的民主化和政府善治方面形成共识,是20世纪90年代末期国际社会环境影响的结果。日本的《政府开发援助大纲》是1992年制定的。当时

---

① TICAD 1 "アフリカ開発に関する東京宣言:21世紀に向けて",1993年10月6日。

的国际社会正处在东欧国家发生体制变化以及苏联解体冷战结束的巨大变化之中。面对国际社会的巨变,日本明确提出要通过提供政府开发援助帮助俄罗斯、独联体国家以及东欧国家实现民主化和向市场经济转型。从1989年开始,日本就向东欧国家提供特别经济援助支持民主化转型。1991年12月苏联解体之后,日本又针对俄罗斯以及独联体国家开展了特别经济援助。1993年4月,日本与俄罗斯两国外长和财长共同发表了日本对俄罗斯提供支援的联合声明,指出:"俄罗斯自身必须担负起经济和政治改革的重责。俄罗斯推进向市场经济转型是一项长期而又艰巨的任务,转型期内不可避免地会发生各种困难,对此,我们向俄罗斯国民做出提供援助的保证。"[①]

在这种时代风潮的影响下,20世纪80年代末期到90年代中期,日本将促进民主化进程和向市场经济转型作为政府开发援助的重点领域。日本主导的TICAD将非洲国家的民主化进程和向市场经济转型作为实施要件也就不足为奇了。只不过在针对非洲地区的特点时,TICAD又刻意强调了推动政府善治一项。历届TICAD始终将非洲国家的民主化进程以及政府善治置于TICAD的重点领域,TICAD所强调的构建和平安定与繁荣的环境也是这个领域的进一步拓展。

2015年2月新的《政府开发协力大纲》出台之后明确将东南亚、南亚、中亚和非洲地区、中东、中南美、加勒比地区列为实施政府开发援助的重点区域。作为洲际规模的全体非洲成为日本政府开发援助的重点地区。

《政府开发协力大纲》在针对非洲地区时强调指出:"近年来,非洲通过贸易投资和扩大消费取得了显著发展,为使我国与非洲在进一步的发展过程中能够相互结合实现双赢,政府开发援助将通过TICAD对非洲开展官民一体的支援。同时,实施政府开发援助时要特别留意非洲正在进行的地区规模的区域开发以及区域统合发展新动向。另一方面,由于在非洲依然存在着纷争频发以及面临严峻发展问题的国家,我们将继续站在保障人类

[①] 日本外务省"对露支援外相・藏相合同会议议长声明及び付属书",https://www.mofa.go.jp/mofaj/gaiko/bluebook/1993_1/h05-1-shiryou-3.htm#a1,1993年4月15日。

安全的角度，积极致力于构建和平以及支援脆弱的国家，对确立巩固和平与安定以及解决严峻的发展问题进行必要的支援。"① 经过 20 多年的实践，TICAD 在政府开发援助方面具有丰富的经验，已经成为非洲地区成功的多方合作开发机制。通过以上决议可以看出，日本将继续通过 TICAD 机制实施政府开发援助，并将解决和平安定与全球性规模的问题作为重点实施的领域。新的《政府开发协力大纲》将非洲全域作为重点区域，TICAD 也必将成为具体落实《政府开发协力大纲》的主角。

日本在 2013 年推出 "积极的和平主义" 外交方针以及 2015 年推出新的《政府开发协力大纲》之后，将通过高质量的成长消减贫困、实现共有普世价值以及和平安全的社会、通过解决全球性规模的问题构建强韧的可持续发展的国际社会作为新的《政府开发协力大纲》三项重点，并通过 TICAD 机制在非洲全域进行推进。《政府开发协力大纲》的基本理念和基本原则再一次通过 TICAD 机制在非洲加以体现。

针对《政府开发协力大纲》的三项重点，TICAD 通过大会宣言和行动计划都做出了具体的回应。针对通过高质量的成长消减贫困，TICAD 6《内罗毕宣言》提出 "构建高质量的强韧的生活""高质量援助和投资""高质量基础设施建设战略" 等措施。针对实现共有普世价值以及和平安全的社会，TICAD 6《内罗毕宣言》提出 "确保人类安全保障以及促进以人为本的发展" 的方针。TICAD 7《横滨宣言 2019》提出 "强化和平与安定的环境。并在保障人类安全预防纷争、解决难民问题、遵守安理会决议解决暴力恐怖的过激行为" 的核心政策。针对解决全球性规模的问题构建强韧的可持续发展的国际社会，TICAD 6《内罗毕宣言》提出了致力于 "解决因初级产品价格下跌引起的世界经济变缓问题""解决埃博拉病毒引起的传染性疾病问题""解决过激化恐怖活动武力纷争以及环境问题" 等具体行动计划。TICAD 7 也再次确认了致力于 "解决全球性规模的问题" 的方针。

在政府开发援助原则方面，《政府开发协力大纲》强调 "推进效果与

---

① 日本内閣決議 "開発協力大綱について"，『開発協力白書』（2018 年版），第 148 页，https://www.mofa.go.jp/mofaj/gaiko/oda/files/000458074.pdf，2014 年 2 月 10 日。

效率相结合的开发援助原则"以及"确保公平公正的开发援助原则"。其中"推进效果与效率相结合的开发援助原则"提出要依据外交政策制定政府开发援助的方针政策以及施策计划，强化政府开发援助以外的各种开发机制的交流与合作，用活日本在开发援助方面的长处、积极参与国际性的讨论。"确保公平公正的开发援助原则"提出政府开发援助要顾及民主化、法治以及基本人权的状况，要回避军事用途以及用于国际纷争，留意军费支出、大规模杀伤武器、导弹开发与制造、武器的进出口等事项，留意开发援助对环境变化造成的影响，留意避免腐败发生、保护社会弱者、促进女性社会参与等事项。在"效果效率"以及"公平公正"原则下，TICAD针对非洲国家的国情状况以及存在的问题具体开展援助工作。TICAD的每一项施策计划以及执行过程都紧紧围绕着政府开发协力原则而展开。

2015年颁布《政府开发协力大纲》之后，从TICAD 6开始，TICAD在遵循《政府开发协力大纲》原则基础上，通过每一期具体的核心政策以及施策计划，与政府开发援助的关系变得更加紧密。

第六章 TICAD 的发展脉络与变化

20世纪90年代之后，TICAD是日本对非洲外交最重要的舞台，日本对非洲外交都紧紧围绕着TICAD而展开。了解日本对非洲地区的外交方针政策以及外交活动都绕不开TICAD，脱离了TICAD的日本对非洲外交是不存在的。TICAD的全球性决定了TICAD的宣言和计划是针对所有参与方的共同性方针。针对每一届TICAD确定的主题方向和计划目标，日本往往单独发表相对应的政策和举措。TICAD的宣言内容和计划目标都是面向非洲大陆和国际社会的，梳理每一届TICAD的具体内容可以把握TICAD的发展脉络与变化，同样也是了解日本对非洲外交不可或缺的重要途径和方法。

从1993年10月第一届TICAD到2019年，TICAD已经举办了7届。

表6-1　　　　　　　　各届TICAD基本情况和成果

届	时间	地点	出席规模	基本成果
1	1993年10月	东京	60个国家（48个非洲国家以及12个非洲域外国家）欧盟、世界银行 8个国际机构 5名非洲国家元首 约1000名代表	1. 通过《东京宣言》 2. 形成必须积极支援非洲的共识 3. 非洲各国开始认识到在开发援助中自身也必须进行努力（民主化与政府善治）。增强了非洲国家参与开发援助的自主意识和自身动力 4. 以面向非洲推广亚洲经验的做法来推进未来的南南合作

第六章　TICAD 的发展脉络与变化　　179

续表

届	时间	地点	出席规模	基本成果
2	1998年10月	东京	80个国家（51个非洲国家以及29个非洲域外国家） 40个国际机构 22个非政府组织 15名非洲国家元首	1. 通过《东京行动计划》 2. 建立TICAD跟踪跟进机制 3. 以扩大亚洲与非洲国家间贸易与投资、交流经验为目的，召开了非洲代表与日本民营企业家的对话会
3	2003年9月	东京	89个国家（50个非洲国家以及39个非洲域外国家） 47个国际机构 24名非洲国家元首	1. 通过《TICAD十周年宣言》 2. 通过《TICAD 3议长纲要》，确定了特定优先事项 3. 表明对NEPAD进行支援。扩大亚洲与非洲的合作伙伴关系 4. 在非洲一些国家元首要求持续TICAD进程的呼吁下，针对TICAD更加组织化问题达成共识
4	2008年5月	横滨	87个国家（52个非洲国家以及35个非洲域外国家） 75个国际机构 41名非洲国家元首	1. 通过《横滨宣言》 2. 通过《横滨行动计划》 3. 设立监督委员会，改进TICAD跟踪跟进机制 4. 通过《TICAD 4议长纲要》
5	2013年6月	横滨	86个国家（51个非洲国家以及35个非洲域外国家） 74个国际机构 39名非洲国家元首	1. 通过《横滨宣言2013》 2. 通过《横滨行动计划2013—2017》 3. 以巩固可持续发展的经济、包容性的强韧社会、和平与安定等三大主题，对今后非洲开发的方向性进行了广泛的讨论 4. 认识到民间组织对促进经济成长的重要性，召开了非洲国家元首与日本民营企业家对话会
6	2016年8月	内罗毕	106个国家（54个非洲国家以及52个非洲域外国家） 74个国际机构 11000多名代表	1. 通过《内罗毕宣言》 2. 通过《内罗毕行动计划》 3. 实施三阶段式的跟踪跟进机制 4. 提出通过促进经济多元化和产业化实现经济结构改革 5. 提出为了安全和高质量生活促进具有强韧性的医疗卫生体系的建设 6. 提出建设共同富裕的稳定社会

续表

届	时间	地点	出席规模	基本成果
7	2019年8月	横滨	105个国家（53个非洲国家以及52个非洲域外国家） 108个国际机构和地区组织以及民间组织 42名非洲国家元首 10000多名代表	1. 通过《横滨宣言2019》 2. 通过《横滨行动计划2019》 3. 通过培育民间组织以及改革创新，寻求经济结构调整和改善营商环境与制度 4. 为了保障人类安全，推进构建强固和持续可能的社会 5. 围绕着和平与安定，推动非洲自身采取积极向上的行动

资料来源：归纳整理日本外务省各届TICAD的有关资料而成。

在1993年到2013年期间，TICAD每5年举办一次，共计举办了5届。其后，面对中非合作论坛（FOCAC）取得的巨大成果，日本有了紧迫感和压力感，为了加强和保持在非洲的竞争力和影响力，做到及时与非洲各国沟通以及适时调整对非政策，从2013年开始，TICAD改为每3年举办一次，至2019年为止已经举办了2届。

通过仔细梳理TICAD的进程可以看出TICAD的发展脉络以及变化。迄今为止TICAD进程经历了两个阶段：TICAD 1到TICAD 3是试行和磨合TICAD机制的阶段；TICAD 4到TICAD 7是巩固和提升TICAD成果的阶段。

第一节 试行和磨合TICAD机制

对日本政府以及全体参与方而言，TICAD是后冷战时期第一个针对非洲地区的跨越洲际和国别、国际机构和组织、政府和非政府组织、政府和企业，以及不论宗教和信仰、不分政治和经济制度的超大型国际合作机制。TICAD的成败既是决定非洲地区进程和发展的大事情，也是对参与各方尤其是主导者日本今后的信誉和威望至关重要的事情。TICAD 1推出了TICAD机制，到TICAD 3时形成了从达成共识到具体实施计划的一个完整周期。这一时期是试行和磨合TICAD机制的阶段。

一 促成共识的TICAD 1

1993年10月在东京召开了TICAD 1。日本在TICAD 1的首要任务是要促进参与各方,特别是非洲各国对 TICAD 机制以及日本对非洲开发援助政策和计划有所了解,构建日本与非洲各国以及其他各方的互信关系,促成所有参与方在对非洲问题上达成共识。

TICAD 1 通过了《东京宣言》。《东京宣言》认为伴随着冷战的结束,非洲各国以及国际社会在更大的范围内有了相互理解的机会和更加广泛的合作空间。多国间的国际合作以及亚洲开发的成功经验能够给非洲的发展和振兴带来希望,TICAD 将以日本领航的开发援助计划以及亚洲经验带动非洲地区发展。TICAD 参与各方通过《东京宣言》达成了对非洲问题的共识。

尽管 TICAD 1 只是达成了国际社会对非洲援助的共识,并没有具体制定参与各方共同参与的整体性行动计划。但是以 TICAD 1 为契机,日本对非洲战略进入"起飞准备"的状态。

TICAD 1 大会之后,对日本来说 TICAD 的试练才刚刚开始。日本形成的对非洲战略总体思路需要贯彻,刚刚开始调整的对非洲政策需要实践的验证,面向非洲国家开发援助的一些新方式和新领域也缺乏实际经验。日本对极具挑战性的 TICAD 满怀憧憬和希望的同时,对能否顺利实现和有效推进洲际国际合作也充满担心。与此同时,非洲各国以及参与各方对日本所提倡所主导的 TICAD 的主张、意图以及运作方式和运营机制也缺乏深入的了解,对 TICAD 是否能够真正采取切实行动落实具体计划忧心忡忡。

TICAD 1 结束时,不管是主导方的日本还是参与各方并没有明确提出 TICAD 的实施周期,也没有明确指出 TICAD 1 结束之后是否要继续推进 TICAD 以及何时召开 TICAD 2。TICAD 1 对于未来 TICAD 进程的设想只是在《东京宣言》中含糊地表示在 20 世纪末期召开同等水平同等规模的非洲开发援助会议。在上述背景下,日本必须以身作则带头做好对非洲地区援助完成 TICAD 承诺,同时还需要在动员组织各方力量努力推动 TICAD 进程方面下功夫。

一方面,日本在非项目(Non-Project)无偿援助资金计划、邀请非洲青年计划、水资源开发项目、举办亚非研讨会等方面切实履行 TICAD 1 承诺的政府开发援助计划。例如,日本通过提供政府开发援助,解决了 120 万非洲儿童的教育设施问题,为 1500 万人提供了安全用水和基本医疗卫生,改善了生活环境。这些举措为日本赢得了继续推进 TICAD 的信任。另一方面，日本为了 TICAD 的可持续发展，采取了听取参与各方特别是非洲国家意见，进行反复磋商着实稳健推进 TICAD 进程的做法。

在日本的积极推动下，1994 年在印度尼西亚万隆召开了第一届亚非论坛，1995 年在津巴布韦哈拉雷召开了"东非和南非区域研讨会"，1996 年在科特迪瓦亚穆苏克罗召开了"西非和中非区域研讨会"，与会各方根据自身的需求和条件通过交流和探讨，具体议定未来 TICAD 的具体实施计划和有效机制。这是继 1993 年的 TICAD 1 之后，连续 3 年举办的涉及 TICAD 的国际性合作论坛。这三次论坛分别针对亚洲和非洲的不同区域，具有较强的针对性。同时论坛在亚洲和非洲当地举行，增强了所涉及国家民众对 TICAD 的理解度和信誉度，加深了日本的亲和力。在获得非洲各国以及参与各方的理解与支持下，1996 年，日本政府在南非举行的第 9 届联合国贸易和发展会议上正式向国际社会宣布将于 1998 年在东京举办 TICAD 2，同时呼吁和恳请国际社会各方积极参加 TICAD 2。

1997 年 4 月，日本政府、联合国非洲及最不发达国家特别协调员办公室（UN-OSCAL）与联合国开发计划署（UNDP）、援助非洲全球联盟（GCA）以及世界银行（WB）以共同声明的形式正式宣布成为 TICAD 2 的主办方，同时宣布非洲统一组织（OAU）、非洲开发银行（AFDB）、东部非洲共同体（ECA）、国际货币基金组织（IMF）以及欧盟（EC）为参加 TICAD 2 的国际机构。三方还向所有对南南合作关心的亚洲国家发出了邀请，欢迎亚洲国家参加 TICAD。这标志着日本以及其他主办方开始了筹备 TICAD 2 的工作。

为了做好筹备工作，主办方做出两项庄严承诺：第一，指出 TICAD 2 不是认捐会议，TICAD 2 所要采取的行动是以推动《东京宣言》言明的优先发展领域进展开展活动，所要实现的目标是取得超越 TICAD 1 的实质性成果；第二，将根据 TICAD 1 的进展情况确定 TICAD 2 整体行动计划的目标和主题，同时在非洲各国、援助国家、亚洲各国及国际机构明确各自作用之后，本着进行政治性约定真正落实的原则，整合参与各方各自的计划制定具体的 TICAD 2 整体行动计划实施方案。主办方还强调了 TICAD 2 整体行动计划将以非洲各国的自主努力为前提条件。

1997 年 11 月，主办方在东京召开了第一次 TICAD 2 准备会议。日本以及来自46个非洲国家、9个亚洲国家、13个援助国家和6个国际组织的200多名代表参加了准备会议。会议上成立了由8个非洲国家、2个亚洲国家、5个援助国家以及6个国际组织组成的 TICAD 2 准备委员会。准备会议主要对 TICAD 1 之后的各种援助行动和成果进行评价、制定 TICAD 2 行动计划的主题、决定设立 TICAD 2 行动计划准备委员会。准备会议宣布参与各方对 TICAD 2 的框架和形态达成了最终合意，确认将以"社会开发""民间组织开发""农业与环境""国家治理""解决纷争维持和平与开发"5项内容为核心制定 TICAD 2 的整体行动计划。

1998年3月在塞内加尔达喀尔召开了第一次 TICAD 2 准备委员会会议，讨论了 TICAD 2 整体行动计划草案以及非政府组织（NGO）参与 TICAD 的问题。此次准备委员会会议之后，又举行了两次 TICAD 2 整体行动计划草案研讨会，听取非洲国家的意见和建议。

1998年6月和9月，在津巴布韦和埃塞俄比亚分别召开了第2次和第3次 TICAD 2 准备委员会会议。至此，TICAD 2 的准备工作全部完成。

实事求是地说，日本政府为 TICAD 2 做的准备工作是仔细和周到的，在制定 TICAD 2 主题以及整体行动计划方面，广泛听取了非洲国家以及援助国家等各方的意见，尊重了非洲国家的实际需求，考虑了参与各方的利益。如果说 TICAD 1 的《东京宣言》是参与各方针对 TICAD 理念和宗旨形成共识的话，那么 TICAD 2 的准备工作实际上是日本政府针对 TICAD 进程组织和协调参与各方力量，统筹参与各方意见制订行动计划建议的过程。

二 开始实施行动的 TICAD 2

日本与非洲各国以及参与各方经过5年的合作与交流，在 TICAD 的目的、机制以及相关各方的作用等方面，加深了理解增进了互信，这为下一步开展 TICAD 工作奠定了基础。

由于日本政府遵守了 TICAD 1 的承诺，顺利推动了 TICAD 2 的进程，日本赢得了非洲各国以及参与各方的信任，TICAD 取得了阶段性成果。在此基础上，在下一阶段的 TICAD 进程中，真正落实 TICAD 的宗旨和精神，还需要进一步地通过实施具体的计划和项目方能体现。

1998年10月，在东京举办了TICAD 2。除主办方日本、联合国非洲及最不发达国家特别协调员办公室以及联合国开发计划署、援助非洲全球联盟（GCA）之外，来自51个非洲国家、29个非洲域外国家、40个国际机构、22个非政府组织以及15位非洲国家首脑参加了TICAD 2。

时任内阁总理大臣小渊惠三在TICAD 2大会上发表演说时指出："TICAD 1《东京宣言》明确表示非洲大陆一定会迎来光明的未来，为了非洲的繁荣和稳定，非洲各国以及开发合作伙伴都表明了尽最大努力的坚定决心。这次会议不仅再次确认我们的坚定决心，还需要进一步制订具体的行动计划。我们此次会议的主要目的是要集中组织国际社会的各种力量，为非洲各国的经济与社会发展以及提高人民福祉而努力。"[1] 组织动员参与各方集体性力量，制定具体的TICAD计划和项目成为TICAD 2需要完成的首要任务。

针对TICAD 2的首要任务，日本表明了基本立场和态度。第一，日本尊重非洲各国担负起自我责任并主动成为TICAD主体的表态。各国发挥主动作用的重要性，是日本与亚洲各国合作的经验之一。第二，发达国家今后应该继续向非洲各国伸出援助之手。国际社会全部成员之间相互尊重非常重要。日本从TICAD 1就一直强调构筑平等伙伴关系的重要性。这个理念已经被经济合作与发展组织发展援助委员会（OECD-DAC）以"新开发战略"的形式予以采纳，并逐渐成为国际社会共通的基本想法，日本对此表示欢迎。第三，预防和解决纠纷以及通过民主化实现政治稳定是非洲发展的前提条件。为此，在考虑非洲的文化和历史背景的同时，非洲各国必须通过提高预防纷争能力、完善司法制度、确保行政透明度、实现公正选举等措施实现"善治"。对于现在非洲大陆发生的纷争，希望非洲领导人进行的斡旋能够取得成果，日本强烈呼吁纷争相关各方为此做出切实的努力。第四，应进一步强化南南合作，特别是亚非之间的交流。上溯数世纪之前，亚非地区之间有着长达1000多年的贸易和交流的历史。遗憾的是，在之后的历史中，这种丰富的关系断绝了。面向21世纪，以TICAD为契机，亚洲和非洲之间的关系要再次活跃起来。为了促进亚非之间的交流，

---

[1] 内阁总理大臣小渊惠三在TICAD 2上所做的演说，1998年10月19日。

日本将积极发挥中介作用。

通过日本的基本立场和态度可以看出，日本将非洲国家的自身努力与发达国家的开发援助紧密联系在一起，确认了双方的责任和义务。明确了非洲国家解决纷争实现善治是推进 TICAD 计划和项目的前提条件，以及日本在亚非国家之间的组织与协调作用。

TICAD 2 最大的成果是通过了《东京行动计划》。《东京行动计划》分为序言、主题与原则、方法与目标、任务、跟踪跟进机制等 5 章，共计阐述了 33 项具体内容。

《东京行动计划》确定的主题是"消减贫困与世界经济融合"。具体为通过加速经济增长和持续发展实现减贫，以及将非洲经济有效融入世界经济当中，设定了到 2015 年实现非洲大陆绝对贫困人口减半的目标。

《东京行动计划》的基本原则是确立"主人公意识与合作伙伴关系"。这个原则中的"主人公意识"是与 1994 年开罗人口与发展会议提出的应由非洲国家决定和主宰非洲经济和社会发展的精神相吻合的，"伙伴关系"是与 1996 年经济合作与发展组织发展援助委员会（OECD-DAC）提出的"面向 21 世纪，通过开发合作的国际贡献"的宗旨相吻合的。

《东京行动计划》的方法将以"强化非洲大陆域外地区伙伴之间的协调""跨洲际地域之间的合作与统合""加强和扩大南南合作领域"等三个着力点进行推进。

《东京行动计划》的目标将围绕着"能力的构建与完善""社会性别主流化""自然资源和环境管理"等三个方面展开。

《东京行动计划》的任务是计划本身最为具体和核心的内容，共确定了"促进社会发展与消减贫困""发展经济""构建和巩固发展的基础"等三大主要任务：第一，在促进社会发展与消减贫困方面致力于人的发展，明确教育、人口与卫生、支援贫困层三个重点领域；第二，发展经济方面致力于培育民间组织，明确在非洲地区发展民间组织、发展工业、发展农业、解决对外债务问题四个重点领域；第三，构建和巩固发展的基础，明确善治、预防纷争与纷争后复兴重建两个重点领域。

《东京行动计划》确定三大任务以及细分各项重点领域的同时，还针对每一项任务和重点领域明确了要实现的具体目标，以及非洲国家担当的职责和任务、援助国家担当的职责和任务。在促进人类发展任务中，针对人口与卫生领域提出的具体目标是：第一，到2005年，孕产妇死亡率下降到1990年水平的半数以下，并以此为基数到2015年再减少半数；第二，到2005年，未满5岁的幼儿死亡率下降到1990年水平的三分之一以下；第三，到2015年，向所有适龄人员提供性和生殖的家庭卫生服务；第四，强化预防感染艾滋病、性感染症（STD）、疟疾、结核病、脊髓灰质炎以及寄生虫病等医疗措施；第五，到2005年，至少向80%的非洲人口提供安全饮用水和基本卫生服务；第六，到2015年，营养不良人口减半。

与上述任务相对应，要求非洲国家担当的职责和任务是：第一，改善孕产妇生育前后的护理设施、实施营养教育以及提高小儿疾病的预防接种率；第二，扩大基础医疗服务人员的进修、强化地区卫生的管理能力、扩大女性及草根组织参加地区卫生服务、进行地区卫生基础设施的投资；第三，构建实现包括间隔生育和避孕在内的自发性家庭计划的法律和文化环境、在预防艾滋病等传染性疾病方面提供当地民众通用的语言和信息服务以及教育和交流活动，促进民众改变不良的生活习惯；第四，普及青少年有关性和生殖健康教育、提供预防和废除青少年割礼等不良传统行为的教育、信息和相关服务；第五，增加安全供水设施、加强社区供水设施维护能力、做好废弃物处理和卫生设施工作、改善人口过密城镇的卫生环境；第六，增加常用药品的使用以及逐步实施医疗保险，减少不必要的医疗卫生经费。

向非洲国家提出要求的同时，《东京行动计划》也对援助国家提出了职责和任务要求：第一，特别向努力在农村地区谋求改善基础卫生医疗设施的非洲国家提供资金和技术援助；第二，在防治艾滋病整合多领域资源方面，以及人口政策、性和生殖健康、艾滋病感染途径等方面确保援助国家之间的合作与交流；第三，加强对包括疟疾在内的感染症的治疗以及预防和治疗寄生虫病的援助。

《东京行动计划》针对每一项任务都进行了细化和分担，具有明确的目标性和可操作性。但是毋庸置疑的是，承诺与实现之间需要有效的行动，既定目标需要最终结果来检验。面对这些被细化的艰巨任务，能否顺利完成设定的目标不仅仅对参与各方是个挑战,对 TICAD 前程来说更是充满了挑战。《东京行动计划》中的有些任务涉及人群非常庞大,有些执行期甚至长达 17 年,参与各方如何进行实际操作以及每一届 TICAD 之间如何顺利衔接这些任务,TICAD 2 以及《东京行动计划》并没有给出明确和具体的说明。面对这些挑战,日本政府以及主办方,在实施行动中总结经验教训,摸索适时适用的方法成为需要格外关注的新课题。

《东京行动计划》的跟踪跟进机制是为了核实参与各方完成任务和履行职责的程度而设立的一种机制。联合国、世界贸易组织以及经济合作与发展组织(OECD)针对正在执行中的计划任务使用适当的评价指标,召开一系列的论证会进行评价。评价之外参与各方执行任务和履行职责的过程中,要通过互联网等方式做到信息的公开与共享。

作为 TICAD 2 主要成果的《东京行动计划》是为了具体实施和落实《东京宣言》而制定的开发援助计划和行动指南。从 TICAD 2 开始 TICAD 机制有了具体的计划目标进入了可以实操的阶段。日本对非洲战略进入"离陆起飞"的状态。TICAD 2 的顺利举办延续了 TICAD 进程,参与各方通过决议认可了 TICAD 进程的妥当性和有用性,这意味着日本通过 TICAD 实现"自主外交"的目标已经基本达成。

三 承上启下的 TICAD 3

2003 年 9 月,在东京举办了 TICAD 3。来自 50 个非洲国家、39 个非洲域外国家、47 个国际机构的 1000 多名代表以及 24 名非洲国家首脑参加了 TICAD 3。

从 1993 年 TICAD 1 到 2003 年 TICAD 3,日本总计向非洲地区提供了 120 亿美元的经济援助,邀请了 1 万多名非洲青年访日从事技术研修,向非洲地区派遣了 7000 多名专家。TICAD 的 10 年形成了从制定宣言到实施行动计划的一个完整周期。TICAD 3 通过的《TICAD 十周年宣言》既总结了过去 10 年的成果,又指明了未来发展的目标和方向。

《TICAD 十周年宣言》认为 10 年来 TICAD 在三个方面取得了成果。第一,国际社会开始关注关心非洲地区。《TICAD 十周年宣言》指出:"TI-CAD 为唤起国际社会继续保持对非洲地区的关注关心做出了巨大贡献,围绕着非洲地区的发展，TICAD 为非洲地区内外的环境创造了前所未有的良好十年。"①

2000 年 7 月，日本担任 G8 主席国期间在 G8 九州·冲绳峰会上将非洲发展议题纳入 G8 峰会，并形成了八国集团首脑与非洲国家领导人非正式对话机制。2002 年 3 月在墨西哥蒙特雷召开的发展筹资问题国际会议、6 月在 G8 加拿大卡纳纳斯基斯峰会、8 月在南非约翰内斯堡召开的第一届可持续发展世界首脑会议、2003 年 3 月在日本京都召开的第三届世界水论坛、6 月在 G8 法国埃维昂峰会上，非洲地区的发展问题都成为这些会议的主要议题。

在日本的外交努力下，通过 TICAD 合作机制推动非洲问题成为国际议题的政治推动力已经形成。如果将这个成果放到日本外交地位的角度来看，TICAD 不仅仅强化巩固了日本与非洲国家的外交关系，日本在 TICAD 进程中发挥的政治推动力也使得日本第一次真正实现"自主外交"。日本在国际社会第一次发挥主导性作用，这对日本外交的影响更为深远，日本会以此为契机在更广泛的领域寻找机会再次谋求"自主外交"。

第二，TICAD 与《非洲发展新型伙伴计划》（NEPAD）相互支持相互补充已成为必然之事。《TICAD 十周年宣言》指出："TICAD 与非洲发展新型伙伴计划主张的主人公意识形成强烈的共鸣。TICAD 全面支持非洲发展新型伙伴计划，非洲发展新型伙伴计划也认识到 TICAD 是非洲发展进程中极为重要的新机制。TICAD 与非洲发展新型伙伴计划相互支持相互补充是众望所归。"②

非洲各国在加速以非盟为目标的非洲大陆一体化建设进程中，2001 年 7 月，在赞比亚卢萨卡召开的第 37 届非洲统一组织首脑会议通过了《非洲发展新型伙伴计划》（NEPAD）③。《非洲发展新型伙伴计划》主张"非洲应是一个强大、团结、有复原力、和平和有影响力的全球性角色与伙伴，

---

① 外務省中東アフリカ局『TICAD 十周年宣言』，2003 年 10 月 1 日。
② 外務省中東アフリカ局『TICAD 十周年宣言』，2003 年 10 月 1 日。
③ 2001 年 7 月，在赞比亚卢萨卡召开的第 37 届非洲统一组织首脑会议上制定并通过了《新非洲构想（NAI）计划》，10 月 23 日，在尼日利亚阿布贾举行的计划执行委员会成立大会上，非洲各国元首一致同意将《新非洲构想（NAI）计划》更名为《非洲发展新型伙伴计划》（NEPAD）。

在世界事务中发挥重要作用"。"非洲将在政治、安全、经济和社会体系中占有应有的地位实现复兴成为一个先进的大陆。""发展呈上升趋势的非洲寻求与各大洲建立互惠互利的伙伴关系,着眼于伙伴关系使伙伴关系更加合理化,努力促进伙伴关系各方实现共赢。"①

《非洲发展新型伙伴计划》以"新型伙伴"作为名称,其含义就是要强调促进非洲国家之间的团结,就是要强调构建非洲与其他国家之间平等互利的新型国际关系。《非洲发展新型伙伴计划》是非洲国家旨在解决非洲大陆贫穷与不发达问题,自主制定的第一个涉及政治、经济和社会发展的综合性愿景和战略性框架。TICAD 面对《非洲发展新型伙伴计划》这样一个非洲国家的共识,绝无可能与之相竞争甚至相攻讦相对立。而刚刚诞生两年的《非洲发展新型伙伴计划》也需要域外地区的支持与援助。TICAD 与《非洲发展新型伙伴计划》相互支持相互补充成为强强合作的必然结果。

第三,TICAD 已经形成了各种参与主体的国际合作关系。《TICAD 十周年宣言》指出:"TICAD 已经形成了非洲各国、非洲地区机构、亚洲国家、援助国家、国际机构以及民间组织和 NGO 等市民社会等多种开发主体积极参与的国际合作机制。"②

TICAD 主张的借鉴亚洲经验以及发挥民间组织作用必然要涉及各种参与主体的国际合作。TICAD 从一开始就着眼并力图构造一个从主办方到参与各方具有多国间多形态的国际合作框架。经过达成对非洲开发援助共识到具体实施行动计划一个完成周期的磨合,TICAD 的国际合作关系已经开始形成并初步完善。这样一个涉及多种渠道多种方式的国际合作关系为非洲地区的发展,提供了多个发展动力和支撑点、多个发展渠道与路径以及多个发展样态和领域,形成了相互补充相互支援的完整体系。在 TICAD 国际合作关系框架下,两国间甚至多国间的合作机制不仅仅促进了经济、社会以及文化等方面的发展与交流,在处理和解决国家之间涉及政治和军事领域的纠纷与摩擦时也起到一定的作用。

---

① 非洲发展新型伙伴计划官方网站,https://www.nepad.org/agenda-2063/aspirations/338。
② 外務省中東アフリカ局『TICAD 十周年宣言』,2003 年 10 月 1 日。

《TICAD 十周年宣言》总结经验的同时，还指明了未来发展的目标和方向。TICAD 3 期间，非洲一些国家主动提出持续 TICAD 进程、扩大 TICAD 合作领域与规模以及使 TICAD 更加制度化的要求，这既是对前期 TICAD 的肯定，同时也表达了对未来 TICAD 的需求。为此，时任内阁总理大臣小泉纯一郎指出："10 年前通过举办 TICAD 表达的我们国家重视非洲的愿望和诉求，经过 10 年努力，现在已经发展成为国际社会的一股潮流。日本顺应这股潮流将更加推进 TICAD 进程，将为强化 TICAD 执行体制进行组织化的制度建设。"[1] 在这种背景下，TICAD 3 决定改变过去那种各参与方单独分散进行的开发援助方式，决定将 TICAD 进程与《非洲发展新型伙伴计划》紧密联系在一起，TICAD 所有参与方同时集结在《非洲发展新型伙伴计划》之下，根据《非洲发展新型伙伴计划》以及 TICAD 的需求和安排，统筹进行开发援助工作。与《非洲发展新型伙伴计划》的统合使得 TICAD 更具有协调性和合作性，日本自然而然地成为协调 TICAD 与《非洲发展新型伙伴计划》的主要参与者。

从《东京宣言》到《TICAD 十周年宣言》，发生了从确定合作基础达成共识到敦促落实各项具体原则的变化。实施 TICAD 3 的 5 年间，TICAD 一方面与《非洲发展新型伙伴计划》进行磨合，另一方面对从宣言到行动计划循环往复地周期性运作模式进行探索。TICAD 3 起到了承上启下的作用。TICAD 3 成为当时国际上规模最大的对非洲开发援助机制，开始拥有较强的影响力。TICAD 3 之后，日本对非洲战略进入"加速飞行"的状态。

第二节 巩固和提升 TICAD 成果

TICAD 经过 10 年从宣言到行动计划一个周期的摸索，取得了一定的经验和成果，在国际社会也具有了一定的影响力和号召力。《TICAD 十周年宣言》中提到，"在对迄今为止的 TICAD 成果感到自豪的同时，面向未来国际社会要一致应对各种新的挑战，支持非洲国家以主人公的姿态进行

---

[1] 内阁总理大臣小泉纯一郎在 TICAD 3 上所做的演说，2003 年 9 月 29 日。

第六章 TICAD 的发展脉络与变化

发展，特别是加强对《非洲发展新型伙伴计划》的支援"。TICAD 在努力使 TICAD 机制更加制度化的同时，进入巩固和提升 TICAD 成果的阶段。

一 新运营机制下的 TICAD 4

2008 年 5 月，在横滨举办了 TICAD 4。来自 52 个非洲国家、35 个非洲域外国家、75 个国际机构的 3000 多名代表以及 41 名非洲国家元首参加了 TICAD 4。TICAD 4 由日本政府、联合国非洲问题特别顾问办公室（UN-OSAA）[①]、联合国开发计划署（UNDP）以及世界银行主办。从 TICAD 4 开始，原主办方援助非洲全球联盟（GCA）完成使命不再担任主办方，其在 TICAD 的业务和作用由非洲开发银行（AFDB）以及联合国非洲经济委员会（UN-ECA）继承。

TICAD 4 同时通过了《横滨宣言》和《横滨行动计划》。这是 TICAD 第一次将宣言和行动计划放在一个会期框架内，采取了制定政策目标与落实具体计划齐头并进的做法，实现了 TICAD 新的运作机制。决策与施策在一个会期内的新运作机制表明了实施 TICAD 的紧迫性以及体现了 TICAD 已经具备了良好的协调性，标志着 TICAD 开始走向成熟。

《横滨宣言》提出的口号是"奔向富有活力的非洲"。《横滨宣言》将加速成长、人类安全保障、应对环境与气候变化作为 TICAD 4 的三大核心任务，并进行了政策性规划。这些政策性规划是指导《横滨行动计划》的纲要和指南针。第一，在加速成长方面，确定了人才培育、加速产业开发、基础设施建设、农业和农村的开发、贸易与投资、振兴观光产业、加速创建民间组织等 7 个重点领域。第二，在人类安全保障方面，确定了在经济和社会方面推进落实千年发展目标（MDGs）以及在政治方面确保稳定的和平与善治。其中推进落实千年发展目标（MDGs）的重点为建设安全健康的社区、实现面向未来的教育、确立可信赖的医疗和卫生、促进性别平等以及女性权利。确保稳定的和平与善治的重点是构建和巩固预防纷

---

① 2003 年 5 月，根据联合国大会 A/57/7 号协议，联合国非洲及最不发达国家特别协调员办公室（UN-OSCAL）改为非洲问题特别顾问办公室（UN-OSAA）。联合国秘书处 ST/SGB/2003/6 号文件，https://documents-dds-ny.un.org/doc/UNDOC/GEN/N03/334/72/PDF/N0333472.pdf? Open Element。

争早期预警以及解决纷争善后处理机制、推进非洲和平与安全构架（APSA）以及非洲国家相互审查机制（APRM）的建设。第三，在应对环境与气候变化方面，确定了应对气候变化、确保水资源安全、强化可持续发展教育活动等重点领域。从内容上来看，《横滨宣言》比《东京宣言》和《TICAD 十周年宣言》更加具体更加丰富，其意图是巩固新的运作机制来夯实 TICAD 的合作基础。

在《横滨宣言》中，日本承诺在主办八国集团首脑会议北海道洞爷湖峰会时，将 TICAD 4 制定的目标与 G8 峰会议题相关联。与此同时，TICAD 第一次明确提出了对包括安理会常任理事国在内的联合国机构进行改革的要求，解决日本以及非洲国家加入联合国安理会常任理事国的问题。通过《横滨宣言》，日本政府成功地将日本的外交目标与任务纳入 TICAD 体系之中。日本对非洲外交的意图和目标更加明确和具体。

为了切实做好 TICAD 工作，在新机制方面，TICAD 4 还改进了 TICAD 跟踪跟进机制。不再采取对完成任务和履行职责程度进行跟踪跟进评议的办法，而是由项目参与各方共同组成 TICAD 项目跟踪跟进委员会，在项目执行过程中负责对项目进行实时的跟踪管理，随时随地监督和检验项目的实施状况。改进 TICAD 跟踪跟进机制的目的是针对推进项目中出现的新变化和新需求，通过实时跟踪跟进的措施做到项目能够应时而为因事而为。

TICAD 4 通过在一个会期内决策与施策的新运作机制以及跟踪跟进机制不断地完善 TICAD，这也是对巩固前三届成果继续推进 TICAD 的一种努力。

与《横滨宣言》相对应，TICAD 4 提出了《横滨行动计划》。《横滨行动计划》对应《横滨宣言》提出的加速成长、人类安全保障、应对环境与气候变化三大核心任务制定了 5 年内具体的执行计划和目标。第一，为了实现加速成长，在基础设施建设方面将广域运输设施建设、广域电力设施建设、用水设施建设、扩大地方部门的参与、促进政府与民间合作等 5 项作为开发的重点；在贸易投资方面将促进和扩大贸易、对外国投资实施鼓励和优惠政策、支援民间组织进行开发活动、促进观光业；在农业农村发展方面，将提高粮食增产以及提高生产力，改善市场准入以及农业竞争环境、支援可持续发展的水资源管理以及土地利用。第二，为了推进人类安全保障，针对落实千年发展目标（MDGs），将加速和推进社区建设、充实社区活动中心的多功能性；改善基础教育质量以及接受教育的条件、加强继续教育以及高等教育与研究、强化预防传染病等多方面多领域的教育、加强教育管理；强化卫生体系、提高母婴卫生水平、加强传染病感染症预防和治疗；针对确保稳定的和平与善治，提高预防纷争能力、支援纷争后复兴与人道援助、强化治安管理、促进政府善治。第三，为了应对环境与气候变化，将加强缓解温室效应等环保措施、强化处置自然灾害能力、加强水的安全利用与管理、实施可持续发展教育。

与《东京行动计划》相比，《横滨行动计划》制定的任务目标更加注重贴近联合国等国际组织的目标。例如，在推进人类安全保障任务中，直接以联合国提出的千年发展目标（MDGs）为标准设定任务目标。另外，《横滨行动计划》将《东京行动计划》中发展工业的任务目标改为促进和扩大贸易鼓励外国的投资，这更符合和贴近现实中非洲地区的实际需求。《横滨行动计划》的任务目标更加契合非洲民众改善生活条件和提高生活水平的需求。与此同时，《横滨行动计划》与《东京行动计划》不同，不再按照设置非洲国家以及援助国家相对应的方式进行任务分派，而是采取了设定细化任务目标以及 TICAD 相对应的举措，按照项目由项目承担各方共同执行的方式。这样做的目的是，项目承担各方在同一项目内部进行任务和职责分解共同对项目负责，实现在同一个项目内各方有效的协调和配合，可以在工作中加深非洲国家与援助国家的相互融合。

在 TICAD 4 期间，TICAD 成立了共同事务局，成员由日本外务省、非洲联盟委员会（AUC）、联合国非洲问题特别顾问办公室（UN-OSAA）、联合国开发计划署（UNDP）以及世界银行派出代表组成，负责 TICAD 闭会期间日常的 TICAD 执行工作。同时 TICAD 4 还设置了 TICAD 监督委员会，成员由日本政府、TICAD 主办方、非盟常驻代表委员会（PRC）、非洲国家驻日外交使节团（ADC）、《非洲发展新型伙伴计划》（NEPAD）计划调整局、国际组织以及援助国家派出代表组成，负责具体执行 TICAD 跟踪跟进工作。TICAD 4 还制定了参与各方定期会谈机制，规定高级别事务人员以及政府部长每年举行一次会晤，政府首脑每 5 年举行一次会晤。TICAD 4 强化了 TICAD 机制。

随着 TICAD 的逐步稳定与推进，TICAD 4 期间，日本政府提出了针对非洲地区的政府开发援助倍增计划以及支援民间企业向非洲地区投资的优惠政策。同时，日本政府还对外务省非洲外交工作机制进行了改革，在外务省相关部局内增设了非洲事务审议官，专门负责对非洲事务的提案、审议和协调等工作。增设非洲事务审议官主要是日本对 TICAD 运作机制以及对非洲地区、政府开发援助倍增计划的一种制度性安排，是为了协调政府各部委之间以及所辖机构之间的非洲事务而设置的。

二 提升成果的 TICAD 5

2013 年 6 月，在横滨举办了 TICAD 5。来自 51 个非洲国家、35 个非洲域外国家、74 个国际机构约 4500 多名代表以及 39 名非洲国家元首参加了 TICAD 5。TICAD 1 至 TICAD 4 由日本、联合国非洲问题特别顾问办公室、联合国开发计划署以及世界银行共同主办，到 TICAD 5 时，非盟委员会也加入主办方之中，这一做法增强了日本与非盟的关系。TICAD 5 决定将 5 年制的 TICAD 改为 3 年制。

TICAD 5 通过了《横滨宣言2013》。《横滨宣言2013》提出的口号是"携手生机勃勃的非洲"。相比 TICAD 4《横滨宣言》提出的"奔向富有活力的非洲"的口号，"携手"所体现的含义比"奔向"有了更进一步的意义。表明近年来通过非洲各国自身的努力以及 TICAD 的实施，非洲地区已经发生了巨大的变化，出现了生机盎然的局面。经济恢复性增长的非洲已经成为 TICAD 携手共进的伙伴。

《横滨宣言2013》提出的三个主题是"强固的可持续经济""强韧的包容性社会""和平与安定"，这三项内容成为 TICAD 5 开展工作的核心。

《横滨宣言2013》确定将以"追求高质量的成长"作为 TICAD 新的课题，提出了促进民间组织主导经济增长、促进基础设施建设和使用能力、促成农业劳动者成为经济增长的主人公、促进构建强韧性的可持续增长模式、构筑万人受惠于增长的社会、巩固和平与安定以及民主主义与善治等 6 个重点目标。

针对上述 6 个重点目标，《横滨宣言2013》还指出实现目标的总指针：第一，支援非盟提出的非洲基础设施开发项目（PIDA）、非洲农业开发项

第六章　TICAD 的发展脉络与变化

目（CAADP）、非洲国家相互审查机制（APRM）、非洲产业开发计划（A-IDA）；第二，以非盟提出的非洲性别平等宣言和非洲女性 10 年（2010—2020）倡议为着眼点，提高女性的权利以及在生活领域的作用，同时扩大女性的服务、训练和雇用机会；第三，支持非盟促进就业与消减贫困行动计划，扩大年轻人的就业机会；第四，着眼于每个人，通过保护个人以及强化个人能力，最大限度地提高每个人的能动性，全面推进立足于免于贫困免于恐惧的自由的安全保障。上述总指针基本上是以非盟的计划和目标为核心而展开的。这是因为，在 TICAD 5 时非盟委员会第一次加入主办方行列，日本政府在起草和商议讨论《横滨宣言 2013》时，必定要顾及和刻意留意非盟的意志与主张。

《横滨宣言 2013》指出："日本政府、联合国、联合国开发计划署、世界银行以及非盟委员会对推动 TICAD 进程做出了重要贡献。在纪念 TICAD 实施 20 周年和非洲统一组织/非洲联盟创立 50 周年之际，我们在赞赏 TICAD 对非洲发展做出贡献的基础上，要继续强化 TICAD 合作伙伴关系，努力为非洲地区的发展做出新的贡献。"① 相对联合国、世界银行以及非盟等国际组织而言，TICAD 主办方中只有日本是以主权国家的形式参与的。宣言通过对 TICAD 成果的赞誉表达了日本政府在 TICAD 进程中不可或缺的作用。这些赞誉无疑对提升日本的国际地位是有益处的，给日本凭借这些赞誉摄取更多外交资源提供了可能。

《横滨宣言 2013》提出尽快对包括联合国安理会常任理事国在内的联合国组织进行改革的必要性，指出："我们认识到非洲联盟、非洲地区组织以及国际社会对维护和平活动的重要性与贡献。我们再次明确了对包括安理会在内的联合国机构尽快进行改革的决心，并通过寻求最佳途径对话的方式保持政治上的推动力。"② 日本谋求进入安理会常任理事国的迫切愿望和要求再次通过 TICAD 宣言的形式传递到国际社会。

2011 年，日本提出了对非洲外交工作的三项具体任务：第一，认真致力于解决非洲大陆面临的各种问题，不仅是日本作为国际社会中负责任的

---

① 外务省『TICAD 5 横滨宣言 2013』，2013 年 6 月 3 日。
② 外务省『TICAD 5 横滨宣言 2013』，2013 年 6 月 3 日。

一员所应当履行的责任和义务，同时也将有助于日本赢得国际社会的信赖；第二，非洲大陆拥有丰富的自然资源，人口也在不断增长，是一个具有经济发展潜力和潜在的巨大市场，日本有必要与非洲保持和加强经济关系；第三，在推进联合国安理会改革以及应对气候变化等全球性课题方面，源自非洲各国的支持对日本来说是不可或缺的目标。通过 TICAD 赢得非洲国家的理解和支持是日本对非洲外交工作的重要目标，是谋求成为安理会常任理事国的重要途径和方法。

TICAD 5 期间，专门召开了关于改革安理会常任理事国的日非国家首脑会议。安倍晋三指出："日本与非洲作为推动联合国改革的势力，在扩大安理会常任和非常任理事国方面有很多共同点，日本希望通过加强与非洲的合作，为实现安理会的改革而努力。"[①] 针对安理会以及联合国改革问题，时任安理会改革非洲十国委员会（C10）议长的塞拉利昂总统科罗马代表出席此次会议的非洲国家首脑，介绍了非洲国家有关安理会以及联合国改革的立场和今后要采取的措施。会议决定，日本与非洲国家的各方大使馆及联合国代表部将针对安理会以及联合国改革建立更加紧密的合作。这是日本召开的第一次专门针对安理会改革的首脑级别会议。TICAD 4 是第一次把安理会改革的议题写进 TICAD 宣言，此次的 TICAD 5 再次将这个议题写进宣言的同时，还专门召开了首脑会议，其目的就是要在巩固 TICAD 4 成果的基础上再次强化这个议题。

TICAD 5 制定了与《横滨宣言 2013》相对应的《横滨行动计划 2013—2017》，继续强调通过 TICAD 推进南南合作以及多国间合作。《横滨行动计划 2013—2017》的三项重点工作是促进非洲国家自身的努力、促进女性和青年的作用以及促进人类安全保障，同时针对《横滨宣言 2013》提出的 6 个重点目标分门别类地制定出具体的每个项目，每一个项目都列出了题目、任务目标、配套的非洲国家举措、TICAD 5 支援的重点。项目担当方按照项目运营的方式具体落实执行。采取这样的方法是因为 TICAD 所涉及的领域越来越广泛，所要执行的项目越来越细化，项目运营的方式可以使项目担当方在发挥自主性和灵活性的基础上，更加注重担当各方的

---

① 外務省『TICAD 5 安保理改革に関する日・アフリカ首脳会合の報告』，2013 年 6 月 3 日。

协调与配合，使项目具有效率性。TICAD 5 还强调了《横滨行动计划2013—2017》的项目与非盟、联合国以及国际社会开展的有关开发援助项目合作的重要意义，特别期待与八国集团以及二十国集团开展合作。

如果对实施 TICAD 以来到 TICAD 5 总计 4 次的宣言进行比较的话，《东京宣言》的核心是唤起国际社会对非洲大陆关注关心进行援助的共同意识形成共识；《TICAD 十周年宣言》的核心是阐述和评价 TICAD 的成果继续推动 TICAD；《横滨宣言》的核心是与《非洲发展新型伙伴计划》携手在"加速成长""人类安全保障""应对环境与气候变化"方面推动 TICAD；《横滨宣言 2013》的核心是继续强化"主人公意识与合作伙伴关系"，在"强固的可持续经济""强韧的包容性社会""和平与安定"方面推进 TICAD。

《横滨宣言 2013》的核心基本上继承了《横滨宣言》核心的内容，是《横滨宣言》的延长线。《横滨宣言 2013》最大特点是继承了《横滨宣言》的宗旨，目的是要继续夯实和扩大 TICAD 的成果。与 TICAD 4 和 TICAD 5 的宣言一样，两届 TICAD 的行动计划的主要任务和目标也基本一致，《横滨行动计划 2013—2017》也是《横滨行动计划》的延长线。从这一点上来说，TICAD 5 的最大目的就是要提升和扩大 TICAD 成果。

在 TICAD 5 大会上，作为巩固 TICAD 成果的一项重要活动，也作为推进日本与非洲外交关系的重要一环，时任内阁总理大臣安倍晋三明确提出了希望早日访问非洲的意愿。

另外，由于许多非洲国家提出在非洲举办 TICAD 和缩短 TICAD 周期的愿望，在 TICAD 5 期间，主办各方对此问题进行了协商，形成了一致性意见。2014 年 6 月，非盟做出决议决定在非洲举办 TICAD。8 月，安倍晋三在联合国大会上宣告今后的 TICAD 将在非洲国家与日本之间交替举办，TICAD 周期由 5 年改为 3 年，2016 年将在非洲国家举办 TICAD 6。2015 年 8 月，TICAD 主办方决定一年后在肯尼亚内罗毕举办 TICAD 6。在非洲举办 TICAD 对推动 TICAD 本土化以及提高非洲国家主人公意识起到了促进作用，特别是在宣传 TICAD 成果、推荐日本的作用和树立日本的形象上起到了提升作用。TICAD 周期和举办地改变之后，日本借势加速开展对非洲的外交活动，继续保持和扩大日本在非洲的竞争力和影响力。

三 寻求突破的 TICAD 6

2016 年 8 月在肯尼亚内罗毕举办了 TICAD 6，这是第一次在非洲举办 TICAD。来自 54 个非洲国家、52 个非洲域外国家、74 个国际机构约 11000 多名代表参加了 TICAD 6。

TICAD 6 通过了《内罗毕宣言》以及《内罗毕行动计划》。《内罗毕宣言》提出的口号是"促进非洲的可持续发展——为了繁荣的 TICAD 伙伴关系"。可以看出，将可持续发展作为非洲经济社会建设目标，表明 TICAD 6 已经开始追求质的改变。《内罗毕宣言》还提出《横滨宣言 2013》继续有效以及《内罗毕行动计划》将与《横滨行动计划 2013—2017》连为一体，强调《横滨行动计划 2013—2017》直到 TICAD 7 期间将一直有效，呼吁所有 TICAD 伙伴全面加速落实《横滨行动计划 2013—2017》。这一情况说明因为 TICAD 5 缩短了周期，造成事先制定的《横滨行动计划 2013—2017》已经无法在 TICAD 5 期间完成。

从这一时期开始，日本认为以中国为首的新兴国家的出现造成国际社会的势力结构发生变化，这个变化对地区间的合作产生了巨大的影响。日本几次专门以新兴国家为题发表意见反复指出："近年，以经济成长显著的金砖五国（BRICs）为代表的新兴国家开始抬头，在世界经济中的比重持续不断地提高。""国际关系越来越多样化、复杂化以及全球化的同时，也出现了通过地区间的合作和统合来提高竞争力、增加存在感的新动向。"[①] "这些新兴国家凭借着强大的经济力，正在国际政治上增加存在感，开始对国际秩序的形成产生重大的影响。新兴国家各自的政治体制和经济结构多种多样，在国际问题上的立场与利益也各不相同，不能一概而论。今后，新兴国家在世界经济中的比例将会进一步提高，在新兴国家各自追求不同利益的情况下，有必要从战略上考虑如何构筑新兴国家也能参与并做出其贡献的新的世界秩序。"[②]

---

① 外務省『外交青書（2010）』第一章"2009 年の国際情勢と日本外交の展開"第一节 "国際的枠組みの変化"。

② 外務省『外交青書（2012）』第一章"2011 年の国際情勢と日本外交の展開"第一节 "国際環境の変動"。

在新兴国家中，日本特别关注中国，认为中国的崛起必然会在政治和经济等诸多方面对全球产生巨大影响，指出："现在，国际社会上国家之间的力量平衡发生了很大的变化。中国和印度等新兴国家快速的经济成长，在国际社会中的存在感正在增大。特别是中国保持着较高的经济增长率。中国在增加对全球经济影响力的同时，也急速扩大了政治的影响力和军事力量。""由于这种力量平衡的变化，在整个国际社会的统治结构中，领导力量发挥强大作用的状况会变得越来越困难。另外，国际社会形成负责任的广泛共识需要花费更多的时间和精力。"[1] 日本认为中国已经成为影响国际社会的最重要力量之一，具备了挑战后冷战时期美国单极世界的能力，而且在一些领域和一些地区，中国已经开始影响国际社会形成新的国际秩序。日本面对突如其来的这种国际势力格局的新变化还没有做好准备，对有可能形成的新的多极化世界感到忧心忡忡和力不从心。

在非洲地区，日本日益感到中国的外交活动已经处于领先的位置，尤其是切身感受到了中非合作论坛在非洲大陆的巨大影响力。从2008年到2010年，日本外务省连续3年在《外交蓝皮书》中指出："中国认识到保持持续的经济发展以及提高综合国力需要和平稳定的国际环境，继续采取了开展全方位外交的方针政策……中国以推进世界向多极化发展为志向目标展开了积极的外交活动，除此之外，中国还在中东、非洲、中南美洲等地区开展了活跃的经济外交和能源外交活动。"[2] 日本的《外交蓝皮书》连续3年使用相同的表述阐述了中国对非洲的外交活动，足以说明日本对中国与非洲地区合作的高度关注。

这一时期，日本的研究机构开始着手研究中国对非洲的外交活动，取得了多项研究成果。日本亚洲经济研究所对中国投资非洲产业[3]、中非合作论坛以及中国对非洲贸易进行了研究[4]。亚洲经济研究所与中国社会科学院等单位开展了合作研究，以《成长的非洲——日本与中国的视

---

[1] 外務省『外交青書（2014）』第一章"2013年の国際情勢と日本外交の戦略的展開"。
[2] 外務省『外交青書（2008）、（2009）、（2010）』第二章"地域別に見た外交"第一節"中国の対外関係"。
[3] 吉田栄一：『アフリカに吹く中国の嵐、アジアの旋風——途上国間競争にさらされる地域産業 -』、アジア経済研究所，2007年。
[4] 神和住愛子：『中国の対アフリカ政策と貿易投資』、アジア経済研究所，2006年。

点》为题出版了论文集，分别对中日两国的对非洲政策进行了综述性阐述。2010 年，日本大学与北京大学合作发表了共同研究报告①，对中日两国的对非政策进行了比较性研究。

与此同时，日本媒体也开始对中国在非洲的外交活动进行广泛的报道。日本放送协会（NHK）② 以及富士电视新闻局（FNN）③ 对中国非洲外交进行了综合性报道和评论。有一些日本媒体在报道中使用"中国非洲"（Chinafrique）一词，这个词汇如同指责法国与非洲关系的"法兰西非洲"（Francafrique）一样，指责中国的政策充满了殖民时代色彩，认为中国在非洲推行的是对过时的殖民主义精心改头换面的"新殖民主义"。"日本纵深"以《席卷非洲大陆的中国——新殖民主义的抬头/连锁的榨取》④ 为题目，"福布斯日本"以《中国将非洲殖民地化的真实目的》⑤ 为题目发表评论文章，无端地对中国的非洲外交活动进行指责。从日本政府到民间对中国的非洲外交既充满了兴趣和关注也充满了警惕，甚至是怀疑和戒心。

面对中国在非洲地区不断加大的合作力度以及与日俱增的影响力，日本对中国的非洲外交活动感到是一种竞争。特别是 2015 年 12 月中非合作论坛约翰内斯堡峰会暨第六届部长级会议召开之后，面对中国提出的为推进中非全面战略合作伙伴关系，未来 3 年中国与非洲国家一起重点实施的十大合作计划以及中方的援助工作⑥，日本在非洲地区的焦灼感和压力感更加强烈。另外，尽管《中非合作论坛约翰内斯堡峰会宣言》第 12 条非

---

① 『日中両国の対アフリカ政策の比較』，日本大学 2010 年度人文科学研究所共同研究报告。
② 二村伸：『影響力増す中国，日本のアフリカ戦略は』，NHK，http：//www.nhk.or.jp/kaisetsu-blog/100/306619.html，2018 年 10 月 4 日。
③ 『最後のフロンティアに世界が熱い視線：中国に対抗する日本の戦略は』，https：//www.fnn.jp/articles/-/1042，FNN，2019 年 8 月 29 日。
④ 比嘉陽子：『アフリカを席巻する中国：新植民地主義の台頭』，ジャパン・インデプス（japan-indepth），https：//japan-indepth.jp/? p =25720，2016 年 2 月 21 日。
⑤ 帕诺斯·穆都库塔（Panos Mourdoukoutas），『アフリカを"植民地化"する中国、本当の狙いは何か』，福布斯日本版，https：//forbesjapan.com/articles/detail/22417，2018 年 8 月 8 日。『日本がアフリカで進む「中国支配」を阻止できない理由』，https：//forbesjapan.com/articles/detail/29588，2019 年 9 月 11 日。
⑥ 中国国家主席习近平在中非合作论坛约翰内斯堡峰会开幕式上的致辞《开启中非合作共赢、共同发展的新时代》，https：//www.focac.org/chn/zywx/zyjh/t1321569.htm，2015 年 12 月 5 日。

常明确地显示了中国支持对联合国机构进行改革的态度，但是日本对宣言第 7 条 "在联合国成立 70 周年之际，我们认为，维护第二次世界大战成果和国际公平正义对维护世界和平、稳定与繁荣至关重要。我们承诺坚决反对歪曲第二次世界大战成果的任何企图。我们在铭记战争灾难的同时，强调构建和平与发展的未来是共同的责任"① 的内容，认为这直接表明了中国反对日本加入联合国安理会常任理事国的态度。

日本不仅将中国视为非洲地区的竞争对手，更是将中国视为国际秩序的挑战者，在 TICAD 6 大会上第一次正式提出了 "自由开放的印度洋—太平洋"战略，试图在亚洲、印度洋地区和非洲地区的大区域范围内笼络各种势力形成防范和抗衡中国的态势。另外不可忽视的是，当国际社会的关注点聚焦于 "自由开放的印度洋—太平洋"战略时，日本在同一时期提出了 "高质量基础设施输出战略"。这是在 2016 年 5 月 TICAD 6 召开前夕，日本 "经协基础设施战略会议"② 通过的决议。几天之后的伊势志摩第 42 届西方七国首脑会议上，在日本的积极推动下，G7 会议首脑宣言中写入了 "为推进高质量基础设施建设的 G7 伊势志摩原则"，提出了与价格等值的、高质量的、透明性高的、具有准入竞争机制的基础设施建设原则。③ 不难看出，日本面对中国积极推进 "一带一路"合作倡议，表现出了强烈的竞争意识。在此背景下，TICAD 6 也融入了 "高质量基础设施输出战略"。

从 TICAD 6 开始，日本在确定 TICAD 主题、重点目标、行动计划、实施机制时不可能无视中非合作论坛，必然要充分考虑非洲的中国因素。周

---

① 《中非合作论坛约翰内斯堡峰会宣言》，https://www.focac.org/chn/zywx/zywj/t1327765.htm，2015 年 12 月 25 日。

② 经协基础设施战略会议是 2013 年 3 月，日本经济再生本部为了确保日本获取海外能源和矿物质资源、确保日本企业在海外开展基础设施建设以及日本开展海外经济协力而召开的政策性会议。经协基础设施战略会议成员由内阁官房长官以及副总理和财务、总务、经济产业、外务、国土交通、经济再生等政府部门的大臣组成。此前，在 2010 年 12 月，菅直人政府时期，外务省根据 "新成长战略"针对基础设施建设重点国家，在 49 个国家的 56 个驻外使馆专门设置了基础设施工程专门官一职，负责协调和开展有关业务。2019 年年底基础设施工程专门官扩展到 70 多个国家的 90 个驻外使领馆。日本首相官邸报告，http://www.kantei.go.jp/jp/singi/keikyou/pdf/konkyo.pdf。

③ 外务省 "質の高いインフラ投資の推進のためのG7 伊势志摩原则"，https://www.mofa.go.jp/mofaj/files/000160267.pdff。

期缩短为 3 年的 TICAD 变得更加具有针对性，也变得更加精致化。

TICAD 6 提出的《内罗毕宣言》确认了 TICAD 新举措的五项方针。第一，全面开放 TICAD 以及使其更加具有包容性。强调 TICAD 的开放性和包容性，决定与更加广泛的国际社会合作伙伴展开对话与合作，为非洲发展动员全球性的支援力量。第二，努力构建 TICAD 的多框架性。推动政府、民间组织及市民社会、国际机构及地区间机构等多方利益相关者在各种框架内积极参与 TICAD。在国家与地区开发计划的框架内，促进南南合作以及多国间合作。第三，强化 TICAD 与非洲自身的发展议题相结合。确信非洲大陆的社会和经济结构改革是支撑全球稳定和繁荣的核心支柱。尊重非洲大陆的选择将非洲国家自身提出的发展议题置于优先位置。第四，确保人类安全保障以及促进以人为本的发展。认识到每一个人都是非洲大陆最宝贵的重要资源，对每一个人的努力都给予评价。强化每一个人以及共同体的能力，为民众创建安全的生活环境和提高生活水平，与非洲国家的民众愿望保持一致性。第五，努力使经过统合的跟踪跟进机制更具效果。推进参与者相互说明责任报告制度，在 TICAD 共同事务局、监督委员会以及跟踪跟进会议等三个领域实施跟踪跟进机制，切实履行 TICAD 计划。

根据上述《内罗毕宣言》提出的五项新举措，可以看出，日本面对多年来中非合作论坛取得的成果，为了提高与中国的竞争力，在推进 TICAD 6 时努力寻求在诸多方面上有新的突破。

第一，在内容上寻求突破。新举措提出的"全面开放 TICAD 以及使其更加具有包容性""努力构建 TICAD 的多框架性，推动多方利益相关者的参与""强化 TICAD 与非洲自身的发展议题相结合"等方针都是新的提法和倡议。表明日本希望通过全面扩大 TICAD 合作，在对非洲外交活动上谋求全球性的理解和支援。希望通过强化非洲自身发展的议题进一步拉近与非洲各国的关系。希望通过创建安全的生活环境和提高生活水平，面向非洲民众实施"草根性"援助计划，提升非洲民众对日本的好感度，赢得非洲国家在国际场合对日本的支持。

第二，在机制上寻求突破。呼吁所有 TICAD 伙伴全面加速落实《横滨行动计划 2013—2017》，提出《横滨行动计划 2013—2017》依然有效并与

《内罗毕行动计划》连为一体的决定,以及提交参与者相互说明责任报告,并在三个领域实施跟踪跟进机制,显示出 TICAD 在具体实施过程中遇到了参与者协调和配合的问题,也表明日本希望通过改善 TICAD 工作机制努力推动 TICAD 取得成效。

第三,在方式方法上寻求突破。针对 TICAD 6,日本将以往以政府为主、企业为辅的做法开始转变为政府与企业齐心协力携手共进。为了推动这项工作,日本政府率领 70 多家大型企业以及日本经济团体联合会(经团联)参加了 TICAD 6,签署了 73 项合作协议。日本企业和经团联等组织借助政府之力,全方位地开展对非洲的经济活动。日本政府也借助企业的工作成果扩大对非洲的外交活动提升外交声誉。

在举办 TICAD 6 期间,日本创建了"日非官民经济论坛",确定日本政府大臣级别的阁僚、高级事务人员以及企业和经济团体的责任者每 3 年一次访问非洲,与非洲国家的相关人员共同商讨双方之间开展经济合作的路径和方法。创建了"非洲青年商业教育倡议计划"(ABE-Initiative),日本大学和研究机构接收非洲青年留学生,并向取得硕士学位的非洲青年提供在日本企业实习研修的机会。

《内罗毕宣言》还提出了 TICAD 6 优先推进的三个重点领域,分别是推进经济多元化以及产业化(Quality Africa)、构建强韧性的医疗卫生体系(Resilient Africa)、促进共同繁荣的社会安定化(Stable Africa)。《内罗毕行动计划》在延续《横滨行动计划 2013—2017》的基础上,将紧紧围绕着这三个重点领域实施。第一,针对初级产品国际价格的下跌,提出通过促进经济多元化和产业化实现经济构造改革。分别在经济多元化、高质量基础设施、培育民间组织和人才等三个方面设定了具体的计划目标。第二,针对埃博拉病毒疫情,提出为了安全和高质量生活建设具有强韧性的医疗卫生体系。分别在强化医疗和卫生体系、提高处理公共卫生危机能力、推动全民健康覆盖计划(UHC)、提高营养等四个方面设定了具体的计划目标。第三,针对一些地区频发的暴力恐怖活动,提出建设共同富裕的稳定社会。分别在构筑稳定的社会与保持和平、防止恐怖和暴力等过激主义行为、应对全球性规模问题的挑战等三个方面设定了具体的计划目标。

TICAD 6 成为日本采取新的措施寻求 TICAD 能够有新突破的起点。

另外，TICAD 6 以宣言的形式再一次提出了包括安理会常任理事国在内的联合国机构改革问题，继续强调要通过寻求最佳途径对话的方式保持政治上的推动力。从 TICAD 4 开始，连续三届的宣言都表达了对联合国机构改革的意愿和决心。

四　加速步伐的 TICAD 7

2019 年 8 月在横滨举办了 TICAD 7。来自 53 个非洲国家、52 个非洲域外国家、108 个国际机构约 1 万多名代表以及 42 名非洲国家元首参加了 TICAD 7。

TICAD 7 通过了《横滨宣言 2019》以及《横滨行动计划 2019》。《横滨宣言 2019》提出的口号是"向非洲跃进！人、技、创新"。口号所体现的含义基本上继承了 TICAD 4 以来的以人为本、以技术和创新为手段的理念，并没有新的内容。

《横滨宣言 2019》有两个值得注意的方面：第一，在"绪论"中阐述，"我们认为作为非洲发展方面的多国间机制 TICAD 所起的作用是无与伦比的。关于这点，TICAD 主办方由日本政府、联合国、联合国开发计划署、世界银行、非盟委员会共同组成就是多国性的直接反映。""我们作为 TICAD 共同主办方，将非洲与跨地域洲域以及全球性的智慧联系在一起、形成共识与合意、实施地域洲域以及国际性援助等方面具有优势地位，并做出了积极贡献。此外，日本在任职二十国集团主席国期间，对推动 TI-CAD 以及有关非洲发展问题的国际性讨论方面起到了牵头性作用。我们认为 TICAD 集中反映了日本与非洲之间的特别关系。因此，非洲与日本在利用亚洲发展中日本的经验以及非洲最近的经济活力等方面，双方都得到了相互比较优势的恩惠。"[①]

可以看出，《横滨宣言 2019》在强调 TICAD 具有多国合作性质的同时，也强调了 TICAD 是不可替代的。以往 TICAD 宣言中反复言及的亚洲经验第一次直接使用了日本的经验。宣言在强调日本政府对 TICAD 的作用

---

① 外务省『横滨宣言 2019』，2019 年 8 月 30 日。

和贡献的同时，也强调了 TICAD 对强化日本与非洲地区关系的不可或缺性。以上这样的表述在 TICAD 宣言中还是第一次出现。将这样的内容写进宣言中应该说是以中国的非洲外交活动为意识而进行的。如果说日本最初实施 TICAD 的意识之一是为了力争实现"自主外交"的话，那么在 TICAD 6 之后，日本实施 TICAD 已经明显地融入了强烈的与中国展开竞争的意识。

第二，在 TICAD 7 的三个支柱中阐述"我们需要与海盗行为、违法无报告无限制（IUU）的渔业行为和其他海上犯罪进行斗争，在基于国际法诸原则维持海洋秩序的海洋安全保障等领域，促进两国间、地区间以及国际利益相关者的合作。我们善意地注意到安倍晋三总理大臣在内罗毕举办的 TICAD 6 上发表的自由开放的印度洋—太平洋的倡议"①，将"自由开放的印度洋—太平洋"概念写进宣言。

虽然"自由开放的印度洋—太平洋"概念没有直截了当地指名道姓所针对的对象，但是在所谓南海自由航行问题上始终追随美国的日本，采取影射的方式将"自由开放的印度洋—太平洋"矛头指向正在建设海洋强国的中国是一目了然的。

《横滨宣言 2019》明确了 TICAD 7 的三个支柱：第一，通过创新和民间组织的参与促进经济结构调整和改善商务环境，并在贸易与投资、高质量基础设施建设、民间投资与培育产业人才、农业与海洋开发等四个方面进行着力；第二，深化构建强韧的可持续发展的社会，并在促进 2063 年议程以及联合国可持续发展目标（SDGs）、加强医疗和卫生、应对气候变化和减灾防灾以及环保等三个方面开展工作；第三，强化和平与安定的环境，并在保障人类安全预防纷争、解决难民问题、遵守安理会决议解决暴力恐怖过激行为等三个方面加大工作力度。《横滨宣言 2019》还明确了将上述三个支柱作为《横滨行动计划 2019》的三大重点任务。可以看出以上三个支柱的基本内容除了新提出的促进 2063 年议程以及联合国可持续发展目标（SDGs）、解决难民问题之外几乎都是 TICAD 4 以来工作重点的延续，是加速和深化 TICAD 进程的举措。

为了加速 TICAD 进程，TICAD 7 在三天的会议日程中，召开了 6 次总

---

① 外務省『横浜宣言2019』，2019 年 8 月 30 日。

会、5 次分会以及 4 次特别会议。6 次总会专门就各主办方的演讲、通过创新和民间组织的参与促进经济结构调整和改善商务环境、促进官民开展商业对话、深化构建强韧的可持续发展的社会、强化和平与安定的环境、TICAD 7 两位议长报告等内容展开。5 次分会以科学技术创新、人才培育与青少年教育、农业、应对气候变化和减灾防灾、资源循环型经济（Blue Economy）为主题，有关责任方参与了讨论和商议。4 次特别会议针对萨赫尔地区和平与稳定问题①、主要国际机构的作用和协调问题、"非洲之角"以及周边地区的和平与稳定问题、西印度洋沿岸国家和地区的合作问题展开广泛的讨论和商议。

除了上述总会、分会以及特别会议之外，时任内阁总理大臣安倍晋三与出席 TICAD 7 的 42 名非洲国家首脑、非盟以及国际机构代表等召开了 42 场对话会。外务大臣河野一郎与非洲国家和国际机构召开了 25 场两国间会谈。TICAD 7 期间，政府、民间组织以及企业还召开了 140 场专题研讨会、讲座会以及展示会，会议场数以及出席人数的规模都大幅度超过 TICAD 6 的水平，是历届 TICAD 中最大的。同时，参加 TICAD 7 会议的民间企业超过 TICAD 6 的 2 倍。TICAD 7 将民间企业正式定位为 TICAD 的合作伙伴，继续开展了日本企业与非洲国家政府和企业之间的直接对话。在召开 TICAD 7 前后期间，日本一些地方还举办了各种以非洲文化和体育为主题的交流活动。日本在加速推动 TICAD 进程上不遗余力地下足了功夫。

另外，TICAD 7 的一个变化是，《横滨宣言 2019》将《横滨行动计划 2019》作为宣言的附属文件，TICAD 宣言和行动计划成为一个有机的整体。《横滨行动计划 2019》以表格的形式，分别在重点领域、具体行动、主要责任担当方、措施和倡议、期待的成果等五个方面非常详细地列出了每一个 TICAD 7 项目的任务。例如，重点领域：促进经济的多元化、产业化以及提高竞争力；具体行动：强化农业生产以及保障粮食安全；主要责任担当方：日本；措施和倡议：与非洲稻作振兴共同体（Coalition for African Rice Development，CARD）等 NEPAD 组织和相关伙伴国家合作；期待

---

① 根据联合国安理会 2017 年的一系列决议，日本、G7 各国代表以及有关国际组织代表针对在马里、布基纳法索、乍得、毛里塔尼亚、尼日尔等萨赫尔地区五国恢复和平保持稳定而展开有关合作问题的讨论。

的成果：到 2030 年在撒哈拉沙漠以南国家实现稻米从 2800 万吨增长到 5600 万吨，并提高品质。再例如，重点领域：促进经济的多元化、产业化以及提高竞争力；具体行动：扩大包括数字经济、数字化生活设施建设开发与创业；主要责任担当方：世界银行；措施和倡议：对应非洲各国的请求援助开展数字经济；期待的成果：落实数字经济工程。像上述这样以表格的形式排列出 116 个项目。

同时，根据《横滨宣言 2019》的要求，在 TICAD 7 期间，TICAD 5 制定的《横滨行动计划 2013—2017》以及 TICAD 6 制定的《内罗毕行动计划》的实施方案继续有效，并融合进《横滨行动计划 2019》。同时《横滨宣言 2019》还决定《横滨行动计划 2019》是持续进化的方案，由 TICAD 合作伙伴根据实施中出现的各种情况综合性判断之后对内容进行更新和调整。

TICAD 7 在着力加速推进 TICAD 进程。

另外，TICAD 7 以宣言的形式再一次提出了联合国安全理事会的改革问题，指出"应该以全面、透明、平衡的方式对联合国安全理事会进行改革"。连续四届的 TICAD 宣言都表达了日本对联合国机构改革的意愿和决心，显示出了日本在这个问题上的执着和韧性。

第三节　TICAD 的特点

TICAD 是由日本发起和主导并由联合国、非洲各国、欧盟国家、诸多国际组织等各方共同参与执行的外交活动。TICAD 也是以国际合作形式在政治、经济、文化、人员交流等领域开展的对非洲援助机制。TICAD 具有多边性、主体性、草根性和监督性的特点。

一　多边性

第一，从主办方来看，TICAD 的主办方发生过几次变化。TICAD 1 由日本政府、联合国非洲及最不发达国家特别协调员办公室（UN-OSCAL）与联合国开发计划署（UNDP）、援助非洲全球联盟（GCA）共同主办。TICAD 2 时，世界银行（WB）成为共同主办方之一。TICAD 4 时，原主办方援助非洲全球联盟（GCA）退出，由日本政府、联合国非洲问题特别顾问办公室（UN-OSAA）、联合国开发计划署（UNDP）以及世界银行共同主办。TICAD 5 时，非盟委员会成为共同主办方之一。

TICAD 如果由一国单独举办的话，有可能被认为是一个国家换取政治和经济利益的趋利性行动，容易招致国际舆论对举办国的目的和意图产生怀疑。而采取共同主办的方式可以将 TICAD 提升到一个道义高度，既分解了主导方日本的政治和经济负担，又减轻了国际舆论对日本的怀疑压力。特别是作为共同主办方的联合国、世界银行以及非盟具有极高的信誉度和号召力，日本可以借助这些组织和机构的威望和实力推进 TICAD。日本一直以来将以联合国为中心拓展外交工作作为主要的外交方针，TICAD 的多边性也是日本具体落实外交方针的体现。

第二，从参与方来看，参加 TICAD 的有来自世界五大洲的主权国家以及国际机构等政府间国际组织，还有民间企业、非政府组织、非营利组织（NPO）、市民团体等。TICAD 1 大会时有 48 个非洲国家、12 个非洲域外国家、8 个国际机构参加，到 TICAD 7 时已经有 53 个非洲国家、52 个非洲域外国家、108 个国际机构参加。日本在主导 TICAD 时，没有局限于日本与非洲国家的范围之内，而是采取了开放式参与的办法，使 TICAD 具有多边性，日本政府在每一届 TICAD 时都在呼吁更多的国家和组织加入 TICAD。多边性增强了 TICAD 的力量，降低了风险。对于主导 TICAD 的日本来说，多边性以及不断扩大的参与者规模还体现了日本的号召力，是日本实现"自主外交"的最好诠释。

二　主体性

TICAD 是针对非洲大陆发展的国际性援助与合作的机制。TICAD 参与方的多边性决定了 TICAD 涉及非洲国家、非洲域外国家、国际机构和组织以及政府、民间企业、非政府组织、非营利组织、市民团体等。在 TICAD 体系中，非洲国家是接受援助与谋求发展的对象，非洲域外国家是提供援助与谋求共赢的对象。与此同时，政府、民间企业、非政府组织、非营利组织、市民团体、国际机构等代表各自的国家和组织具体实施运作 TICAD。

每一个参与方的参与度都直接关系到 TICAD 的成败与否。对于非洲域外国家而言,TICAD 的性质是向非洲大陆提供援助帮助其发展实现国家利益。对于非洲国家而言,TICAD 的性质是接受援助谋求发展实现国家自立。两者的性质都是立足于国际主义原则的。国际主义原则决定了 TICAD 是由每一个参与方组成的共存体系。这种共存的体系决定了 TICAD 必须是一个只有主体没有客体的机制。

TICAD 确定的基本原则是"非洲主人公意识与合作伙伴关系",明确了非洲国家与合作伙伴都是 TICAD 最重要的主体,缺一不可。历届 TICAD 总是不断强调和坚持"非洲主人公意识与合作伙伴关系"原则,其目的就是保持 TICAD 共存体系的完整性以便持续不断地推进 TICAD 进程。

三 草根性

TICAD 认识到每一位普通民众应该是受惠于 TICAD 的主人公,在注重基础设施建设以及强调政府加强治理能力实行善治的同时,还遵循"以人为本的发展"理念,特别强调在行动计划中将解决人类面临的共同问题作为计划任务的重点。TICAD 实施以来一共制定过 5 个行动计划,在每一个行动计划的重点任务中都包含了针对普通民众生活的任务。

例如,《东京行动计划》三大任务之一的在促进社会发展与消减贫困方面致力于促进人类的发展。《横滨行动计划》三个任务之一的落实千年发展目标(MDGs),推进人类安全保障。《横滨行动计划 2013—2017》三项重点任务中的促进女性和青年的作用以及促进人类安全保障。《内罗毕行动计划》三项重点任务中的促进具有强韧性的医疗卫生体系的建设以及建设共同富裕的稳定社会。《横滨行动计划 2019》的深化构建强韧的可持续发展的社会以及强化和平与安定的环境。以上这些都是确保普通民众人身安全以及改善生活环境的内容,是涉及每一位普通民众的"草根性"任务。这种立足于创建安全的生活环境和提高生活水平的"草根性"任务是与非洲大陆普通民众的愿望相一致的。坚持不懈地将"草根性"任务作为重点任务之一也是 TICAD 在非洲大陆得以推进并获得援助国家支持的基础。

另外,"草根性"的任务也面临着巨大的挑战。在可执行性和可操作性方面,相对于大型基础设施建设而言,"草根性"的任务涉及庞大的人群和复杂的实施环境，如何实操完成并取得预定的成果成为 TICAD 艰巨的挑战。

四　监督性

TICAD 是具有国际主义性质的援助与合作的机制，涉及的参与方众多，具有多国性和多样性的特点，涉及的项目和资金以及人群也十分庞大，实施每一个项目的时间跨度大而且程序繁杂。在推进 TICAD 过程中出现的任何问题不仅仅直接给参与方造成损失甚至会引发 TICAD 的声誉和信用问题。腐败问题、官僚主义问题、协调不畅问题、执行能力问题都会有损于 TICAD。TICAD 需要通过具体的行动计划加以体现，要确保 TICAD 进程的顺利，主要是在制定和实施 TICAD 行动计划过程中避免发生问题。建立完整有效的监督体系可以防止问题的发生，可以对已经出现的问题纠偏。

通过查阅 TICAD 1 资料发现，TICAD 1 参与各方形成的 TICAD 共识中并没有涉及为避免发生问题建立监督体系的事项。这是因为在 TICAD 1 时，在如何推进 TICAD 方面还具有不确定性，也没有制定行动计划。TICAD 2 开始有了第一个行动计划。针对行动计划事先专门召开了由 68 个国家和国际机构参加的 TICAD 2 准备会议，设立了由 21 个国家和国际机构代表组成的 TICAD 2 行动计划准备委员会。准备委员会在制定行动计划过程中秉承公开透明的原则对涉及 TICAD 的所有问题进行了讨论和磋商。1998 年 10 月，准备委员会在第 2 次全体会议上提交了"跟踪跟进"机制，并作为一个章节写进行动计划之中，从此 TICAD 建立起"跟踪跟进"机制，对 TICAD 进程和每一个项目实施监督。

TICAD 4 时设置了监督委员会具体负责执行跟踪跟进工作，还制定了参与各方定期会谈机制，通过项目参与各方高级别事务人员的会晤共同解决出现的问题。TICAD 6 时决定在共同事务局、监督委员会以及跟踪跟进会议等三个领域实施跟踪跟进机制。可以看出，TICAD 的进程也是不断完善监督体系的过程。TICAD 的监督性既能够保持参与各方的政府、民间企业、组织乃至民众对 TICAD 的信任而积极参与，又能够避免 TICAD 进程中发生各种问题，是 TICAD 进程不可或缺的保障。

另外，日本政府通过国家公约的形式公开发表针对 TICAD 的援助计划，接受 TICAD 以及日本国民的监督。

第七章 TICAD牵引的日本对非洲外交

TICAD是20世纪80年代初期日本提出"自主外交"理念之后的具体实践，也是日本在冷战后第一次在一个跨洲际地域范围内推动的具有主导性、持续性、综合性的外交活动，对日本外交而言具有开创性的意义。1993年开启TICAD之后，为了推动TICAD进程，日本在协调参与各方落实TICAD的同时，针对TICAD行动计划做出具体的承诺，并不遗余力地采取了各种配套措施。TICAD不仅成为日本对非洲外交活动的核心，而且已经成为日本最大规模的外交活动。

在TICAD的牵引下，日本在政治、经济、文化、人员交流等领域展开对非洲的外交活动。

第一节 TICAD磨合期的日本对非洲外交

TICAD 1到TICAD 3是试行和磨合TICAD机制的阶段。这一阶段，日本对非洲外交的目标是确立TICAD机制与推动TICAD进程，对非洲政治、经济与文化等外交活动都围绕着这一外交目标而运作。

在政治方面，日本与非洲国家以及非洲跨国性组织之间保持良好的政治互信，积极发展双边之间的政治关系是构建TICAD的根基，日本通过首脑外交、政府搭建企业投资非洲的平台、参与非洲维持和平活动等政治外交夯实TICAD的根基。但是仅有政治外交还不能推动TICAD持续稳定进程。TICAD的最终结果之一是要实现非洲大陆的自我发展。在经济方面，实施经济援助以及帮助非洲搭建能够自立的经济体系是推动TICAD进程的手段，日本以加大政府开发援助力度等经济方式，以身作则带头做好对非洲地区援助工作完成对TICAD的承诺。但是，TICAD决定经济援助与非洲国家的民主化和政府的善治挂钩之后，政府开发援助甚至由政府搭桥的企业投资都蒙上了浓郁的政治色彩，就连日本民间企业的贸易活动也被冠以帮助非洲国家发展的政治意义。经济外交与政治外交的界限变得模糊。在文化和人员往来方面，日本还通过向非洲地区派遣技术和教育等专业人员、接收非洲青年赴日本研修、促进人员往来和交流等方式开展文化外交。

一 TICAD 1下的日本对非洲外交

在TICAD 1期间，时任内阁总理大臣细川护熙提出了日本针对TICAD 1全局性工作的三个重点方向，指出："借此次会议的机会，我们国家今后将重视加强与非洲各国的关系。对此我们考虑，第一，我国高度评价非洲各国自身选择的正在进行的改革。我们将继续积极支持非洲各国在政治和经济两方面所进行的改革，作为其中一环，我国将通过参与联合国等国际组织合作的方式，为在非洲地区发挥更大更重要的政治作用而努力。另外，在经济方面，从整体充实我国政府开发援助（ODA）的观点来看，我国决心从1993年开始在5年内努力将ODA的总额从700亿美元提高到750亿美元。第二，基于我国的开发援助经验是从人到人，为此，我们将积极致力于支持非洲的人才培育。特别是要促进担负着未来的年轻人之间的交流。另外，开发援助必须和人们实现更美好的生活联系在一起，从这个意义上来说，我们也会特别关注非洲地区的环境问题。第三，我国将与非洲各国双方共同努力，要超越援助国与被援助国的关系，从而构建'好朋友的关系'。我国为了促进与非洲各国的交流，增进相互之间的了解和理解，在召开此次会议的同时，还将举办'非洲周'和重点介绍非洲的'国际合作节'活动。"[①]细川护熙的演说既是促进国际社会与非洲国家合作的呼吁，也是日本作为表率首先向国际社会与非洲国家做出的日本承诺。

根据TICAD 1的三个重点发展方向，日本外务省具体提出了五项施策

---

① 内阁总理大臣细川护熙在TICAD 1上所做的演说，1993年10月5日。

措施。第一，日本将进一步协助非洲国家政治进程的良性发展。近期将向莫桑比克派遣维和队员。第二，日本将继续积极支持非洲各国的经济改革。对撒哈拉沙漠以南高债务及低收入国家实施特别援助计划（SPA）以及经济结构调整计划（ESAF）予以强烈的支持，从1993年开始3年内提供6.5亿—7亿美元非项目（Non-Project）无偿援助资金。第三，日本将积极开展培育非洲地区人才的活动。实施"非洲青年邀请计划"，每年邀请100名担负非洲未来职责的非洲青年访问日本，加强与日本青年的交流。以"亚洲的经验与非洲的发展"为主题，举办亚非研讨会。第四，日本将更加关注和致力于非洲地区的环境问题。制定为解决撒哈拉沙漠以南国家的地下水开发以及水供给问题，在未来3年内提供2.5亿—3亿美元无偿援助资金的合作计划。第五，日本将效率和效果作为对非洲开展援助活动的目标。按照上一年制定的政府开发援助大纲的理念和原则，根据非洲各个国家的发展阶段和现状提供相适应的细化性援助。针对援助工作加强各方政策对话机制，准确把握非洲各国的需求，积极地落实相对应的经济合作任务。

日本在参与维持和平活动、向进行市场经济改革国家提供援助、培育非洲人才、加强亚非合作交流以及改善生活环境等方面，明确了对TICAD 1承诺的具体内容。

如果对TICAD 1中日本内阁总理大臣的演说以及日本政府的表态加以分析的话，可以明确地看出日本已经决心调整对非洲政策，将对非洲的外交政策调整到战略的高度，同时也可以清晰地看出日本实施TICAD所要实现的六项意图。第一，日本强调加强与所有非洲国家的关系，改变过去那种偏向传统关系国家的做法，试图针对整个非洲大陆开展全方位外交。日本要以新的形式和姿态进入非洲。第二，发挥政治作用是日本要突破以往倚重单纯的经贸关系的做法，试图与非洲各国构建全面性的新型关系。第三，提供开发援助是日本推动TICAD顺利进行的利器，力求借此利器推进与非洲各国的关系。第四，注重培育非洲人才是日本面向未来的日非关系，力求奠定日本施加影响力的基础。第五，构建好朋友的关系是为了我能帮你，你也需要帮助我。第六，TICAD采取由日本主导以及联合国、非洲各国等多方共同参与的方式，是日本力图发挥国际作用提高国际地位希望实现"自主外交"。

TICAD 1 是一个只有共识没有制订行动计划，为推进 TICAD 的准备会议。在这种情况下，TICAD 1 之后的 5 年内，日本按照 TICAD 1 上内阁总理大臣提出的三个重点方向和相对应的五项施策措施的要求落实 TICAD 1 工作。

TICAD 1 之后，日本吸取海湾战争时"只出钱不出力"的失败教训，开始在派遣人员参加援助活动方面加大气力。1994 年 4 月，日本在南非制宪选举中派遣了 40 多名选举监督员，在参加联合国在莫桑比克的维和活动（ONUMOZ）中，派遣了总计 169 名司令部人员、运输部队人员以及选举监督员。这是日本自卫队在非洲参加的第一个维和行动。同年，外务政务次官东详三以及防卫厅长玉泽德一郎多次访问莫桑比克。日本向莫桑比克提供 1.3 亿日元的物资援助。这一时期，在人员派遣方面，日本在非洲地区实施的最大规模行动是向卢旺达提供人道主义救援活动。卢旺达危机发生之后，日本前后两次派遣政府调查团以及政党调查团前往卢旺达调查当地情况，之后决定实施人道主义救援行动。1994 年 8 月到 12 月，日本以"国际和平协力队"的名义向扎伊尔和肯尼亚的卢旺达难民营地派遣了 400 名自卫队员，开展医疗、防疫、给水、运输等方面的工作。这是日本第一次实施人道主义救援活动。另外，日本的 NGO 组织、NPO 组织以及青年海外协力队也都参与了人道主义救援活动。

以非洲的人道主义救援活动为契机，日本以人的参与为核心的外交活动变得主动和积极。与此同时，日本还向联合国难民事务高级专员办事处（UNHCR）以及援助卢旺达难民的非政府组织提供了 6655 万美元的资金以及 1.9 亿日元的物资援助，向涉及卢旺达危机的有关国家提供粮食援助，向无国界医生组织、非洲教育基金会等国际非政府组织提供约 1.2 亿日元的援助。可以看出，1992 年实施的《有关联合国维持和平活动协力法》（PKO 法）为日本派遣人员特别是派遣自卫队员活动开启权限的闸门之后，因社会动荡出现各种危机的非洲大陆成为日本实践 PKO 法的最主要地区。日本通过在非洲大陆的 PKO 活动，积累了 PKO 经验，树立了新的国际形象。

在派遣人员的同时，日本还通过资金和物资援助的形式直接参与非洲国家的政治活动，在中非选举活动中日本提供的资金额仅次于法国，还向利比里亚总统和议会选举活动提供物资援助。1993年11月，尼日利亚军人接管政权之后，日本马上宣布在尼日利亚恢复文官政府实施民主化之前，停止除人道主义救援之外的一切经济援助。这是日本将政府开发援助与政治相挂钩后实施的第一例。1994年4月，南非曼德拉政权诞生之后，日本马上派遣经济合作代表团访问南非并决定实施"援助南非计划"，在2年内提供总计13亿美元的援助。

1995年10月，科特迪瓦举行总统和议会选举，坦桑尼亚举行选举时，日本对选举给予了资金支援并派遣了选举监督员。日本召开了"纷争后国家建设之路"国际研讨会，还与联合国一起在东京举办了以"非洲和平与发展"为主题的有关纷争问题高级别研讨会，针对纷争的原因、特征、预防和解决方案以及人道主义援助等问题进行了讨论。会议决定继续向卢旺达提供2725万美元的人道主义支援、9亿日元的粮食援助以及医疗设备的援助。

1996年11月，由于内战爆发扎伊尔东部地区发生难民危机之后，日本针对联合国提出的大湖地区紧急呼吁，向联合国难民事务高级专员办事处（UNHCR）提供了2152万美元的难民援助，并向在当地开展救援活动的日本NGO组织提供支援。向卢旺达提供4亿日元粮食援助以及向联合国卢旺达信托基金提供500万美元的支援。向非洲统一组织（OAU）和平基金以及中部非洲促进信赖基金提供资金援助。

除人道主义紧急救援之外，日本加大对非洲地区的教育援助，3年内接收3000名非洲青年访日研修。针对到2015年为止非洲适龄儿童普及初等教育计划，从1996年开始3年内提供1亿美元的援助。在医疗卫生方面，通过世界卫生组织非洲区域办事处向2000年根绝脊髓灰质炎计划提供疫苗、技术以及专家服务。在促进亚洲与非洲地区合作方面，日本向联合国开发计划署（UNDP）的育人开发基金提供200万美元的援助，与联合国开发计划署一起在泰国曼谷举办了第二届亚非论坛，在津巴布韦哈拉雷举办了东部及南部非洲地区区域发展研讨会。

这一期间，日本还邀请乌干达总统穆塞韦尼、贝宁总统索格洛、加蓬总统邦戈、埃塞俄比亚梅莱斯首相、科特迪瓦敦坎首相、纳米比亚总统努乔马、坦桑尼亚总统姆卡帕、卢旺达总统比齐蒙古、南非副总统姆贝基访日，积极开展元首外交活动。

通过梳理上述 TICAD 1 期间日本对非洲地区的外交活动，可以看出这一时期，日本对非洲的外交重点是人道主义救援活动以及参与联合国维和活动。以日本为救助非洲难民投入的援助金额为例，TICAD 1 之前的 1992 年为 5000 万美元，1993 年为 7338 万美元，实施 TICAD 1 之后的 1994 年达到 1.1 亿美元，1995 年和 1996 年两年也分别达到 9813 万美元和 1.2 亿美元。

这一时期日本之所以积极参加人道主义救援活动以及参与联合国维和活动：第一，乌干达等国家发生了严重的人道主义危机。日本将向难民提供人道主义援助确定为国际贡献的重要一环，是日本外交的重点。第二，相比一般的政府开发援助而言，参与人道主义救援活动更能赢得当地民众的好感。这一点在实施 TICAD 的早期尤为重要。第三，日本通过人道主义救援活动以及参与联合国维和活动，可以直接投入人员的参与，是日本吸取了海湾战争时"只出钱不出力"教训的结果。第四，日本将保持非洲地区的政治安定、推动民主化和善治作为支援非洲的重点方向，而人道主义救援活动以及维和、监督选举等活动与重点方向非常契合。

另外，对于 TICAD 1 时提出的给予援助的具体承诺，日本针对撒哈拉沙漠以南高债务及低收入国家实施特别援助计划（SPA），向加纳、肯尼亚、马拉维、马里、贝宁、多哥等国家提供了 1511.6 亿日元援助，针对经济结构调整计划（ESAF），向 32 个国家提供了 1872 亿日元非项目（Non-Project）无偿援助资金。不能说提供资金援助就完全体现了对两个计划的承诺，但是，日本提供的资金在一定程度上帮助部分非洲国家发展经济缓解了债务压力，帮助部分非洲国家调整经济结构改变了外贸严重依靠初级产品出口的状况。

二 TICAD 2 下的日本对非洲外交

TICAD 2 制订了面向所有 TICAD 参与国的《东京行动计划》，计划明确了具体的任务目标和执行方针。与《东京行动计划》相配套，日本政府发表了日本相对应的计划。

日本的行动计划设定了 5 项任务目标。第一，在促进社会发展方面，遵循日本政府开发援助始终提倡和贯彻的"以人为本的发展"理念，以提高人们生活水平为前提充实基础教育、改善医疗卫生服务、确保清洁充足的供水。第二，在经济发展方面，致力于培育民间组织，召开亚洲和非洲企业对话交流会，促进亚非国家经济界之间的民间交流与合作。着力于非洲农业问题以确保可持续的粮食和农业生产。致力于解决非洲债务问题实施债务救济。另外，针对非洲旅游产业，对培育旅游人才提供支援。第三，在构建和巩固发展基础方面，日本致力于帮助非洲国家实现民主化，与联合国开发计划署（UNDP）合作，对提高政府透明度以及信息公开等方面提供支援，向非洲统一机构（OAU）纷争预防管理解决机制提供支援，继续支援联合国难民事务高级专员办事处（UNHCR）开展的非洲难民救援活动。第四，在南南合作方面，定期组织召开亚非论坛，保持亚非两个地区开展政策对话的机制，实施非洲人才培训计划。第五，在强化非洲国家与合作伙伴之间关系方面，与其他援助国家合作共同搭建非洲人才培育基地网络，对非洲、亚洲以及援助国家的研究机构之间构建非洲发展研究和非洲人才培养事业网络提供支援。另外，还促进了日本国民与非洲的交流。

上述 5 项任务目标基本上是以保持政治安定与促进经济社会发展为核心而设定的。这些目标一是需要切实符合非洲国家现实需求，二是需要有效的行动予以落实。只有符合非洲国家的需求并实现了既定的目标才能真正称得上对非洲国家有益处，这对第一次按照 TICAD 行动计划要求执行任务目标的日本来说深感责任重大。在 TICAD 2 期间，日本针对上述 5 项具体任务努力予以落实。

第一，在社会发展方面，日本分别在教育、医疗卫生和生活安全用水三个方面落实 900 亿日元的无偿援助资金计划，解决了 240 万名学龄儿童的教育设施问题，解决了 290 万人的生活用水安全问题，整备基层卫生所并向将近 2.2 亿人提供脊髓灰质炎疫苗以及避孕用品服务。日本派遣医疗卫生方面的专家，在马拉维开展医疗卫生调查活动实施卫生教育，向尼日利亚和马拉维派遣传染病对策专家。日本还与世界卫生组织合作在肯尼亚和加纳设立了治疗疟疾等寄生虫病的医疗研究中心并建成医疗卫生人才基地，派遣专家培训预防传染病人员，还向尼日尔、肯尼亚等国派遣青年海外协力队从事根治脊髓灰质炎工作。日本先后两次召开预防艾滋病对策南南合作会议，决定将预防艾滋病作为在非洲地区工作的重要内容，在尼日利亚、赞比亚、南非、肯尼亚等国开展防治艾滋病的教育工作。2001 年，日本还通过联合国人类安全保障基金向肯尼亚提供因长期干旱造成的粮食紧缺以及孕产妇幼儿医疗保障，向在博茨瓦纳从事艾滋病等传染病预防和治疗的 NGO 以及青少年传染病教育活动提供援助。

第二，在经济发展方面，日本与马来西亚政府以及联合国工业发展组织（UNIDO）共同设立了"亚洲非洲投资及技术转让信息中心"。在日本政府与当地政府的组织协调下，举办了两届"非洲亚洲经贸合作论坛"。1999 年 10 月，在马来西亚举办的"第一届非洲亚洲经贸合作论坛"，共有 23 个非洲国家的 110 家企业以及 6 个亚洲国家的 120 家企业参加，签署了 2000 万美元的合同。2001 年 7 月，在南非举办了"第二届非洲亚洲经贸合作论坛"，共有 17 个非洲国家的 108 家企业以及 6 个亚洲国家的 60 家企业参加，签署了 8000 万美元的合同。

针对非洲的农业生产，日本与国际水稻研究所一起在西非和东非共同开展稻米增产的合作，培育适合非洲地区的高产杂交水稻新品种。在科特迪瓦开展小规模灌溉农业计划，推广和普及稻作栽培。针对非洲债务问题，日本扩大了债务救济对象国的范围，将对象国扩大到 28 个非洲地区最不发达国家，并针对非洲地区最不发达国家的高额债务，2001 年和 2002 年连续两年分别实施 58 亿日元和 46 亿日元的债务救济，向世界银行多国间债务救济基金提供 2 亿美元的援助。针对 22 个重债务贫困国家（HIPCs）因 ODA 引起的债权实施 100% 减免率计划，对非 ODA 债权实施逐步扩大到 100% 减免率的计划，债权减免总额为 48 亿美元。同时，1999 年 8 月，日本与世界银行一起主办了重债务贫困国家债务管理研讨会，实施了非洲财政和金融管理人才培训计划，帮助非洲国家培养财政及债务管理人员。

在促进非洲国家贸易方面，以扩大初级产品出口为导向召开了非洲和亚洲企业之间的对话会，引导非洲国家实现初级产品多样化。在促进向非洲地区投资方面，对博茨瓦纳、加纳、马达加斯加等国家开展改善投资环境计划。召开了亚洲与非洲企业界的圆桌会议，实施亚洲对非洲直接投资的需求评估项目计划。

第三，在构建和巩固社会发展基础方面，日本通过联合国难民事务高级专员办事处、世界粮食计划署（WFP）以及国际红十字会（ICRC）向莫桑比克和卢旺达难民提供援助。日本提出为了彻底解决难民问题，不能仅仅依靠人道主义援助。为了防止纷争的发生以及归乡难民再次沦为难民，在对政治稳定与社会安定等方面进行支援的同时，还有必要针对解决纷争、人道援助、支持复兴、促进发展等体系建设进行援助，要强化政府、国际组织以及NGO之间的合作。

为了解决非洲纷争问题，在TICAD 2期间举办了多次国际研讨会。1999年，日本与联合国在东京举办了有关预防纷争的国际研讨会，针对纷争的早期预警、预防能力以及NGO的作用等问题进行了讨论，并形成了联合国意见报告书。2000年11月，在东京举办了非洲童军回归社会的国际研讨会，并向非洲有关国家派遣了专家。2001年2月，以"非洲纷争以及和平共存的文化"为题召开政策研讨会，来自非洲国家的首脑、政府官员、学者以及联合国、欧美等研究机构的专家参加了会议。2002年3月，日本与非盟、联合国非洲经济委员会、世界银行以及非洲开发银行一起共同举办了"非洲国家的政治社会与政府善治国际研讨会"，围绕民主化以及政府善治、国家建设等问题展开了讨论并提交了政策性提案。日本还与南非一起在比勒陀利亚举办了预防纷争国际研讨会，针对纷争与政府善治的关系进行了交流。

通过上述在几年时间内密集召开国际研讨会的做法可以看出，日本这一时期，在TICAD 1期间实施人道主义救援活动的基础上，开始着重在政策层面研究和探讨解决纷争问题，反映出日本在联合国索马里维和出现问题之后，开始对非洲地区的纷争以及人道主义救援的本质进行重新思考，试图在采取人道主义救援行动的同时能够在政策上寻求一条解决纷争的可行之路，彰显日本的政治影响力。

另外，塞拉利昂内战问题恶化之后，1998年12月，西非维和部队驱逐军政府之后，日本向联合国塞拉利昂信托基金提供96万美元的援助，用于童军回归社会的心理救助、教育以及职业训练等方面。2000年8月，根据联合国安理会第 1315 号决议设立塞拉利昂特别法庭之后，日本提供了 50 万美元的活动经费。2002 年 5 月，塞拉利昂重新举行大选，日本向联合国人类安全保障基金提供 309 万美元的援助，用于退役军人的职业训练和培训计划。日本还向非盟和平基金和非盟主办的有关女性、儿童、难民以及国家再建的宣讲活动提供资金和物资支援。

在非洲国家民主化和政府善治方面，日本连续 5 年在非洲地区以"非洲国家民主化"为题举办讲座活动，并在法语圈 10 个国家、英语圈 5 个国家以及南部非洲、中部非洲和东部非洲轮流举办，基本涵盖了所有的非洲国家，从 1999 年开始还连续 3 年实施了非洲国家议会议员研修计划。与此同时，日本向联合国开发计划署主持的非洲国家善治计划提供资金援助，向 1999 年 6 月在马里举行的第三届"非洲善治论坛"以及 2000 年 9 月在乌干达举行的第四届"非洲善治论坛"分别提供 30 万美元和 33 万美元的援助。

另外，2000 年 12 月，在贝宁召开的联合国"第四届新生民主国家及恢复民主国家国际会议"上，日本还承诺对从事推动非洲国家民主化工作的组织以及对正在进行民主化的国家给予支援和援助。在 1998 年到 2001 年期间，日本向非洲统一组织的纷争预防管理解决机制提供了 85.4 万美元的资金援助，1998 年向联合国难民事务高级专员办事处（UNHCR）开展的非洲难民救援活动提供了 150 万美元的援助，支持利比里亚、塞拉利昂、马里、多哥等七国的回乡难民自立计划。日本通过国际组织向莫桑比克、安哥拉、乍得等国的消除地雷作业活动提供了资金和技术支援，通过联合国地雷对策支援信托基金分别向埃塞俄比亚和厄立特里亚提供了 106 万美元、向苏丹提供了 40 万美元的资金援助。

第四，在促进南南合作方面，实施了南南合作研修计划。日本通过派遣专家和提供资金，5 年内在北非以及印度尼西亚"南南技术合作中心"共计培训 2000 名非洲青年。2000 年 5 月，在马来西亚举办了第三届亚非论坛，针对组织能力建构、农业开发、民间组织开发等问题进行了讨论。针对非洲地区的人才培育、森林利用、农业开发等方面，实施了日本、马来西亚与法国三国的合作项目，分别在马达加斯加实施了育林计划，在马拉维和莫桑比克开展粮食增产计划，向非洲派遣农业和林业专家。这一时期，日本还与联合国开发计划署共同在喀麦隆、坦桑尼亚、赞比亚等国实施加速非洲 IT 产业项目，派遣了技术专家。通过开展南南合作，向坦桑尼亚、南非提供艾滋病血液检查器材。

第五，强化非洲国家与合作伙伴之间的关系方面，日本与法国和马来西亚合作，在肯尼亚乔莫·肯雅塔农业科技大学等大学设立了非洲人才培育基地，开始实施 20 年的三方合作计划，并提供 100 亿日元的援助。以此为基础在非洲国家推进培育人才工程。1999 年，通过财团法人国际开发高等教育机构（FASID）事务局搭建了针对非洲发展问题的国际研究网络平台，2000 年组织联合喀麦隆等 6 个国家的研究机构共同开展了以"全球化与贫困问题"为主题的研究活动，在非洲六国开展了土地制度、法律、传统习惯、市场等方面的研究调查。2002 年，组织联合马拉维、乌干达等 4 个国家的研究机构共同开展了以"绿色革命"为主题的研究活动，围绕着粮食增产增收问题进行了调查。与肯尼亚、马拉维等 4 个国家的研究机构一起共同开展了"为消除贫困的环境保护和自然资源管理"的调查活动。这一时期，在日本各大城市还举办了有关非洲发展以及非洲文化的展览和讲座，获得了日本国民对非洲外交活动的支持。

在上述落实 TICAD 行动计划开展的外交活动之外，日本还积极开展元首外交。这一期间，安哥拉总统多斯桑托斯、尼日利亚总统奥巴桑乔、马里总统科纳雷、南非总统姆贝基、莫桑比克总理莫昆比、加纳总统库福尔、博茨瓦纳总统莫加埃、塞内加尔总统瓦德访问了日本。2000 年 7 月，日本担任 G8 主席国期间在 G8 九州·冲绳峰会时邀请非洲国家首脑列席了会议。2001 年 1 月，时任日本内阁总理大臣森喜郎出访南非、肯尼亚、尼日利亚三国。这是历史上日本总理大臣在任职期间首次访问非洲，对日本和非洲国家而言具有重大的政治意义。森喜郎访问非洲时在南非以"新世纪的非洲与日本"为题发表了日本对非洲政策的谈话[①]，强调不解决非洲问题就没有 21 世纪的安定繁荣，同时表示：第一，日本会始终致力于解决非洲问题，非洲外交是日本外交最重要的课题；第二，开发与预防纷争

---

① 森喜郎総理によるアフリカ政策スピーチ "新世紀のアフリカと日本"，https://www.mofa.go.jp/mofaj/press/enzetsu/13/ems_0109.html，2001 年 1 月 9 日。

是日本对非洲援助的两个重点方面，强调预防纷争不是依靠武力，而是通过对话和成熟的民主主义，并使民主向经济发展方向转变；第三，日本与非洲开展心与心的交流，促进民众之间的往来，在双方广泛交流的基础上发展新型日非关系。

2002年6月，时任内阁总理大臣小泉纯一郎与非洲驻日本外交使节团举行恳谈会，并以"日本与非洲的团结"为题发表对非洲政策谈话，但是谈话中并没有新的内容，只是再一次强调了将开发与预防纷争作为日本对非洲援助的两个重点方向。8月，外务大臣川口顺子访问安哥拉、埃塞俄比亚和南非，这是日本外务大臣时隔18年后再次访问非洲。川口顺子在访问期间再一次重申了亚非合作、以人为本的发展、促进和平稳定的重要性。9月，小泉纯一郎总理大臣在出席全球可持续发展约翰内斯堡峰会时顺访南非。在非洲期间，小泉纯一郎所发表的涉及非洲的讲话中没有新的内容，只是再一次指出不解决非洲问题就没有世界的安定与和平，表示日本政府将继续执行森喜郎政府提出的对非洲政策，尽最大可能地为非洲的可持续发展做贡献，体现了小泉纯一郎政府保持了对非洲政策的连贯性。2003年5月，总理大臣小泉纯一郎与非洲驻日本外交使节团再一次举行了恳谈会，表明日本将继续加强对非洲的援助，并对《非洲发展新型伙伴计划》（NEPAD）进行支援。TICAD 2期间，日本现任首相连续两年访问非洲以及会见非洲驻日本外交使节团，显示了日本越来越重视非洲地区的外交工作。

TICAD 2期间日本对非洲地区外交活动的重点是政治外交。尽管日本强调开发与预防纷争是援助的两个重点方向，并对非洲的社会发展和经济发展提供了资金等援助，但是，对非洲外交活动的中心工作主要是针对构建和巩固社会发展基础而展开的，是以推动非洲民主化进程与政府善治的政治外交为主的。这一时期，日本出乎寻常地连续5年举办了民主化讲座，并开展了非洲议员研修工作，举办了多场预防纷争国际研讨会，这些都是政治外交的具体表现。原本在世界各地专注于经贸活动的日本开始热衷于非洲国家的民主化进程，并利用援助性质的TICAD机制进行参与，将TICAD政治化。

日本之所以将推动非洲民主化进程与政府善治作为这一时期工作的重

点，是因为日本认为有责任和义务帮助非洲国家实现民主化和善治，认为应该义不容辞地对"非洲发展新型伙伴计划"（NEPAD）中提出的政治意愿①提供帮助，更认为民主化道路是 21 世纪国际社会的必由之路，在处理全球化问题中需要加强国际社会的协调，日本要担负起应尽的责任。

日本在 2001 年的《外交蓝皮书》中专门以"人权与民主主义"为题目论述了日本对推动民主主义以及维护人权的理念，指出："包括日本在内的民主国家实行的自由民主、尊重基本人权、市场经济、多边自由贸易等价值观和制度，在 20 世纪后半期的国际社会中获得了更广泛的认同感……为了应对 21 世纪国际社会面临的各种各样的问题，国际社会之间的协调是必不可少的。民主国家必须合作分担责任。日本也有必要积极参与其中。"②"联合国人权委员会针对各种人权问题进行了多次的讨论和审议……在这些场合，日本在亚洲各国、非洲各国以及其他地区各国之间发挥了桥梁作用，为讨论做出了贡献。""日本历来以'为了民主发展的伙伴关系'的理念为基础，致力于促进发展中国家民主化进程以及维护人权的工作，为完善法律制度和选举制度以及司法行政执法人员的研修活动等提供援助。"③ 这是日本《外交蓝皮书》第一次将人权与民主作为单独的内容加以阐述。2002 年的《外交蓝皮书》中继续强调了日本在人权和民主化进程中的作用。日本认为非洲问题的核心是社会和经济发展问题，社会和经济发展的基础是政治稳定问题。政治稳定的途径是实现民主化和政府善治。日本是按照这一逻辑思维对非洲问题进行判断的，这就不难看出在这一时期日本热心关注非洲国家民主化的原因。

将 TICAD 1 期间与 TICAD 2 期间日本对非洲外交活动的重点加以比较，TICAD 1 时是人道主义援助，TICAD 2 时是推动非洲民主化进程与政府善治。如果说 TICAD 1 时的人道主义援助活动体现了尊重生命遵循平等原则的话，那么 TICAD 2 时的推进民主化活动已经非常明显地带有浓厚的

---

① 2001 年的《非洲发展新型伙伴计划》（NEPAD）决议报告中以"非洲首脑们的新政治意愿"为题阐述了民主和善治问题，指出非洲国家所有指导者和领袖必须在推进民主化进程、保护人权、预防纷争、强化法律秩序与执行能力等政治领域共同担当的责任，https://www.un.org/en/africa/osaa/pdf/nepad/nepad.pdf。
② 外務省『外交青書（2001）』第一章"総括"，"21 世紀を迎えた国際社会"。
③ 外務省『外交青書（2001）』第二章"分野ごとの日本外交"。

政治含义。这一变化意味着日本主导下的 TICAD 已经不是一个单纯的提供经济援助与合作的平台和机制,以帮助非洲地区发展为目的的 TICAD 开始变得政治化。从这个意义上来看,日本通过 TICAD 实现"自主外交"的目标之后,开始将政治目标嵌入整个 TICAD 环节中,利用 TICAD 机制开展政治性活动。从 TICAD 2 开始,TICAD 的政治性功能越来越强烈。

另外,2000 年日本在莫桑比克设立了大使馆,这是 1980 年之后日本在非洲大陆设立的第三个大使馆。2001 年 7 月还在南非举办了第二届亚非经济论坛,5 个亚洲国家的 72 家企业以及 17 个非洲国家的 158 家企业参加了会议,签署了金额为 80 亿美元的 97 项商业协议。

三 TICAD 3 下的日本对非洲外交

TICAD 3 通过了《TICAD 十周年宣言》,没有制定行动计划。但是 2002 年 6 月 G8 加拿大卡纳纳斯基斯峰会时通过决议,确定将"非洲发展新型伙伴计划"(NEPAD)的部分计划作为 G8 成员援助非洲的方针之后,根据这个方针,日本确定了 TICAD 3 期间的三个重点方向。第一,对保持非洲和平稳定行动进行综合性支援。具体包括构建和巩固社会发展的基础、推进纷争地区的和平进程以及持续不断的复兴发展等三个领域。第二,对通过经济成长消减贫困进行支援。具体包括借鉴亚洲发展经验促进非洲的贸易与投资、农业基础设施建设以及技术合作等两个领域。第三,对以人为本的发展提供支援。具体是营造适合非洲持续发展的人类环境。为此,时任内阁总理大臣小泉纯一郎在 TICAD 3 大会上特意表示:"日本为了担当对《非洲发展新型伙伴计划》(NEPAD)支援的先锋,将在保持和平稳定、通过经济成长消减贫困、以人为本的发展三个重点方向开展对非洲的援助,这些重点是与《非洲发展新型伙伴计划》所揭示的优先发展目标相一致的。"[①]

针对以上三个重点方向,日本在 TICAD 3 期间具体在非洲地区开展了以下外交活动。

第一,在保持和平稳定方面,通过新设立地雷信托基金、预防纷争构

---

① 内阁总理大臣小泉纯一郎在 TICAD 3 上所做的演说,2003 年 9 月 29 日。

建和平无偿援助项目、联合国消除小型武器基金、人类安全保障基金、草根性人类安全保障无偿援助项目等方式制定促进和平进程的新方案。向联合国实施的非洲维和任务提供了 5.3 亿美元的资金援助。

向西非国家经济共同体（ECOWAS）主办的利比里亚和平圆桌会议提供了 10 万美元的支持，向联合国难民事务高级专员办事处（UNHCR）利比里亚行动提供了 100 万美元的援助，向从事利比里亚和平事业的组织和项目提供了 1000 万美元的援助。在苏丹达尔富尔地区实施紧急人道主义救援活动，派遣了政府职员和专家，分别向联合国难民事务高级专员办事处提供了 4000 万美元、向国际红十字会提供了 272 万美元的援助。向刚果（金）提供了 4 亿日元构建和平无偿援助项目基金，用于东部地区的解除武装、复员遣散武装人员以及回归社会项目。对安哥拉实施复兴援助计划，提供了 5.8 亿日元援助，用于解除武装人员和难民的归乡及回归社会项目。通过联合国排雷行动处向提高处理地雷能力项目提供了 65 万美元的援助。向接收难民并为难民提供教育和医疗服务的赞比亚构想项目进行了援助。向联合国难民事务高级专员办事处、联合国儿童基金会、世界粮食计划署以及国际红十字会提供了 4.8 亿美元的资金支援，用于非洲地区的人道主义救援活动。向非盟主持的 NGO 组织和平教育事业提供了援助，向布隆迪非盟特派团以及非盟构建纷争早期预警系统提供了援助。向科特迪瓦纷争调解会谈提供了支持。

另外，在人类安全保障基金项目上，向几内亚国境冲突中的受灾民众提供了 100 万美元的支援，向接收安哥拉战争难民的国家提供了 130 万美元的支持。在草根性人类安全保障无偿援助项目方面，向积极建设安全并有活力的综合性社区计划提供了援助。在推进民主化和政府善治方面，继续开展了议会议员的法律研修计划，向一些国家的立法会派遣了法律专家，帮助立法以及开展法律培训工作。对提高公开透明的行政体系的能力建设提供了支持。针对顺利准确实施非洲国家相互审查机制（APRM）提供了援助。

第二，在通过经济成长消减贫困方面，基于非洲绝大多数民众从事的主要产业是农业的现实，以提高农业生产率为目标开展了援助活动，在基础设施建设以及贸易投资领域进行了支援。同时，针对接受债务救济的非洲国家进行有效资源分配促进经济成长开展了技术指导。

向粮食增产项目提供资金援助。在埃塞俄比亚为了改善农产品运输条件投入8140万美元进行了国家干道的整修工程。为了提高非洲稻米生产,向马里、塞内加尔、加纳、莫桑比克等10个国家派遣了技术专家帮助改良稻米品种以及普及最新的水稻种植技术,增大灌溉面积。针对发生粮食危机的埃塞俄比亚和厄立特里亚等国,通过世界粮食计划署以及两国间紧急救援协议提供了6000万美元的粮食援助。向农村合作型社区建设项目提供援助,帮助农民建设小型灌溉设施和农用道路。扶持生态环境保护事业,向马里农业综合开发计划、肯尼亚半干旱地区植树造林项目以及塞内加尔海岸沙丘造林项目提供支援。向运输、通信、能源和给水等四个领域基础设施建设提供资金和技术援助。在促进非洲经济加速融入世界经济项目上提供支持和帮助。放弃重债务贫困国家因为政府开发援助日元贷款产生的债权,同时向这些国家提供教育、医疗卫生以及社会基础设施方面的援助。向世界银行开发政策与人才培育基金提供资金援助。向非洲国家提供技术援助。

与此同时,继续举办亚非经济论坛促进亚洲企业向非洲国家投资。举办了亚非官民合作论坛以及亚非贸易投资会议。促进官民合作,向在非洲投资的日本企业提供融资服务。TICAD 3期间,针对最不发达国家向日本出口商品实施减免关税计划,198个农产品、水产品品目实施无关税准入机制,其中约93%的出口商品实现了无税化。

第三,在以人为本的发展方面,以接受教育和健康生活为目标营造人类发展环境。提供了10亿美元的无偿资金援助用于医疗卫生、安全给水、教育等领域。向世界艾滋病、结核病、疟疾基金提供约2.7亿美元的援助用于非洲地区防治疾病,提供100万顶蚊帐用于预防疟疾传播,提供8000万美元用于非洲的脊髓灰质炎的防治工作。另外在传染病疫苗项目上提供技术以及接种服务帮助,在农村和社区基层医疗人才培育方面提供支持。在传染病预防方面注重草根性NGO的作用并向从事预防工作的国际NGO组织提供支援。

立足于改善民众的生活环境,向贝宁、马里、马达加斯加、斯威士兰、乌干达等10国提供了水资源无偿援助资金,与法国和美国合作在马里、尼日尔和塞内加尔三国实施了塞内加尔河综合治理项目,在吉普提开展给水设施合作项目。针对低收入国家的教育事业提供 20 亿美元的资金。针对非洲青少年的教育事业,以普及初等教育为目标实施综合性配套服务计划。提供教育研修项目培训从事中等/初等教育的教师,在学校基础设施方面建设和改善给水设备以及公共卫生间。在塞内加尔和乌干达等国设立日本职业培训中心,开展汽车、电气等职业培训项目。另外,在通信网络建设方面提供了技术支持与物资援助。

在 TICAD 3 期间,除去上述日本对应开展的 TICAD 计划项目之外,日本还成立了日非友好议员联盟,2004 年,16 名国会议员访问了 17 个非洲国家。同年,外务省在所有驻外使领馆开设了"日本企业支援窗口",并在一些驻外使领馆设置了支援日本企业担当官,专门负责支援所在国家的日本企业。在非洲地区的日本企业大约有 320 多家。由于 NGO 组织的增多与日益活跃,日本为了加强 NGO 组织与政府的合作,2002 年建立了 NGO 组织与驻外使领馆定期协议会制度,2004 年开始在肯尼亚等非洲国家实施,为促进日本 NGO 组织在非洲发挥更大的作用。

2004 年 4 月,日本为了促进亚非民间企业之间的合作,在塞内加尔达喀尔举办了第三届亚非经济论坛,来自包括中国在内的亚洲 6 个国家的 26 家企业以及非洲 14 个国家的 121 家企业参加了论坛,签订 55 项总额为 48.4 亿美元的商贸合作协议。5 月,在马来西亚吉隆坡举办亚非官民合作论坛,探讨民间组织在非洲发展中的重要性。11 月,在东京举办亚非贸易投资会议,来自亚非 78 个国家以及 24 个国际组织的代表参加了会议,围绕着产业政策、开发有比较优势的商品、培育和振兴中小企业、民间企业的社会贡献展开了讨论,签署了 TICAD-NEPAD 关于促进亚非贸易投资政策共同框架文件,表明要进一步加强亚非之间的经贸合作。另外,2004 年 5 月日本举办了非洲节并决定每年举办。

2005 年是安理会非常任理事国改选之年,日本参加了竞选,日本外务省指出:"在国际社会中,日本为了使非洲成为实现自己理念的合作伙伴,积极地开展了推动工作。拥有 53 个国家的非洲大陆占到联合国会员国的三成,一国一票的投票活动对国际社会的决定具有巨大的影响力。特别是非盟成立以后,非洲形成共识进行投票的行动开始增多,存在感也增大了。""正如联合国机构以及安理会改革那样，面对国际机构框架的重组再建，2005 年是与左右其方向的非洲各国开展协调的关键一年。日本将非洲各国定位为构建能够反映日本理念的国际机构框架的重要合作伙伴。虽然有关联合国机构以及安理会的改革要在 2006 年以后才能有所突破，但是日本仍将一如既往地与非洲各国进行紧密协商合作，不断地追求实现改革的可能性。"[①] 为此日本决心加紧开展对非洲大陆的外交活动，所以 2005 年被日本外务省称为"非洲之年"。这一年日本外交的中心任务之一是努力在国际社会开展推进对非洲援助的协调活动，以便赢得非洲各国对日本的支持。

2005 年日本在安哥拉开设了大使馆。在东京举办了非洲驻日使领馆亲善活动，外务省职员与非洲驻日外交使节团代表进行了足球赛。4 月，时任内阁总理大臣小泉纯一郎在雅加达亚非首脑会议上宣布"今后三年日本将提供给非洲的 ODA 增加一倍"。日本继续推动 G8 峰会讨论非洲议题并提出邀请非洲国家首脑列席 G8 峰会的倡议。7 月，在 G8 英国格伦伊格尔斯峰会上，日本推动 G8 达成对非洲援助的协议，并宣布针对非洲为提高农业生产率实施的绿色革命、提高农村生活和农民自立水平的"非洲农村倡议"在 5 年内提供 12 亿美元的援助，与非洲开发银行一起实施"为开发非洲民间组织的联合倡议"（EPSA），在 5 年内提供 10 亿美元的资金援助。日本以提供援助的方式赢得非洲国家在国际场合对日本的支持。日本对非洲的外交活动成为摄取政治资源的外交。2005 年 10 月，选举联合国教科文组织总干事时，在非洲国家的大力支持下，日本的松浦晃一郎再次当选。

2006 年，日本继续加大对非洲的外交工作。2 月，日本与非洲各国在埃塞俄比亚亚的斯亚贝巴举办了"TICAD 和平稳定会议"，73 个国家以及 38 个国际组织参加了会议。日本发表了以西非、大湖地区和苏丹为重点区域的支援和平稳定新构想，宣布提供 6000 万美元用于解除武装、难民归乡、促进民众和解以及卫生、教育和给水事业。4 月，时任内阁总理大臣小泉纯一郎访问埃塞俄比亚和加纳并访问非盟，发表演说称赞非洲从各种

---

① 外務省『外交青書（2006）』第二章"地域別に見た外交"。

问题的发生地区已经变为自主努力的地区，表示日本将继续对自立的非洲提供援助，并决定设立"野口英世非洲奖"。日本19名日非友好议员联盟成员访问了18个非洲国家。9名非洲国家元首访问了日本。非盟委员会主席以及全非议会议长访问了日本。2006年的非洲节活动，入场人数达到7万人。

2007年2月在坦桑尼亚举办了第四届亚非经济论坛，来自包括中国在内的7个亚洲国家的44家企业以及16个非洲国家的168家企业参加了会议，签署了金额为156亿美元的118项商业协议。3月在肯尼亚召开了"为了持续可能发展的环境与能源"大臣级别会谈，商讨日本与非洲国家开展环境与能源方面的合作，并向塞拉利昂、布隆迪、利比里亚、乌干达等西非及大湖地区国家提供4571万美元的援助。日本向埃及、加纳等非洲5个PKO训练中心派遣了自卫队教官并提供了器材援助。参与了解决苏丹达尔富尔冲突的国际合作并提供了物资援助。根据联合国的请求，向乍得人道主义保护警察项目提供了220万美元的紧急援助。针对刚果（金）的回收小型武器以及武装人员回归社会项目提供将近2.5亿日元的援助。在联合国构建和平委员会项目中，向塞拉利昂和布隆迪提供援助用于电力供给和基础设施建设。2007年，日本外务省设立了"培育构建和平领域人才的领航员计划"，向苏丹等发生纷争的国家派遣人员培训当地开展和平工作的人员。

另外，2007年，日本在马拉维、博茨瓦纳、马里和厄立特里亚开设了大使馆。设立大使馆的目的就是要加强两国之间的关系。例如，针对博茨瓦纳丰富的稀有金属资源，日本外务省明确指出："为了从博茨瓦纳获得稳定的稀有金属等资源的供给，设立大使馆以及强化与博茨瓦纳的关系是不可缺少的。大使馆的建成必将促进日本对博茨瓦纳的贸易和投资，博茨瓦纳丰富的资源也将被输出到日本，这些将为博茨瓦纳的经济成长做出贡献。"[①] 5月，时任内阁总理大臣安倍晋三访问了埃及。10月，日本经团联派遣大型代表团访问安哥拉和南非开展经贸合作的调查。11月，经济产业大臣甘利明访问南非和博茨瓦纳商讨开展矿物资源与能源方面的合作，双

---

① 外务省『外交青書（2008）』第五章"国民に開かれた日本外交"第二節"外交力強化"。

方达成铁矿石以及稀有金属等矿物资源的勘探开采贸易的合作协议。在博茨瓦纳期间，甘利明还访问了南部非洲发展共同体（SADC），双方就日本在矿物勘探方面向该组织的 14 个成员国提供技术合作达成一致意见。

TICAD 3 期间，日本一如既往地在政治、经济以及社会等各个领域展开对非洲的外交攻势，在 5 个国家开设了大使馆，依然大力开展元首外交。日本通过对非洲的外交活动特别是援助活动，摄取非洲政治资源的目的越来越显著。日本在保持和发展与非洲国家和组织之间关系的同时，努力使非洲成为实现自己理念的合作伙伴，以便在国际社会赢得非洲国家对日本的支持。这一时期，日本针对非洲地区的能源外交也十分显著，不仅召开了"为了持续可能发展的环境与能源"大臣级别会谈，还与南非、博茨瓦纳等国签署了有关矿物资源的协议。同时，日本也毫不掩饰地指出将非洲作为巨大的市场。上述这些都表明了日本通过外交活动摄取非洲经济资源的目的。摄取非洲的政治资源和经济资源成为日本对非洲外交的两翼。

第二节　TICAD 巩固期的日本对非洲外交

保持良好的政治关系是日本对非洲外交的基础。在 TICAD 的准备与启航阶段，日本必须下大力气与非洲国家以及组织构建和发展政治性关系。面对非洲的现实情况，日本将人道主义救援、促进民主化进程与政府善治、改善民众生活环境和水平等方面作为重点开展了大规模的援助活动，这一举措奠定了日非关系的政治基础。TICAD 4 开始，日本在继续维护日非政治关系的基础上，基础设施建设、促进贸易和投资、开发农业生产等方面也进入援助的重点领域。这一阶段，日本对非洲的经济活动开始活跃起来。

一　TICAD 4 下的日本对非洲外交

对应 TICAD 4 提出的加速成长、人类安全保障、应对环境与气候变化等三大核心任务，日本将基础设施建设、提高农业生产力、促进贸易与投资、促进农村发展、普及教育和培育人才、加强医疗卫生服务、保护用水安全等环保工作以及推动"冷却地球伙伴关系"计划等八个方面作为重点领域具体开展了行动。

为了顺利实施行动计划，日本针对上述八个重点领域的具体项目在有关非洲国家开展了162项事前调查活动，一对一地制定每个项目的执行方案。同时，日本特别提出加大基础建设领域以及政府开发援助的力度。时任内阁总理大臣福田康夫指出："对促进非洲成长而言最重要的是充实基础设施。日本和亚洲的成长经验告诉我们，在整备交通基础设施方面吸引民间投资是非常重要的事情……非洲的成长离不开民间企业的积极努力，为此基础设施建设是非常重要的。完备的基础设施是日本企业最关注的事情。如果日本企业直接投资的话，就会促进技术以及经营经验向非洲转移。利用日本的技术可以使非洲丰富的资源更加有效地利用。这个设想实现的话那就会成为非洲成长的起爆剂，一定会给非洲带来益处。"① 基础设施建设开始成为日本对非洲外交活动的重点领域。

第一，连接起整个非洲大陆的广域性基础设施建设。在道路网络化以及送配电网络化方面进行基础设施建设，在海关通关程序上推动一体化服务体系建设。日本与非盟的"非洲发展新型伙伴计划"（NEPAD）以及非洲地区经济共同体（RECs）② 展开紧密合作，改修铺装从摩洛哥阿加迪尔到埃及开罗的沿地中海公路，将摩洛哥、阿尔及利亚、突尼斯、利比亚和埃及等北非五国的北部连接起来。改修铺装从塞内加尔达喀尔到马里巴马科公路以及达喀尔到尼日利亚拉各斯的沿几内亚湾的公路，将西非12个国家连接起来。铺装拉各斯到肯尼亚蒙巴萨的公路并架设尼罗河桥梁，改建联通横贯中非地区的公路干道。改建莫桑比克贝拉港加大运输能力。改建安哥拉洛比托港并修建铺装从洛比托到赞比亚卢萨卡的公路，为地处内

---

① 内阁总理大臣福田康夫在TICAD 4上所做的演说，2008年5月28日。
② 截至2020年1月，非洲大陆共有8个地区经济共同体，分别是由28个国家组成的萨赫勒—撒哈拉国家共同体（CEN-SAD）、由5个国家组成的阿拉伯马格里布联盟（AMU）、由东北非洲8国组成的政府间开发机构（IGAD）、由15个国家组成的西非国家经济共同体（ECOWAS）、由6个国家组成的东非共同体（EAC）、由11个国家组成的中部非洲国家经济共同体（ECCAS）、由15个国家组成的南部非洲开发共同体（SADC）以及由19个国家组成的东南部非洲市场共同体（COME-SA）。8个经济共同体提出了以下设想和目标，2017年各个共同体内部实现免除关税和贸易限制，2019年在非洲大陆实现免除关税和贸易限制，2023年实现人员、物流、服务、资本的自由流动。

陆的赞比亚提供出海通道。针对跨国道路网络化建设总计实施了 13 项建设工程。

面对一些非洲国家电力不足以及电力设备老化等问题，在电力网络化建设方面，在卢旺达 4 个城市开展了输变电以及电网整修工程，提供技术援助建设地热发电。在坦桑尼亚实施改建基干电网工程。在肯尼亚实施开发地热发电项目。在卢旺达、马拉维、佛得角等 17 个国家通过日本国际协力机构（JICA）开展了有关电力基础设施建设工程。针对海关通关程序上推动一体化服务体系建设，在 13 个国境海关进行了基础设施建设以及开展了提高通关能力一体化服务。例如在刚果（金）与安哥拉国境卡斯巴伦萨海关，在电脑管理系统、通关摄像监控系统、通关人员车辆货物手续等方面进行了基础化建设，大幅度缩短了通关时间。在坦桑尼亚和卢旺达国境卢斯莫改建跨国大桥，改善海关物流系统提高通关效率。

到 2012 年为止，日本在道路以及电力网络化、港口建设以及海关一体化服务等方面总计提供了 1250 亿日元的无偿资金以及技术援助，提供了 2241.5 亿日元的政府贷款。另外，日本国际协力机构与非洲地区经济共同体（RECs）合作，向东非共同体（EAC）、非洲基础设施财团（ICA）、西非经济货币联盟（UEMOA）以及南部非洲开发共同体（SADC）派遣了专家，在基础设施建设领域开展合作。

第二，提高农业生产力。修整灌溉设施和改良品种，培育农业技术指导员，实施稻米生产倍增计划，提供紧急粮食援助。为了提高稻米产量，2008 年，日本国际协力机构与非洲绿色革命联盟（AGRA）共同设立了"非洲稻作振兴共同体"（CARD）。非洲稻作振兴共同体是一个主要针对撒哈拉沙漠以南地区国家农业生产的合作平台，在 23 个国家开发改良非洲水稻品种、探索适应种植地气候水土的栽培技术、培育水稻技术人员、开拓稻米交易市场等工作。非洲稻作振兴共同体成立之后，制定了从 2008 年到 2018 年的 10 年时间，在撒哈拉沙漠以南国家实现稻米从 1400 万吨增长到 2800 万吨第一期稻米振兴计划，分别在非洲和日本召开了四次协调会议，在贝宁召开了两次技术合作会议。2009 年，日本通过国际协力机构为稻作生产提供了 11 项无偿资金合作、8 项技术合作、21 项草根性无偿资金合作，例如，在加纳实施了国产大米综合振兴计划，在乌干达实施了东部地区持续性灌溉事业以及稻米振兴计划。但是因为非洲一些国家的农村土地所有权性质复杂，影响了灌溉设施的整体整修，原本整修10万公顷灌溉土地的计划只完成了5万公顷，涉及土地所有权性质方面的援助遇到挫折。在提供紧急粮食援助方面，2008年7月提供了1亿美元的紧急粮食援助。2009年向6个国家提供了31.3亿日元的农用肥料，帮助贫困农民从事农业生产。2011年，埃塞俄比亚等国家发生旱灾之后，通过世界粮食组织以及联合国儿童基金会紧急提供了1.2亿美元的粮食援助。在TICAD 4期间总计提供了9亿美元的紧急粮食援助。

第三，促进贸易与投资。实施对非洲投资倍增计划，设立"非洲投资倍增资源基金"，促进官民在贸易投资领域的合作。为了促进日本企业对非洲的投资，2008年，日本三次组成经济界、政界以及有关政府机构联合代表团出访非洲，分别在南部非洲4个国家、东非4个国家以及中西非4个国家与当地政府和企业界代表召开了贸易投资洽谈会，并考察了当地的企业。日本为了体现对洽谈会的重视程度和规模，派遣外务副大臣和经济产业副大臣率领62家日本企业的代表参加了洽谈会。日本外务省和经济产业省还邀请安哥拉、布基纳法索、马里等6个国家的企业代表以及工商联组织代表在东京召开了非洲贸易投资研讨会。在各方的努力下，日本对非洲的投资额，2008年达到将近15.2亿美元。日本住友商事株式会社在马达加斯加安巴托维与加拿大和韩国合作共同开发镍产业。在这项世界最大规模的镍产业项目中，住友商事株式会社总计投资12亿美元获得27.5%的权益。日本电信电话株式会社投资2800亿日元收购了南非IT企业。在TICAD 4期间，日本还与莫桑比克签署了两国间投资协定，成为继埃及之后第二个非洲国家之间的投资协定，也是与撒哈拉沙漠以南地区国家签署的第一个投资协定。但是从总体上来说，日本企业的投资还存在不稳定的问题。

第四，促进农村发展。开展"一村一品"计划以及落实联合国开发计划署开展的"非洲千禧村"项目。日本贸易振兴机构（JETRO）在马拉维、尼日利亚、塞内加尔等12个国家开展了"一村一品"运动，派遣专家进行项目指导并在当地举办了成果展示会推广"一村一品"运动，在日本的机场开设了非洲"一村一品"市场窗口。另外，日本通过联合国人类安全保障基金以及两国间援助在加纳、肯尼亚、贝宁等 12 个国家开展了"非洲千禧村"项目。日本贸易振兴机构还组织 17 家日本企业在肯尼亚和坦桑尼亚针对低收入人群开展了调查，提供了开发小型商业项目的方案。在 TICAD 4 期间，日本在农业农村方面总计提供了 551 亿日元的无偿资金以及技术援助，并培训了 8 万名农业技术员。

第五，普及教育和培育人才。在 32 个国家的 1321 所中小学建设了 7100 多个教室，在 34 个国家培训了 79.3 万名初中等教育理科教学人才，在 1.8 万所学校开展了居民与学校共建活动。在 TICAD 4 期间，日本在教育方面总计提供了 763 亿日元的无偿资金以及技术援助。

第六，加强医疗卫生服务。向有关医疗卫生的国际性基金和组织提供资金援助。在 29 个国家修缮了 4700 个诊所和医疗中心，向 31 个国家的诊所提供了必要的器材和设备。培训了 23.9 万名医疗卫生人才，在加纳、塞内加尔、刚果（金）等国实施了提高母婴和孕产妇卫生水平项目。向世界防治艾滋病、结核病、疟疾基金提供了 12 亿美元的资金援助。这一期间，日本企业开始参与医疗卫生合作项目。例如，针对疟疾传播途径，日本住友化学株式会社开发了药物性蚊帐通过日本 NGO 组织无偿提供给马拉维等国家，向坦桑尼亚蚊帐企业无偿提供药物性蚊帐生产技术。2010 年国际足联南非世界杯期间，索尼株式会社与日本国际协力机构一起在加纳 18 个会场组织免费观看世界杯活动，活动期间由青年海外协力队员在会场进行防治艾滋病宣传并免费提供检测活动。2011 年，索尼株式会社与非洲最大的医疗 NGO 组织非洲医疗研究基金（AMREF）合作在坦桑尼亚共同举办文化节活动，在电影院和音乐会上进行防治艾滋病宣传并免费提供检测活动。在 TICAD 4 期间，日本在医疗卫生方面总计提供了 568 亿日元的无偿资金以及技术援助。

第七，保护用水安全等环保工作。对安全饮用水设施进行了维护工作，涉及人口 1000 多万人。举办水资源管理和节约用水讲座，实施提倡节约用水计划，培训了 1.4 万多名保障给水人才。2010 年提供 30 亿日元在非洲 5 个国家实施森林保护工程。日本国际协力机构向埃塞俄比亚政府森林管理工程提供技术援助，在实施林业保护的同时，针对咖啡产业进行认证化和商品化帮助种植和加工农户改善生活。日本 UCC 上岛咖啡商社将通过认证的咖啡出口到日本。京都大学与加蓬热带生态研究所开展热带雨林保护工程。日立制作所向南非提供高性能火力发电设备和技术减少二氧化碳的排放量。在冈比亚、佛得角、吉普提、科特迪瓦、莱索托等 17 个国家实施提高防灾减灾能力项目。这一期间，日本在保护用水安全等环保工作中提供的无偿资金以及技术援助为 637 亿日元。

第八，在非洲推动"冷却地球伙伴关系"计划。在 36 个国家开展了"冷却地球伙伴关系"计划，在此基础上，日本与联合国开发计划署一起在 20 个国家实施了"非洲气候变动对策工程"。

另外，2008 年在联合国以及非盟解决苏丹问题的行动中，日本向联合国苏丹特派团（UNMIS）派遣了自卫队官员，针对苏丹士兵解除武装回归社会以及选举活动分别提供了 16 亿日元和 10 亿日元的援助。2011 年 1 月苏丹选举时，日本派出了 15 名成员的选举监督团，7 月南苏丹独立之后，日本马上与南苏丹建立了外交关系，并决定 2012 年 1 月向南苏丹派遣 330 名自卫队员参加联合国维和行动以及道路建设活动。日本还继续针对非洲地区处理地雷以及小型武器项目、布隆迪解除武装人员回归社会提供了援助，针对几内亚比绍、尼日尔、刚果（金）、利比里亚、突尼斯等国的选举活动派出了选举监督团。

2009 年 3 月，日本政府向吉普提派驻海上自卫队的同时，为了支援自卫队的活动以及处理外事关系，外务省设立了联络事务所，2010 年 4 月升格为有常驻馆员的具有公使馆性质的驻在官事务所。2009 年在毛里塔尼亚和布基纳法索，2010 年在贝宁和卢旺达设立了大使馆。向西非国家经济共同体、东南非洲市场共同体（COMESA）以及东非共同体（EAC）派驻了常驻代表。2009 年 6 月，在乌干达坎帕拉举办了第五届亚非经济论坛，来自包括中国在内的 6 个亚洲国家以及 29 个非洲国家的企业出席了会议。

这一时期，日本还积极拓展高级别官员往来的外交活动，除了邀请非洲国家元首以及非洲跨国组织的代表访问日本之外，更引人注目的是日本政府高级别官员频繁出访非洲。2008 年，时任外务大臣高村正彦两次出访非洲、政府特使前总理大臣森喜朗访问非盟、副大臣和总理特使以及外务政务官级别官员十几次访问非洲。2009 年，前总理大臣福田康夫、小泉纯一郎以及森喜朗作为政府特使分别访问了非洲五国，外务大臣和副大臣以及政务官也多次出访非洲。2010年,皇太子访问加纳和肯尼亚,时任外务大臣冈田克也两次访问非洲,副大臣及政务官多次出访非洲。2011年到2012年,日本同样派出了外务大臣和副大臣以及政务官级别的官员十几次出访非洲。TICAD 2期间的2001年日本内阁总理大臣第一次访问非洲,2002年外务大臣相隔18年访问非洲,与此相比经过短短的几年时间,到TICAD 4时前内阁总理大臣作为政府特使多人次访问非洲,外务大臣在一年内两次出访非洲,这些外交活动的变化足以说明日本加紧了对非洲的外交攻势。

TICAD 4期间日本在非洲大陆开展的外交活动有三个特点:第一,以经济活动为主;第二,日本企业开始积极参与行动计划;第三,高级别官员往来频繁。之所以这一时期日本外交以及日本企业以TICAD为平台加紧了在非洲地区的经济活动,是日本根据世界政治经济形势的新变化及时调整了对非洲的方针政策的结果。

经过非洲国家的自身努力以及国际社会的援助,非洲的经济成长显著,经济成长率从1999年的不到3%到2007年已经达到6%,非洲经济呈现活跃的状态。相对于非洲经济的成长,2006年春季逐渐爆发的美国次贷危机引起的金融风暴开始对世界经济产生冲击,日本的经济与金融也深受影响。日本对世界经济前景特别是保障贸易资源的供给深感担忧。日本政府指出:"对于经济基础依存海外资源的日本来说,在全球范围内能源、矿物资源、渔业资源和农产品资源供需关系紧张的状态下,以持续可能的方式确保稳定的资源供给是经济安全保障的重要任务。特别是在能源方面,在原油价格高涨的情况下,日本将致力于能源出口地区和供给方的多样化以及确保航道安全,努力保障稳定的供给。"[1] 在此背景下,这一时期日本政府针对非洲外交提出的三点要求是:第一,要为解决集中在非洲的全球性课题做出相应的贡献;第二,通过与占联合国会员国三成的非洲各国发展关系强化日本的外交基础;第三,必须强化资源丰富以及作为巨大市场的非洲的经济关系。日本对非洲的发展做出贡献的同时,也将国际社会中非洲大陆强大的政治资源作为外交活动的标的,把资源丰富与市场巨

---

[1] 外務省『外交青書(2008)』第一章"概観:2007年の国際情勢と日本外交の展開"。

大的非洲大陆作为摄取经济资源的目标。

从日非贸易金额来看，2008年，日本与非洲贸易的进口总额约为207.7亿美元，其中矿物质燃料占49.3%，木材及非铁金属等原材料占7.9%，食品占4.2%。以能源与原材料产品为主的初级产品占进口总额的61.4%。日本对非洲出口总额约为133.4亿美元，其中汽车等运输类产品占58.6%，一般机械类占19.3%，电气类产品占5.9%，运输类和机械类产品占出口总额的83.8%。这就不难看出这一时期在三大要求的指导下日本外交以及日本企业在非洲大陆活动的特点。

即使自民党失去政权民主党开始执政之后，从2009年9月到2012年12月，民主党的鸠山由纪夫政府、菅直人政府以及野田佳彦政府都强调了"继续加强与拥有丰富自然资源以及潜在巨大市场的非洲的经济关系对日本的经济来说是非常重要的事情"[1]。"非洲有着丰富自然资源和人口并是一个持续高速经济增长的潜在大市场，加强与非洲的经济关系在战略上是很重要的事情……与非洲各国的合作不可或缺，对日本外交来说非洲变得越来越重要"[2]。不论日本政权如何变动，在非洲大陆积极开展经济活动摄取经济资源是这一时期日本政府始终贯彻的方针政策。从2009年日本进口稀有金属的比例来看，72.6%的铂金、77.4%的镭、58.3%的钯、25.8%的铬从南非进口，60%的锰矿石从南非和加蓬进口，49.1%的锌从纳米比亚进口，22.1%的钛矿石从莫桑比克、塞拉利昂和南非进口。特别是2010年9月，中国停止向日本出口稀土之后，2011年1月，日本政府提出"在官民合作下推进多边资源外交，加强与资源国之间合作关系"的方针，2月日本政府以"围绕金属矿物资源的外交措施：为确保金属和稀有金属资源的稳定"为题专门发表了报告书[3]，提出加速推进资源外交，其中特别强调了强化包括非洲国家在内的资源供给地的外交关系。以上这些事例足以说明日本对非洲外交活动的目的之一是摄取非洲的经济资源。

---

[1] 外務省『外交青書（2011）』第二章"地域別に見た外交"。
[2] 外務省『外交青書（2013）』第二章"地域別に見た外交"。
[3] 外務省第69期広報刊行物"金属鉱物資源をめぐる外交の取組～ベースメタルとレアメタルの安定確保に向けて"，https://www.mofa.go.jp/mofaj/press/pr/wakaru/topics/vol69/。

二 TICAD 5 下的日本对非洲外交

日本针对 TICAD 5 提出的促进民间组织主导经济增长、促进基础设施建设和使用能力、促成农业劳动者成为经济增长的主人公、促进构建强韧性的可持续增长模式、构筑万人受惠于增长的社会、巩固和平与安定以及民主主义与善治等 6 个重点目标开展了行动。

第一，在促进民间组织主导经济增长方面，日本采取了改善非洲贸易投资环境以及支持调整经济结构的举措。2012 年之后，由于受到初级产品国际市场价格暴跌的影响，经济倚重于初级产品出口的非洲的经济成长率出现下滑状态，年平均经济成长率从 2014 年的 4.6% 下滑到 2015 年的 3.7%。日本与非洲的进口与出口额在 2012 年之后也双双持续下滑。

针对上述情况，日本开始围绕振兴非洲经济展开活动，与 6 个国家开展了促进和保护外商投资协定的谈判工作。2013 年 6 月与莫桑比克签署了两国间投资协定，2016 年 3 月与肯尼亚达成投资协定的合意。向 10 个国家派遣了投资专家帮助改善投资环境。2014 年 3 月到 2016 年 3 月两年内，日本内阁召开了 9 次由政府各个经济职能部门参加的"非洲经济战略会议"[①]，确定将扩大与非洲的贸易以及加大日本企业对非洲的投资作为政府的重要课题，并商议了政府部门做好一体化协调工作应该采取的措施，在利用公共资金、支援日本企业、产业和人才培养、农业和食品安全、通信技术、卫生和医疗、环境保护等领域探讨了促进非洲发展和日本对非洲贸易投资的可能性和方向。2015 年 5 月，日本内阁府在召开第四届"经协基础设施战略会议"时专门针对非洲地区基础设施建设投资问题进行了讨论，会议认为无论是贸易投资还是基础设施建设方面，在非洲地区与中国、欧洲国家以及韩国等国相比较，日本企业已经呈现出非常落后的状态，日本企业有必要通过 TICAD 5 以及 ODA 尽快创造出"一个甚至多个成功的事例"，并决定利用日本企业的技术优势，通过建设环非洲大陆物

---

① 非洲经济战略会议是 2014 年 3 月，总理大臣安倍晋三访问非洲三国之后，日本政府为了日本经济更多地融入非洲元素并协调政府部门之间的关系，针对非洲经济问题专门设立的政策性会议。非洲经济战略会议成员由内阁官房副长官担任议长，政府各个经济与外交相关机构的次官和局长级别官员组成。

流走廊、地热核能小水力发电、防灾减灾、莫桑比克等东南非洲天然气煤炭矿物质资源的勘探采掘等项目经济开展经济活动。

除了政府成员参加的"非洲经济战略会议"与"经协基础设施战略会议"之外，日本政府在2015年1月还召开了由政府高级别官员和经济界领袖共同组成的"第二届 TICAD 官民圆桌会议"，经团联和经济同友会以及47家企业的代表，外务省、经济产业省和财务省的官员以及日本国际协力机构和日本贸易振兴机构等政府机构代表，驻日国际机构和NGO组织代表参加了会议，政府、企业和民间组织针对政府支持企业和民间组织在非洲开展经济活动的政策措施以及企业贸易投资问题进行了讨论。经团联等企业代表提出了希望通过TICAD机制和首脑外交加速改善非洲地区的经营和投资环境以及提高在非洲的日本企业ODA日元贷款采纳率等建议。

具体投资和融资方面，日本向与非洲开发银行一起合作的"为开发非洲民间组织联合倡议"（EPSA）非主权贷款提供7亿美元的援助，再通过非主权贷款向企业和民间组织提供融资。在这个项目计划下，受到融资资助的非洲公司与日本的商社建立了经营氨和尿素等石油化工产品的合资企业。日本独立行政法人石油天然气金属矿物资源机构（JOGMEC）根据"促进日非资源开发倡议"设立了20亿美元的风险基金，用于包括探矿开采在内的非洲资源性项目的基础建设投资，在莫桑比克、肯尼亚、塞舌尔、纳米比亚等多个国家进行了地质构造调查和共同探矿工作。

第二，在促进基础设施建设和使用能力方面，提供了65亿美元的公共资金。继续推进了TICAD 4时实施的道路网络化以及送配电网络化方面的基础设施建设，在海关通关程序上推动一体化服务体系建设。丰田通商株式会社与三井造船株式会社在肯尼亚蒙巴萨港实施了吊装设备以及港湾供水的建设。在肯尼亚奥卡瑞亚实施了地热发电站建设项目。日本国际协力机构实施了强化管理技能的研修计划，共培训2.6万名非洲管理人员。日本的大学和研究机构在尼日利亚、加纳、加蓬等7个国家针对传染病、生物资源、环境和能源等领域开展了共同研究项目。

第三，在促成农业劳动者成为经济增长的主人公方面，日本国际协力机构与非洲稻作振兴共同体合作，继续推进稻米生产倍增计划。根据世界粮农组织的统计，2014年撒哈拉沙漠以南地区的稻米产量达到2516万吨。

在苏丹、科特迪瓦、尼日尔、布基纳法索等20个国家实施了强化小规模农艺农民组织计划,针对青年和女性农业劳动者开展研修计划,讲授农产品加工等农业技术以及农业经营知识。在乌干达以及肯尼亚等国试验日本产农业小型机械的适用性,开始尝试租赁小型农业机械计划。

第四,在促进构建强韧性的可持续增长模式方面,在34个国家开展保护生物多样性以及自然资源管理项目,实施森林和自然环境保护教育,推进生物多样性与提高地域活力共存共立的生活方式。继续开展林下咖啡产业项目。对低碳生活给予2000亿日元的资金支持,日本国际协力机构在毛里求斯、塞舌尔等岛屿国家开展减灾防灾对策工程,针对滑坡、海岸侵蚀、洪水等灾害实施早期预警和避难项目。日本研究机构国际农林水产业研究中心与国际可再生资源机构合作在尼日利亚和加纳推广农作物废弃物和残渣转为沼气和乙醇等生物能源项目。

第五,在构筑万人受惠于增长的社会方面,继续推动TICAD 4时实施的居民与学校共建活动以及强化理科教育的项目。针对2000万儿童的教育环境提供了援助。针对医疗卫生工作,提供5亿美元的援助用于医疗卫生设施改善项目以及培训12万名医疗卫生人才。日本国际协力机构在苏丹实施了乡村助产士培训计划,提高孕产妇和幼儿的生存率。在乌干达实施了培训药剂师计划。日本与世界银行以及德国复兴信贷银行一起向肯尼亚的全民健康覆盖计划(UHC)提供有偿性政策贷款。通过改善设施设备确保1000万人的安全用水。在苏丹实施了强化城市自来水管理能力项目,提高水质监测和节约用水能力。

第六,在巩固和平与安定以及民主主义与善治方面,秉承"积极的和平主义"原则,针对防止国际性组织犯罪以及防止恐怖活动提供支援。与国际社会一起在萨赫勒地区、大湖地区、南北苏丹、"非洲之角"致力于预防纷争解决冲突的活动,向西非国家经济共同体以及西非经济货币联盟开展的防止恐怖活动项目提供支援,培训2000名维持治安的警察。决定3年内向除南北苏丹之外的萨赫勒地区8个国家提供10亿美元的经济援助,用于人道主义救援和防止恐怖活动,推动纷争各方展开对话。通过联合国开发计划署3年内向非洲12个PKO训练中心提供1628万美元的援助,并派遣讲师培训3000名维和安全人员。通过非盟和平基金向非盟实施的维和活动提供 870 万美元的援助，对非盟在南苏丹开展的和平监督体系进行支援。日本继续参与联合国南苏丹维和行动，总计派遣了 3177 名自卫队员。自卫队员在维和的同时与日本国际协力机构一起开展了道路建设和朱巴河防护栏的建设。向联合国和平基金提供 1350 万美元的专用资金，用于非洲大陆的维和事业。日本国际协力机构在科特迪瓦、阿尔及利亚、尼日利亚和刚果（金）等国实施了预防犯罪提高警察能力的研修计划。

TICAD 5 时期日本围绕着 TICAD 的活动基本上是 TICAD 4 行动计划的延续，这也与 TICAD 5 是 TICAD 4 延长线的性质相符合。同时，针对这一时期非洲经济下滑以及日本对非贸易不振的状况，日本寻求解决经济问题的方策引人注目。日本之所以在 TICAD 5 期间将经济领域作为对非洲外交活动的重点，除了要继续完成《横滨行动计划》以及作为延长线的《横滨行动计划 2013—2017》之外，另外一点就是要推进"安倍经济学"摆脱长期的经济不振实现经济再生。

2012 年 12 月，执政 3 年多的民主党失去政权之后，自民党和公民党组成联合政府，安倍晋三第二次就任内阁总理大臣。2006 年 9 月安倍晋三第一次担任总理大臣时，表明是要继承小泉纯一郎的构造改革的方针路线，提出的是营造"美丽国家"的理念。而安倍晋三第二次就任内阁总理大臣之后，在 2013 年 6 月发表的《日本再兴战略》中提出的是实现经济成长，并在施政方针中明确强调："对我国来说最大最紧迫的课题就是实现经济再生……政府已经成立了作为经济再生司令塔的日本经济再生总部，也再次启动了经济财政咨询会议。要全面运转这一布阵，以大胆的金融政策、灵活的财政政策以及唤起民间投资作为三支利箭推动经济再生。"[①]

在全面推动经济再生的背景下，2013 年日本外交提出的四项基本方针的第三项就是"加强有助于日本经济再生的经济外交"，在外务省内设置了由外务大臣担任部长的"支援日本企业推进本部"，并继续扩大驻外使领馆"支援日本企业担当官"的规模，在 50 多个国家的近 60 个驻外使领馆设置了"支援日本企业担当官"。2013 年 5 月还在驻外使领馆内新设置

---

① 内阁总理大臣安倍晋三在第 183 回国会众议院上所做的施政方针演讲，2013 年 1 月 28 日。

了"能源以及矿物质资源专门官",负责所在国家能源矿物质资源信息的收集和推进合作以及贸易方面的工作。

与此同时,外务省根据有助于日本经济再生的外交方针,针对非洲大陆具体提出了"在进口地区、生产基地、消费市场等方面具有巨大潜力的非洲扩大贸易和投资为日本经济注入活力"[①] 的任务,并将其放到对非洲三项任务中的第一位。通过对比 2000 年之后日本针对非洲大陆外交任务的排序可以发现,以往基本上是把日本解决非洲发展问题的责任和义务放在第一位,而这次则是把通过加大对非贸易和投资解决日本经济问题放到了首位。日本将经济再生作为施政的重中之重以及对非洲外交任务排序的细微变动,足以证明日本为何在这一时期重视并积极开展对非经济活动的原因。

面对经济下滑的非洲,日本提升了原有的非洲各国代表与日本企业代表对话会的级别,改为非洲国家元首与日本企业代表直接对话,以便加速日本对非贸易、投资和资源利用的进程。日本最大的经济组织"日本经济团体联合会"参加了促进日非贸易和投资的首脑及阁僚会议。同时,为了创造海外投资市场的良好环境,TICAD 5 期间,日本与安哥拉、阿尔及利亚、肯尼亚、加纳、摩洛哥、坦桑尼亚等国开展了投资协定的谈判。日本与马达加斯加重新恢复了因为 2009 年政变而中断的两国间经济合作协定,与几内亚比绍重新恢复了因为 2012 年动乱而中断的两国间经济合作协定,举办了日本与萨赫勒地区国家贸易投资论坛。2013 年 7 月,日本在南苏丹设立了大使馆。自卫队在南苏丹的维和行动从朱巴扩展到南部三个地区。2015 年 1 月,日本在纳米比亚设立了大使馆。2015 年 9 月,为拓展与东非国家的贸易,日本国际贸易振兴机构在埃塞俄比亚设立了事务所。这一时期,日本还积极拓展日非双方高级别官员往来的外交活动,特别是日本政府高级别官员频繁出访非洲,外务大臣、经济产业大臣和防卫大臣以及副大臣和大臣政务官等高级别官员访问了非洲。

2013 年 8 月,时任内阁总理大臣安倍晋三访问了吉普提,并表明了对吉普提开发地热资源提供技术支援。值得一提的是,2014 年 1 月,安倍晋

---

① 外務省『外交青書(2014)』第二章"地球儀を俯瞰する外交"。

三率领33家日本企业代表访问了科特迪瓦、莫桑比克和埃塞俄比亚三国以及非盟。选择访问科特迪瓦等三国是与日本对非洲积极开展经济活动密不可分的。

科特迪瓦是西非地区法语圈的重要国家，石油、黄金、天然气、稀有金属储量丰富，咖啡和可可等农产品的出口占到世界的前列。安倍晋三访问科特迪瓦实现了日本内阁总理大臣首访非洲地区法语圈国家。安倍晋三与科特迪瓦总统瓦塔拉举行了会谈并发表了两国联合声明表示加强经济领域的合作，日本表示加大投资和参与城市高架桥等基础设施建设的意愿。安倍晋三访问期间还与汇集在科特迪瓦的冈比亚、贝宁等西非11国首脑举行了恳谈会，表示对有3亿多人口的西非地区的经济发展充满了希望。两国的企业代表也举行了多场次会谈。

莫桑比克地处非洲南部，煤炭、天然气、钽等稀有金属的储量丰富，是非洲地区对日本出口矿物质产品最主要的国家之一。安倍晋三访问期间不仅发表了两国间联合声明，还签署了日元贷款以及提供无偿资金的协定，发表了《日本莫桑比克天然气煤炭合作发展构想》，决定召开改善商业环境的官民对话，表示尽快具体落实两国上一年度签署的投资协定为取得实绩而努力。两国的企业界还举办了投资论坛，签署了6项投资合作协议。

埃塞俄比亚是东非地区的重要国家，安倍晋三访问埃塞俄比亚期间，日本与埃塞俄比亚签署航空协定首次实现了直行通航。两国发表了联合声明强调加强经贸关系。安倍晋三还对非盟总部进行访问，发表了题为《让每一个人变强的日本对非洲外交》的演讲[①]，特别介绍和强调了日本企业的优势，表示重视人才、重视自下而上创意的日本企业文化以及日本企业的投资对非洲来说是必要的，"以人为本"的日本企业来到非洲是为了真正实现双赢，作为真正的合作伙伴非洲选择的应该是日本。

从日本投入非洲大陆的资金性质来看，如果说TICAD 5之前，日本是以落实TICAD行动计划实施政府开发援助为主的话，安倍晋三第二次就任内阁总理大臣之后，日本开始对非洲大陆增加民间企业的商业性投资，政

---

① 内閣総理大臣安倍晋三アフリカ政策スピーチ，2014年1月14日。

府开发援助与民间企业投资两立的状态逐步形成。

2014年年初，安倍晋三访问非洲之后，日本政府对《日本再兴战略》进行了修订融入了非洲的因素，将积极开展与非洲地区经济共同体（RECs）合作写进新的《日本再兴战略2014》。同年9月，在召开的日本与非洲地区经济共同体首脑会议上，双方针对非洲大陆的基础设施建设问题展开了讨论，日本再一次提出希望通过与非洲地区经济共同体的合作积极参与非洲大陆的基础设施建设。

可以看出，日本在这一时期继续在非洲大陆积极开展经济活动，尤其是在基础设施领域引人注目。日本内阁设立了"经协基础设施战略会议"，外务省针对基础设施建设重点国家，在50多个国家的使领馆专门设置了基础设施工程专门官一职，负责协调和开展有关业务，发展中的非洲大陆自然而然成为重点地区。同时，安倍晋三的演讲以及外务省、国土交通省的报告体现出日本十分留意中国在非洲的经济活动。特别是中国提出"一带一路"合作倡议之后，日本努力在非洲加大基础设施建设投入的同时，与中国开展竞争的意识也在增强。

三　TICAD 6下的日本对非洲外交

以强化竞争为目的，日本在TICAD 6上提出了提供高质量援助和投资的概念，指出："在2016年到2018年的3年间，根据《内罗毕宣言》的3个优先领域，充分利用作为我国强项的高质量的优势，以培养约1000万名人才为开端，在高质量基础设施建设、医疗卫生体系建设以及构筑和平安定基础方面向非洲提供支援，使官民投资总额达到300亿美元规模。……在充分利用我国超群的科学技术和创新能力的同时，我国作为G7议长国要切实实现其成果。"[1] 日本在TICAD 6上强调的高质量以及超群的科技和创新能力等提法都是秉着以强烈的竞争意识为前提而特意提出的。

日本针对推进经济多元化以及产业化（Quality Africa）、构建强韧性的医疗卫生体系（Resilient Africa）、促进共同繁荣的社会安定化（Stable Af-

---

[1] 外務省"TICAD VI における我が国取組'Quality and Empowerment'"，https://www.mofa.go.jp/mofaj/files/000183834.pdf。

rica）等3个重点领域开展了行动。

第一，在推进经济多元化以及产业化（Quality Africa）方面，积极开展基础设施建设。日本国际协力机构（JICA）在提供无偿资金合作方面，实施了乌干达北部城市道路整修工程、科特迪瓦桑德拉市中央市场建设、安哥拉纳米比港改造、加纳经济走廊建设、莫桑比克送变电网改造工程、津巴布韦南北经济走廊道路建设等项目。在日元贷款方面，实施了乌干达尼罗河桥梁建设、蒙巴萨港道路建设、喀麦隆雅温得与刚果（布）布拉柴维尔国际走廊建设、塞内加尔海水淡化工程、支援埃塞俄比亚女性创业者等项目。在技术援助方面，实施了莫桑比克纳卡拉走廊农业开发以及提高技术转移能力、刚果（金）提高道路维护管理能力、赞比亚提高供水管道维护管理能力、苏丹水资源综合管理能力、安哥拉提高母子健康服务能力等项目。

TICAD 6期间，日本继续与非洲开发银行合作一起实施"为开发非洲民间组织的联合倡议"（EPSA）项目，投资100亿美元用于道路、发电、能源开发等基础建设领域。在加大力度开展基础设施建设的同时，还大力促进企业的经济活动。三井物产株式会社在莫桑比克马拉维的铁道建设中提供了10亿美元的融资保险，丰田商事在埃及的苏伊士湾风力发电建设中提供了将近1.3亿美元的融资保险，住友商事等4家日本企业在加纳投资约1.2亿美元用于石油及天然气生产的基础设施建设。

表7-1的数据表明，2010年之后在非洲地区的日本企业在非洲开始活跃起来，特别是2013年推出"日本再兴战略"之后，日本企业总数呈现增长的状态，年度投资额也较大幅度增长，从亿万级达到十亿万级，但是年度间投资还是呈现不稳定的状态。

表7-1　　　　　在非洲地区日本企业总数和年度投资总额　　（单位：百万美元）

年份	2010	2011	2012	2013	2014	2015	2016	2017
企业数	520	562	560	584	657	687	738	796
投资额	-372	464	116	-537	1510	1431	-550	1717

注：1. 年度投资总额为年度投资额与撤资额的差，负值为撤资额大于投资额。2. 企业数为公开信息企业的数值，不包含不公开信息的企业。

资料来源：根据收集日本外务省以及日本贸易振兴机构的数据整理而成。

另外，在人才培育方面继续实施强化理科教育，培训了2万名理科教员。开始实施非洲青年商业教育倡议计划（ABE-Initiative），日本的大学接收了1200名非洲青年进入硕士课程。

第二，在构建强韧性的医疗卫生体系（Resilient Africa）方面，强化预防传染性疾病以及处置公共卫生危机的能力，与世界卫生组织和世界银行一起推动全民性卫生服务体系的建设。针对2014年发生的埃博拉病毒疫情，向发生疫情的国家紧急提供了将近1.8亿美元的支援，通过世界卫生组织派遣了医疗专家并提供了防护用品以及粮食援助。

日本与非洲有关组织一起率先在肯尼亚、塞内加尔和加纳推进全民性卫生服务体系的建设，另外，还提出了改善饮食提高营养的"饮食和营养的非洲倡议"（INFA），率先在布基纳法索、马拉维、苏丹等10个重点国家开始推进。2017年，日本向非洲疾病管理预防中心（全非洲CDC）提供了援助。日本国际协力机构通过提供技术支援的方式与非洲有关研究部门一起实施了人兽共同感染病毒性传染病的研究，在加纳实施了强化传染病管理体制项目，在加蓬实施了提高公共卫生水平预防传染性疾病的项目。通过无偿援助的方式帮助刚果（金）扩建生物医学研究所，在赞比亚帮助改建卢萨卡医院，实施提高尼日利亚疾病预防中心诊断能力项目。TICAD 6期间，日本国际协力机构在非洲大陆实施了20项医疗卫生领域的援助项目。

第三，在促进共同繁荣的社会安定化（Stable Africa）方面，通过教育和职业培训等手段促进青年人就业能力构建实现安定的基础。在索马里实施了强化年轻人就业能力的项目。与非洲稻作振兴共同体（CARD）一起合作培训6万名农民和2500名农业科技员，将振兴非洲稻作项目纳入日本保障粮食安全的外交活动中。2017年4月，日本国际协力机构与非盟"非洲发展新型伙伴计划"（NEPAD）合作创建了"非洲KAIZEN倡议"（AKI）。KAIZEN源于日语的"改善"一词，主张在生产中实行以整理整顿安全为主的6S管理法。公益财团法人日本生产性本部的专家参与KAIZEN项目的培训工作，在突尼斯、赞比亚、喀麦隆等8个非洲国家开始实施非洲KAIZEN倡议（AKI），提高了生产效率和管理能力。在环境保护以及应对气候变化方面，在35个国家实施森林保护和植树项目，在喀麦隆、肯尼亚、马拉维等国开展了提高森林管理能力项目,在埃塞俄比亚实施了防止沙漠化对策的项目。

另外,在预防恐怖活动发生确保社会安全以及维和方面,日本提供了1.2亿美元的援助,同时在非洲有关国家开展了执法司法研修项目,继续向PKO训练中心提供支援,培训了7500名治安司法职员。2018年向布基纳法索和马里等国提供了维持治安器材。在科特迪瓦和中非等国开展了解除武装人员回归社会的职业培训工作。向非洲8个国家派遣了总计125名自卫队教官参与联合国PKO支援部队早期展开项目(RDEC)。与联合国开发计划署合作针对几内亚比绍的选举开展了支援活动。日本企业向一些非洲国家提供了生物认证技术。日本国际协力机构向西非、东非和中非地区一些国家的海关提供了防范危险品的监控技术服务。

上述外交活动是日本针对TICAD 6行动计划所开展的具体项目,日本这一期间在TICAD框架内对非洲外交的重点之一是经济领域,这也契合这一时期日本提出的"推进促进日本经济成长的经济外交"。

除了上述具体的项目之外,日本政府与民间企业围绕着拓展非洲经济召开了4次官民圆桌会议。2018年5月,日本还新设立了日非官民经济论坛。官民圆桌会议的主角是日本政治界和经济界、金融界领袖和企业代表,圆桌会议主要是针对日本与非洲之间的经济问题进行探讨和商议对策,是日本官方与民间针对非洲经济问题的对话会。而日非官民经济论坛参加者的范围更加广泛,包括了非洲国家政治界和经济界领袖以及企业代表,是日本与非洲国家之间针对非洲经济问题的官民对话会。日非官民经济论坛每3年在非洲举办一次。2018年5月在南非举办的第一届日非官民经济论坛,日本经济产业大臣、外务省和国土交通省的大臣政务官以及非洲国家28名部长级政府官员、100家日本企业和400家非洲企业以及中东和欧洲国家的代表参加了会议,大会和分组会针对非洲基础设施建设、投资问题、扩大非洲商业领域以及改善经商环境等问题进行了讨论,日非企业签署了16项合作意向书。第一届日非官民经济论坛期间,日本贸易振兴机构还组织70家日本企业和政府团体以"支撑非洲未来的日本的创新"为主题举办了日本商品博览会。日本三井物产公司加大了对莫桑比克油气田的投入与开发。日本电工、住友商事、伊藤忠商事等公司通过加大对南非的投资获得了矿业资源的探测和开采等权益。

到 2019 年年底为止，日本与莫桑比克和肯尼亚签署了投资协定，与安哥拉、乌干达、埃塞俄比亚、阿尔及利亚、加纳、摩洛哥、坦桑尼亚、科特迪瓦、塞内加尔、尼日利亚、赞比亚、马达加斯加等国正在进行投资协定的谈判工作。

这一时期，日本在非洲经济领域开展外交活动引人注目的一个重点是基础设施建设。

在政策和举措方面，2013 年日本内阁府设立"经协基础设施战略会议"，到 2019 年年底已经召开了 41 次全体会议，制定每一年度向海外拓展"高质量基础设施输出战略"的方针政策。根据"高质量基础设施输出战略"，日本在西非地区针对加纳的主要干线道路、科特迪瓦阿比让交通、塞内加尔海水淡化工程进行了基础设施领域的建设。

"经协基础设施战略会议"还根据国际社会和世界经济的变化不断地对"高质量基础设施输出战略"进行修订。日本在 2016 年的 TICAD 6 内罗毕会议上提出"自由开放的印度洋—太平洋"概念之后，经协基础设施战略会议将向海外拓展"高质量基础设施输出战略"与"自由开放的印度洋—太平洋"概念相连接，决定率先在亚洲中东地区以及非洲地区的发展中国家加大基础建设方面的投资和建设，实施"高质量基础设施输出战略"。日本的外交设想是通过"高质量基础设施输出战略"夯实相关国家的社会基础促进安定与繁荣，提升日本企业的活力带动日本经济的再兴，并最终通过巩固和强化日本与相关国家的关系，形成所谓的"自由开放的印度洋—太平洋"。

2018 年，日本提出了具体推进"高质量基础设施输出战略"的四项方针，指出：在自由开放的印度洋—太平洋战略下，高质量基础设施建设应从进一步扩大国际贡献和事业投资的观点出发，第一，强化官民一体的竞争力；第二，通过在海外进行高品质基础设施建设推进国际贡献；第三，在基础设施投资时活用日本的技术和知识；第四，在广泛领域范围内开展基础设施建设投资。

2018 年 10 月，时任外务大臣河野洋平指示："在确认受援国的债务可持续等国际标准的重要性基础上，通过强化高质量基础设施建设投资实现自由开放的印度洋—太平洋战略,同时对非盟在 2063 年议程中显示的非洲经济结构调整进行支援。"① 强调了高质量基础设施建设投资与自由开放的印度洋—太平洋战略相关联的主张。当美国接盘"自由开放的印度洋—太平洋战略"之后,日本提出了日本针对"自由开放的印度洋—太平洋战略"采取的三项方针,第一,强调和巩固国际法准则、航行自由与自由贸易;第二,通过推进符合国际标准的高品质基础设施建设强化印度洋和太平洋地区的一体性追求经济繁荣;第三,对提高海上执法能力、防灾减灾、防止大规模杀伤武器扩散等和平稳定措施提供援助。

日本之所以提出"高质量基础设施输出战略"与"自由开放的印度洋—太平洋战略",并将这两个战略相连接,是因为日本面对中非合作论坛的成果以及"一带一路"倡议的进展,表现出了强烈的竞争意识。"经协基础设施战略会议"的做法就是针对中国强化竞争的具体举措。日本在非洲国家拓展"高质量基础设施输出战略"以及"自由开放的印度洋—太平洋战略"上不遗余力地下功夫。这一时期,日本与塞内加尔、尼日利亚、马达加斯加、毛里求斯、加纳、摩洛哥、乌干达、赞比亚等国签署了推动"高质量基础设施建设"投资备忘录。

在推进机制方面,2016 年 8 月,作为 TICAD 6 内罗毕会议的重要一环,日本国土交通省与肯尼亚运输及基础设施开发部共同主办了日非官民基础设施会议。日本政府部门以及 76 家企业、科特迪瓦、乌干达、尼日利亚等 12 个国家的政府官员与企业代表参加了会议。日本政府官员介绍了高质量基础设施建设投资的情况,非洲国家的官员介绍了各自国家的国情以及基础设施建设的需求。日本企业介绍了各自企业的情况以及基础设施建设的技术。日非企业还针对港湾、道路、桥梁、通信、电力等领域进行了对接和协商。日本与非洲国家签署了"推进高品质基础设施投资领导机制"意向书。

此后,日本企业针对"推进高品质基础设施投资领导机制",成立了非洲基础设施协议会(JAIDA),日本 168 家企业成为协议会会员。2016 年到 2018 年的两年内,协议会为实现非洲国家基础设施信息共享以及避

---

① 外务省『外交青書(2019)』第三章"国益と世界全体の利益を増進する外交"。

免行业恶性竞争展开工作协调开了 10 次会议，商讨对非洲基础建设投资的具体事项。

这一时期，外务省继续扩展了基础设施工程专门官规模，2019 年年底在 70 多个国家的 90 个使领馆设置了基础设施工程专门官。

外务省使领馆基础设施工程专门官负责收集驻在国有关基础设施需求的信息以及与有关部门进行协调，国土交通省负责针对基础建设需求组织开展实地调查以及制订投资计划等工作，负责与非洲国家有关政府部门进行专业领域的对话和协商。日本企业通过非洲基础设施协议会开展行业之间的信息交流以及具体项目协商协调的工作。这样的机制可以做到及时掌握和沟通信息、顺利组织和协调、统一交涉和谈判、避免恶性竞争，政府为日本企业在海外拓展事业提供便利，日本企业之间也可以依照行业规范原则自我约束恶性行为。

另外在 TICAD 6 期间，2016 年，日本在毛里求斯设立了大使馆。2018 年 1 月，在非盟设立了日本政府代表部。同时，外务省继续扩大"能源以及矿物质资源专门官"的规模，在 53 个国家的 60 个使领馆设置了"能源以及矿物质资源专门官"，其中驻非洲国家使领馆有 14 个，其规模仅次于亚洲地区位居第二位。2018 年，日本国际协力机构在几内亚设置了办事处。

第三节　TICAD 下日本对非洲外交的总结

从 1993 年开始实施 TICAD 到 2019 年的 TICAD 7，日本对非外交围绕着 TICAD 发生了巨大的变化，TICAD 本身的机制、形式和内容也发生了变化。在变化之中，日本针对非洲大陆的政府开发援助以及贸易和投资也取得了进展。总体而言，日本通过 TICAD 强化了与非洲国家的关系。TICAD 体现了援助开发与摄取资源的双重性格。

一　突破"自主外交"实现"引领外交"

回溯日本实施 TICAD 的目的之一，就是要实现"自主外交"。"旧金山和约"之后，日本从被以美国为首的盟军占领状态下恢复了国家主权，在战后新体制下致力于政治、经济、社会的重建工作。从20世纪50年代初期开始，尽管步履艰难但是经过不懈的努力，日本逐步在政党政治、国会政治、战后复兴、经济高速成长、社会稳定与发展方面取得了成效。虽然存在经济发展过度依存贸易和资源进口，自民党长期执政形成"政官财"勾结体制引发政治腐败等各种各样的问题，日本到20世纪80年代已经成长为世界经济大国，政局和社会总体上也保持了基本的稳定。

政局和社会稳定体现的是作为国家的日本内部主体的特征，经济大国的地位也是首先满足于和有惠于日本国家和国民自身。这一时期日本在国际社会上的国家形象只是经济大国而已。经济大国的日本在国际事务中游离于主导性作用之外。从这一点上来看，日本国家所体现的内外特征存在巨大的差距性。日本一些政治家认为造成这种结果的原因是日本在外交和防务领域做出了"自主性牺牲"，是通过对美外交协调和防卫依存换取了经济的快速发展，从而在20世纪80年代之后开始极力主张应该提升日本在国际事务中的主导性作用，开始追求实现真正意义上的"自主外交"。

20世纪90年代初期实施的TICAD是日本战后外交上由日本创建和主导的第一个洲际性外交活动。日本通过推动和主导TICAD第一次实现了"自主外交"的目标。经过TICAD 1到TICAD 2阶段参与各方对TICAD机制的实践和磨合，特别是通过TICAD所取得的成效，TICAD稳定下来。这意味着日本第一次主导的外交活动获得了认可和成功，对日本外交而言达到了预期的目的，实现了"自主外交"的突破。TICAD 3之后，日本不断地将自身对TICAD的外交设想纳入G8首脑会议以及其他国际性会议议题当中，在国际场合推动TICAD。G8九州·冲绳峰会、加拿大卡纳纳斯基斯峰会、法国埃维昂峰会以及墨西哥蒙特雷发展筹资问题国际会议、第一届可持续发展世界首脑会议、第三届世界水论坛等各种国际场合，在日本的积极推动下非洲地区的发展问题成为这些会议的主要议题。针对TICAD提出了"解决全球性规模的问题""高质量基础设施输出战略"的主张。甚至在TICAD 6期间率先提出"自由开放的印度洋—太平洋"的概念，并成功地推销给美国。日本率先提出并推动"解决全球性规模的问题""高质量基础设施输出战略"等行为一方面对非洲大陆的发展起到了积极作用，另一方面则体现了在国际场合起到了主导性作用。

实施TICAD以来,日本在TICAD框架内一直起到主导性作用。特别是TICAD 3之后,日本不甘于在处理国际事务中处于被动的地位,通过率先性行动努力在决定世界格局和主导国际社会秩序的领导性集团中占有一席之地,更是在联合国行动、G7、G20等国际场合多次发挥了率先推动以及主导推进的作用。从这个意义上来说,日本的"自主外交"已经成功地向"引领外交"转变。可以说,日本政府通过TICAD机制实现了外交活动的突破和转变,而日本也会借鉴这种逐渐突破和转变的方式,今后在修宪和防卫等领域谋求变化。

2017年3月,日本外务省在肯尼亚、科特迪瓦以及南非三国针对日本的国际形象进行了调查①。调查人群为上述三国18岁至59岁有自主行为能力的男女1500人。在20个"目前最重要的伙伴国家"中位居前五位的分别是中国(56%)、美国(39%)、法国(32%)、日本(28%)、英国(15%);在20个"今后最重要的伙伴国家"中位居前五位的分别是中国(48%)、美国(38%)、日本(33%)、法国(17%)、德国(17%);在20个"最值得信赖的国家"中位居前五位的分别是中国(33%)、法国(23%)、美国(15%)、日本(7%)、英国(5%);在14项"日本的形象"中高经济力和技术力(75%)、有传统文化(32%)、生活水平高(27%)、国际社会中有领导能力(22%)、和平国家(20%)位居前五位。在"与美国、中国、印度、欧洲国家以及其他国家相比,日本与非洲国家关系具有哪些特征"的10个选项中有良好的投资贸易关系(61%)、有共同的价值观(36%)、高质量基础设施建设对非洲发展有贡献(33%)、对构建遵循法治和民主自由等国际秩序有贡献(18%)、对解决全球性规模问题有贡献(16%)位居前五位。在期待"日本对非洲有哪些贡献"的9个选项中强化投资贸易关系(78%)、强化友好关系(37%)、继续在遵循法治和民主自由等国际秩序上做贡献(26%)、继续在非洲的安定与和平方面做贡献(23%)、继续在解决全球性规模的问题方面做贡

---

① 外務省"アフリカ地域における対日世論調査",https://www.mofa.go.jp/mofaj/files/000351223.pdfおすびhttps://www.mofa.go.jp/mofaj/files/000352479.pdf,2017年3月。

献（21%）位居前五位。

尽管调查涉及的国家和人群样本极其有限，但是调查能够反映一些情况。根据上述调查结果可以发现，日本通过实施 TICAD 与非洲国家建立了友好和值得信赖关系，日本在非洲地区的投资贸易、高质量基础设施建设、构建遵循法治和民主自由等国际秩序、解决全球性规模问题等领域取得了成效，并且非洲国家期待着日本在上述领域继续发挥作用。值得一提的是，日本在国际社会中具有领导能力成为调查结果中引人注目的一项。这说明通过实施 TICAD，日本不仅实现了"自主外交"，正在不断追求的"引领外交"也开始取得一定的效果。

20 多年来，TICAD 的主办方和参与方都发生了变化。日本政府和联合国所属国际机构始终是主办方，非洲国家始终是参与方。其间，非盟委员会成为主办方，民间企业、非政府组织、非营利组织（NPO）、市民团体成为参与方。通过主办方和参与方的变化，TICAD 呈现了多边性的性格。

日本外交通过 TICAD 发生变化的同时，TICAD 的机制、形式和内容也发生了变化。

在机制方面，TICAD 在初期单纯援助机制的基础上逐渐加入了效果评价机制以及跟踪跟进机制，融入了非洲国家相互审查机制、采纳了与"非洲发展新型伙伴计划"相互支撑机制。通过机制方面的多边化 TICAD 变得更加完善更加具有效率和效果。

在形式方面，TICAD 从两国间的援助形式逐步拓展为包含有主权国家属性的两国间、多国间、国家与国际组织之间、国家与民间组织之间合作的多种形式，拓展为体现非主权国家属性的民间企业、非政府组织、非营利组织、市民团体之间共同参与合作的多种形式。通过多样化的形式 TI-CAD 变得更加灵活更加富有活力和生机。

在内容方面，在 TICAD 6 之后，日本将体现了与中国"一带一路"竞争意识的"高质量基础设施输出战略"，以及体现了防范和抗衡中国意图的"自由开放的印度洋—太平洋战略"纳入 TICAD 内容当中。这种内容的变化意味着 TICAD 已经开始发生演变，使得 TICAD 援助的属性中开始具有了竞争和对抗的因素。TICAD 一方面作为援助机制继续在日本处理非洲事务方面发挥着作用，另一方面成为日本可借助的防范和抗衡中国的平台。

二 援助开发与摄取资源的双重性格

政府开发援助以及民间贸易投资是日本对非洲经济外交的两翼。日本提供政府开发援助帮助非洲发展的同时，也期望营造有利于日本的国际环境，在国际场合得到非洲国家的支持获取政治资源。日本民间企业对非洲开展贸易投资活动是为了获取以矿产和能源产品为主的经济资源。日本对非洲外交体现着援助发展与摄取资源的双重性格。

（一）持续的政府开发援助

在TICAD框架内，日本与国际机构和其他参与国一同向非洲国家提供援助，但是日本的政府开发援助是TICAD的核心，也是维系和持续推进TICAD的基础。针对日本外交而言，1993年实施TICAD之后，对非洲外交的重要一环是围绕着实施TICAD而展开的，以TICAD为牵引器的政府开发援助是日本开展外交活动的重要手段，成为日本对非洲经济外交的一翼。

20世纪90年代，日本发生"泡沫经济"之后经济成长一蹶不振。但是为了推动TICAD进程的顺利进行，日本还是加大了对非洲地区的经济援助。根据表7-2的数据，20世纪70—80年代，日本提供给撒哈拉沙漠以南非洲国家的政府开发援助（ODA）纯额总计将近为51.9亿美元。1993年到1997年的TICAD 1期间，日本提供给撒哈拉沙漠以南国家的政府开发援助（ODA）纯额总计达到53.9亿美元，就已经超过了20世纪70—80年代的总和。通过数据对比不难看出日本为推动TICAD加大了政府开发援助的力度。1998年到2002年的TICAD 2期间，日本在撒哈拉沙漠以南国家实施的ODA纯额约为43.5亿美元。TICAD 2时的ODA纯额比TICAD 1时略有下降，总体上基本保持了TICAD 1时期的水准。尽管这一期间的ODA纯额下降，但是日本针对22个重债务贫困国家（HIPCs）因ODA引起的债权实施了100%减免率计划，债权减免总额为48亿美元，减免对象国主要是撒哈拉沙漠以南国家。2003年到2007年的TICAD 3时期，日本提供给撒哈拉沙漠以南国家的ODA纯额约为65.5亿美元，超过了TICAD 1和TICAD 2时期的水平。非洲大陆成为继亚洲大陆之后的日本第二大

ODA 援助地区。2008 年到 2012 年的 TICAD 4 时期，2008 年世界金融风暴影响日本经济，日本还没有出现经济复苏的征兆。特别是 2011 年 3 月发生了世界历史上第五大震级的东日本大地震和巨大海啸，日本经济和社会受到巨大影响。在这种情况下，TICAD 4 期间日本还是向撒哈拉沙漠以南国家提供了 79.9 亿美元的 ODA。从 TICAD 5 开始 TICAD 改为 3 年一期，日本提供给撒哈拉沙漠以南国家的 ODA 纯额，2013 年到 2015 年的 TICAD 5 约为 55 亿美元，2016 年到 2018 年的 TICAD 6 将近 42 亿美元。从总体趋势上来看，实施 TICAD 以来，日本提供给撒哈拉沙漠以南国家的 ODA 纯额基本上呈现了增加的状态。特别是 TICAD 4 之后显著增多。截至 2019 年的 TICAD 6，在 TICAD 期间，日本向撒哈拉沙漠以南非洲国家总计提供了 353.5 亿美元的政府开发援助。

表 7-2　　日本对撒哈拉沙漠以南国家的 ODA 金额　　（单位：百万美元）

年份	赠与			赠与合计	政府贷款及政府海外投融资	纯额合计
	无偿资金	通过国际机构的赠与	技术援助			
1969	0.0		2.4	2.4	1.4	3.8
1970	1.0		2.5	3.5	4.7	8.2
1971	0.0		3.8	3.8	8.7	12.4
1972	0.0		3.6	3.6	1.5	5.1
1973	1.3		5.8	7.1	11.5	18.6
1974	2.8		8.2	11.0	25.3	36.4
1975	2.2		9.1	11.3	47.8	59.1
1976	0.0		12.1	12.1	34.2	46.3
1977	10.1		16.3	26.4	31.8	58.3
1978	21.4		25.1	46.5	82.2	128.7
1979	52.1		27.4	79.5	128.8	208.3
1980	60.3		33.3	93.6	140.2	233.8
1981	89.3		42.1	131.4	86.8	218.2
1982	96.8		41.9	138.7	139.5	278.2
1983	143.6		39.5	183.1	103.8	286.9

续表

年份	赠与			赠与合计	政府贷款及政府海外投融资	纯额合计
	无偿资金	通过国际机构的赠与	技术援助			
1984	150.9		41.3	192.2	47.4	239.6
1985	159.8		45.8	205.6	72.4	278.0
1986	242.9		71.1	314.0	137.2	451.2
1987	346.7		92.0	438.7	154.7	593.4
1988	581.9		114.1	696.0	247.6	943.6
1989	556.1		117.7	673.8	407.6	1081.4
1990	458.5		128.6	587.1	243.6	830.7
1991	527.6		134.8	662.4	298.3	960.7
1992	577.4		138.7	716.1	170.2	886.3
1993	590.4		187.4	777.8	203.5	981.3
1994	722.4		210.8	933.2	231.6	1164.8
1995	838.1		245.8	1083.9	270.3	1354.2
1996	677.4		222.1	899.5	186.4	1085.9
1997	519.9		209.6	729.5	73.8	803.3
1998	636.4		194.1	830.5	119.9	950.4
1999	693.5		221.4	914.9	80.4	995.3
2000	665.0		249.3	914.3	55.4	969.7
2001	614.6		223.8	838.4	13.6	852.0
2002	417.1		204.5	621.6	-36.6	585.0
2003	426.4		200.6	627.0	-95.5	531.5
2004	1827.2		180.4	2007.6	-1359.0	648.6
2005	1224.1		236.9	1461.0	-321.5	1139.5
2006	2639.4	152.3	223.5	3015.2	-482.2	2533.0
2007	1364.5	183.1	237.4	1785.0	-84.5	1700.5
2008	420.2	474.1	260.7	1155.0	240.7	1395.7
2009	662.5	349.7	331.1	1343.3	60.0	1403.3
2010	822.3	329.6	408.0	1559.9	172.8	1732.7
2011	2047.0	446.4	460.8	2954.2	-1210.4	1743.8
2012	662.4	443.4	595.9	1701.7	16.3	1718.0

续表

年份	赠与			赠与合计	政府贷款及政府海外投融资	纯额合计
	无偿资金	通过国际机构的赠与	技术援助			
2013	1434.5	565.5	447.7	2447.7	-310.8	2136.9
2014	419.3	340.7	386.1	1146.1	411.3	1557.4
2015	371.8	371.6	332.9	1076.3	731.0	1807.3
2016	321.4	367.4	397.1	1085.9	302.9	1388.8
2017	372.4	265.1	379.9	1017.4	577.3	1594.7
2018	434.2	156.3	312.3	902.8	311.7	1214.5
2019	455.5	220.2	310.5	986.2	379.3	1365.5

注：1. 按照日本外务省对ODA实施地区的划分，北非五国纳入亚洲的中东地区，本数据不包括北非五国。2. 负值为年度政府贷款回收额与借出额的差。

资料来源：根据收集日本外务省《ODA白书》各年度版的数据整理而成。

从政府开发援助的具体内容来看，日本提供给撒哈拉沙漠以南国家的ODA大部分为赠与性质的无偿援助和技术援助。截至TICAD 6，从各年的平均值来看，无偿援助和技术援助两项约占到ODA纯额的75%，有偿的日元贷款和政府海外投融资约占到25%。但是从TICAD 5开始，无偿援助和技术援助在政府开发援助中的占比呈现下降状态，有偿的日元贷款和政府海外投融资出现上升状态。另外，从无偿援助和技术援助分别在赠与中的各年的平均占比来看，无偿援助从TICAD 1和TICAD 4阶段的77%下降到TICAD 5和TICAD 6阶段的67%，技术援助从23%上升到33%。

政府开发援助是日本对非洲外交的重器。日本通过开展大规模的政府开发援助活动不仅与非洲国家建立了良好的国家间关系，还加大了对非洲国家的影响力。国际社会和舆论界普遍认为日本对非洲实施大规模的政府开发援助是为了在安理会常任理事会改革中获取非洲国家的支持。但这只是日本通过提供政府开发援助获取非洲国家支持的显在目的之一。经过27年的经营以政府开发援助为主的TICAD机制已经基本稳固，日本可以通过TICAD机制实现和宣介自身需求，在广泛的领域获取政治资源和经济资源。TICAD 6期间，日本借助TICAD平台提出了"自由开放的印度洋—太平洋"概念，就是为了在TICAD机制下赢得包括非洲国家在内的参与国的理解和支持。安倍晋三在 TICAD 6 内罗毕大会上提出"自由开放的印度洋—太平洋"概念时,《内罗毕宣言》、TICAD 6 实施计划以及其他 TICAD 6 重要文书中并没有任何言及"自由开放的印度洋—太平洋"的内容。之后日本通过 TICAD 部长级会议、高级别官员会晤洽谈等方式不断地对非洲国家进行游说活动,终于将"自由开放的印度洋—太平洋"概念写进 TICAD 7《横滨宣言 2019》当中。另外在参加联合国维和行动、自卫队防止海盗护航活动、防止过激主义以及恐怖活动、自卫队参与国际性紧急救援活动、世界贸易组织(WTO)改革等方面,日本也获得了非洲国家的政治支持。

2019 年 1 月,面对日本政府开发援助总额减少的趋势,时任外务大臣河野太郎提出要提高"赤手空拳的外交能力"。从表 7-3 的数据来看,日本 ODA 纯额在 1999 年达到最高值 87.3 亿美元之后开始下降。从日本提供给世界五大洲 ODA 纯额的变化来看,中南美洲和亚洲的 ODA 纯额都呈现下降状态,1999 年到 2009 年期间亚洲地区的 ODA 纯额年均为 33.4 亿美元,2010 年到 2019 年期间年均为 22.6 亿美元。中南美洲地区从 2010 年开始由于年度政府贷款回收额多于借出额,ODA 纯额基本上为负增长。相对上述两个地区而言,日本提供给非洲地区的 ODA 却呈现上升状态,1999 年到 2009 年期间 ODA 纯额年均约为 11.6 亿美元,2010 年到 2019 年期间年均约为 16.3 亿美元。通过对提供给各个地区的 ODA 进行比较可以发现,日本根据自身需求、国际形势以及受援对象区域和国家的变化,及时调整 ODA 的用力方向。提高所谓"赤手空拳的外交能力"是激励日本外交提高能力的一种愿望,希望能够拓展出新的外交渠道和方式。在 TICAD 的核心依然以政府开发援助为主的情况下,日本针对非洲大陆以及 TICAD 绝不是"赤手空拳"的。毋庸置疑的是,只要日本对非洲政治资源和经济资源存在需求,只要继续推进 TICAD,那么日本对非洲的政府开发援助就会持续下去。

表 7-3　　1999 年后日本政府开发援助纯额的变化　（单位：百万美元,%）

年份	亚洲	非洲	中南美洲	大洋洲	欧洲	合计	亚洲占比	非洲占比
1999	6630.6	995.3	814.2	138.2	151.1	8729.4	76.0	11.4

续表

年份	亚洲	非洲	中南美洲	大洋洲	欧洲	合计	亚洲占比	非洲占比
2000	5283.8	969.7	799.6	151.1	117.6	7321.8	72.2	13.2
2001	4220.5	852.0	738.2	101.5	116.1	6028.3	70.0	14.1
2002	4085.6	585.0	592.4	93.5	119.6	5476.1	74.6	10.7
2003	3226.1	531.5	463.9	52.1	215.5	4489.1	71.9	11.8
2004	2544.6	648.6	309.3	42.2	140.7	3685.4	69.0	17.6
2005	3841.1	1139.5	408.6	93.7	309.3	5792.2	66.3	19.7
2006	1974.4	2533.0	431.4	76.2	220.0	5235.0	37.7	48.4
2007	1633.1	1700.5	225.6	70.3	109.2	3738.7	43.7	45.5
2008	1073.7	1395.7	269.5	72.9	149.9	2961.7	36.3	47.1
2009	2218.0	1403.3	142.6	111.9	166.1	4041.9	54.9	34.7
2010	2528.6	1732.7	-343.6	176.3	180.5	4274.5	59.2	40.5
2011	1587.9	1743.8	348.7	160.4	183.7	4024.5	39.5	43.3
2012	1612.0	1718.0	-192.2	128.2	35.3	3301.3	48.8	52.0
2013	3448.7	2136.9	-34.1	121.6	-3.3	5669.8	60.8	37.7
2014	1977.1	1557.4	29.8	108.9	131.7	3804.9	52.0	40.9
2015	1626.3	1807.3	-16.7	111.6	48.1	3576.6	45.5	50.5
2016	1787.6	1388.8	82.4	163.0	336.1	3757.9	47.6	37.0
2017	3600.5	1594.7	-343.9	230.6	25.0	5106.9	70.5	31.2
2018	1492.5	1214.5	190.7	199.9	8.4	3106.0	48.1	39.1
2019	2982.2	1365.5	160.5	206.2	4.3	4718.7	63.2	28.9

注：1. 按照日本外务省对ODA实施地区的划分，北非五国纳入亚洲的中东地区，亚洲的数据含北非五国。2. 负值为年度政府贷款回收额与借出额的差。

资料来源：根据收集日本外务省《ODA白书》各年度版的数据整理而成。

（二）脆弱性的对非洲贸易

贸易立国是战后日本固有的经济方针。非洲物产资源丰富，特别是拥有稀有金属等矿物质资源以及咖啡、可可等农产品资源。对于自然资源匮乏的日本来说非洲是不可或缺的贸易对象。同时，随着政治、社会的安定以及经济的增长，拥有54个国家13亿人口的非洲大陆也是日本所憧憬的巨大贸易市场。日本重视对非洲贸易，与政府开发援助一样，对非贸易也是日本开展外交活动的重要手段。与政府开发援助不同的是，对非贸易是日本企业的对非经济活动，也是日本对非经济外交的一翼。

通过表7-4和表7-5可以看出，一方面，日本对非洲进口产品主要集中在以海洋鱼类、谷物和水果为主的食品，以原油为主的矿物质燃料以及以铁矿石为主的原材料等初级产品方面。初级产品的进口额比例一般占到进口总额的50%左右，有些年份甚至高达70%左右。另一方面，日本对非洲出口产品主要集中在以汽车和汽车零部件为主的运输类产品、电气类和一般机械类产品方面，这三类产品比例一般占到出口总额的75%左右。通过日本对非洲进出口产品结构，可以看出非洲已经成为日本的食品、原材料以及能源的供给地，成为日本汽车和机械产品的国际市场。

表7-4　　日本进口非洲初级产品情况以及进口总额　　（单位：百万美元,%）

年份	食品	原材料	矿物资燃料	上述三类总计金额	进口总额	三类占比
2005	951	762	3123	4836	9934	48.7
2006	871	804	5400	7075	13266	53.3
2007	904	1018	5653	7575	14770	51.3
2008	877	1631	10252	12760	20768	61.4
2009	939	1030	2869	4838	9107	53.1
2010	925	1487	3042	5454	11749	46.4
2011	1037	1734	7115	9886	17159	57.6
2012	1072	1837	13224	16133	21314	75.7
2013	1245	1872	10932	14049	19318	72.7
2014	990	1730	9541	12261	16966	72.3
2015	981	1280	4881	7142	11550	61.8
2016	954	926	1488	3368	7289	46.2
2017	1140	1087	1629	3856	8296	46.5
2018	1100	1207	1669	3976	8972	44.3

注：食品包括鱼类、谷物、水果等；原材料包括木材、非铁金属、铁矿石等；矿物资燃料包括原油、石油制品、挥发油、天然气、煤炭等。

资料来源：根据收集日本财务省《贸易统计》以及海关各年度数据整理而成。

表7-5　日本出口非洲电气、机械、运输类产品情况以及出口总额

（单位：百万美元，%）

年份	电气类产品	一般机械	运输类产品	上述三类总计金额	进口总额	三类占比
2005	572	1353	4829	6754	8253	81.8
2006	609	1689	5485	7783	9459	82.3
2007	609	2109	6841	9559	11602	82.4
2008	785	2577	7824	11186	13344	83.8
2009	704	1756	5051	7511	9498	79.1
2010	817	2310	6659	9786	10221	81.5
2011	698	2250	7777	10725	13167	81.5
2012	823	2384	7372	10579	12965	81.6
2013	526	1803	6383	8712	11531	75.6
2014	587	1930	5553	8070	10525	76.7
2015	436	1309	4628	6373	8571	74.4
2016	433	1062	4202	5697	7712	73.9
2017	410	1172	3898	5480	7503	73.0
2018	415	1125	4479	6019	8152	73.8

资料来源：根据收集日本财务省《贸易统计》以及海关各年度数据整理而成。

从日非贸易金额的具体变化来看，2005年至2008年期间，日本对非进出口总额基本上处于上升状态。2009年进出口双双下滑，2010年开始回升之后，2012年又开始双双下滑。日本与非洲的进出口贸易呈现出不稳定的状态。不稳定的状态是由于日本对非洲进出口商品容易受到各种因素影响而缺乏韧性。日本出口品目基本上都是高附加值的产品，进口品目主要为大宗原材料产品。这些产品与日常消费生活用品不同更容易受到国际市场价格波动以及非洲国家政局和社会稳定的影响。

2015年开始，日本从非洲进口的原油、天然气等矿物质燃料的减幅非常明显。直接的原因是因为世界石油价格下跌以及武装冲突等原因导致尼日利亚、安哥拉、阿尔及利亚等国石油产量下降，对日本的原油和天然气

进口产生直接影响。同时，由于非洲的需求以及债务等问题，大幅度减少了客车和卡车的进口，对日本出口运输类产品产生影响。尽管日本以牺牲日常消费生活用品贸易为代价维持了较高质量的对非洲贸易活动，但是由于存在贸易产品结构缺乏韧性的问题，使得日非贸易容易受到两国关系、对象国政治与社会环境、经济景气等方面的影响，导致日本对非洲贸易的脆弱性。

近年以来，随着国际社会资源民族主义色彩日益浓厚，非洲一些国家对资源性初级产品贸易采取了各种措施。南非政府提出矿石出口高附加值政策，减少了原矿石出口而增加了合金出口，对日本进口铁矿石产生影响。与此同时，在一些非洲国家各方势力围绕着资源的争夺和论战开始变得激烈。尼日利亚和苏丹等地都发生了争夺资源的冲突，对日本进口石油和天然气产生了影响。随着资源性产品特别是矿物质产品价格的波动以及非洲国家财政收入的变化，资源性初级产品贸易政策与一些非洲国家的局势和选举相互发生作用产生密切的联系。这一现象往往会使日非贸易骤然变得不稳定从而增加了贸易的脆弱性。日非贸易产品结构缺乏韧性是日非贸易脆弱性的根本性原因。

尽管日本对非洲贸易产品结构缺乏韧性，但是日本无法减少对非洲原材料和矿物质原料的需求。日本始终把保持对非洲贸易稳定放到重要的位置，采取各种措施防止和解决贸易问题。由于零散企业和个体商人无法也无力进行大宗初级产品、高附加值、高科技产品的贸易活动，对非洲贸易的主体一般都是以综合性商社为主的大中型企业。在这种情况下，为避免同业恶性竞争，大中型企业遵循《独占禁止法》（1947年法律第54号）以及1993年全面改正后的《不正当竞争防止法》（1993年法律第47号）开展对非洲贸易。日本政府也通过日本贸易振兴机构等机构对大中型企业的贸易活动提供政策性指导和信息服务。为了稳固对非洲贸易，日本贸易振兴机构在埃及、尼日利亚、南非等非洲6个国家设立了事务所。为了解决进口非洲能源问题，日本在14个驻非洲国家大使馆设立了能源以及矿物质资源专门官，积极开展能源外交。日本政府通过维和行动、帮助恢复政治和社会秩序、加强援助力度、派遣青年海外协力队等方式，在非洲大陆营造良好的国际形象，为日本企业开展对非贸易活动助力。

与以往不明确年度外交任务不同的是，安倍晋三2012年年底再次执政之后，日本政府2013年开始具体翔实地提出每一年度的外交核心任务。2013—2017年[①]将"强化日美同盟""强化与邻近各国的关系""推进促进日本经济成长的经济外交"作为日本外交的三大核心任务。2018—2019年将"强化日美同盟以及编织日本与同盟和友好国家之间的网络""强化与邻近各国的关系""推进经济外交""致力于解决全球性规模的问题""为中东和平与安定做出积极贡献""推进自由开放的印度洋—太平洋战略"作为日本外交的六大核心任务。从三大核心任务到六大核心任务，日本始终把积极推进和拓展经济外交作为外交核心任务之一，这也是在外交领域对安倍晋三在2013年之后历次执政方针中提出的复兴日本经济的具体回应。

在这样一个执政方针和外交任务的引领下，日本将会不遗余力地积极拓展对非洲的贸易活动。但是，如何在市场经济机制下落实"经济外交"任务，如何既要妥善处理贸易脆弱性等各种问题又要大力开展和促进对非洲贸易，对日本企业以及日本政府来说把握好市场机制与政府任务的关系是一个巨大的挑战。

（三）变化的企业投资活动

日本企业在非洲国家的投资也是对非外交活动的重点。外务省以及经济产业省所管辖的独立行政法人日本贸易振兴机构（JETRO）在投资政策、投融资支援、投资信息、与投资对象国协商改善投资营商环境、投资后援助等各方面对日本企业给予援助，积极促进日本企业对非洲国家进行投资。如果说政府开发援助是日本政府针对非洲外交行为的话，那么民间投资与对非贸易两者都是日本企业针对非洲所开展的经济活动，也是日本对非洲经济外交的重要组成部分，对非洲的投资与贸易成为日本对非洲经济外交的一翼。

表7-6的数据表明，日本企业在非洲的分布相对集中。在54个非洲国家中，主要集中在南非、肯尼亚、摩洛哥等15个国家。日本企业数排列前15位的非洲国家合计有794家日本企业，占所有910家日本在非洲企

---

① 2014年时，曾经将"为解决全球性规模的问题做贡献"纳入外交核心任务当中。

业的87.3%。日本企业主要分布在与日本有传统经济关系，同时也是政治经济状况相对稳定、营商环境比较完善的非洲国家。日本企业分布相对集中的状态体现了日本企业在非洲大陆投资的谨慎性和稳妥性。在考虑投资回报的同时，日本企业的海外投资历来充分顾及从业人员和资本等企业安全因素，一向具有谨慎性。本着这样的原则，在非洲大陆，日本企业投资会优先选择政局相对稳定、营商环境相对完善、传统交往国家，之后以此为基础逐步地向外延伸拓展，追求投资的稳妥性。

表7-6　　日本企业在非洲国家的分布情况（2018年度）　　（单位：家）

国家	日本企业数
非洲总计	910
南非	272
肯尼亚	87
摩洛哥	70
加纳	56
埃及	53
尼日利亚	47
坦桑尼亚	37
莫桑比克	32
卢旺达	27
乌干达	25
突尼斯	22
阿尔及利亚	21
塞内加尔	16
科特迪瓦	15
赞比亚	14
马达加斯加	13
喀麦隆	12
埃塞俄比亚	11
安哥拉	10

续表

国家	日本企业数
几内亚	8
马拉维	7
纳米比亚	7
博茨瓦纳	6
利比里亚	5
布基纳法索	4
斯威士兰	4
刚果民主	4
苏丹	3
毛里求斯	3
塞拉利昂	2
津巴布韦	2
贝宁	2
吉布提	2
南苏丹	2
刚果共和	1
加蓬	1
赤道几内亚	1
多哥	1
尼日尔	1
布隆迪	1
利比亚	1
毛里塔尼亚	1
西撒哈拉（日本未承认国家）	1

注：日本政府未承认西撒哈拉，但是日本在当地开设有一家制造业企业。

资料来源：根据日本外务省2019年发布的《海外在留邦人数调查统计》整理而成[1]。

---

[1] 外務省"海外進出日系企業拠点数調査", https://www.mofa.go.jp/mofaj/toko/page22_003338.html。

根据表 7-7 的数据，从数量上来看，日本在非洲设立的企业数 2006 年仅为 344 家，之后基本上逐年稳步增加，到 2018 年已经达到 910 家，呈现出增长的趋势。经过 TICAD 参与各方的共同努力和相互磨合，TICAD 4 之后，TICAD 机制越来越成熟稳定，这一状况为日本企业和个人在非洲大陆开设企业创造了营商环境。同时，在日本政府针对非洲强化开展经济外交的方针指导下，日本外事和经济部门为在非洲的日本企业和个人提供领事安全保护、信息支援、金融服务也促进了日本企业和个人前往非洲大陆进行投资开办新的企业。

表 7-7　　　　　　　日本在非洲地区投资额　　　（单位：家，百万美元）

年份	企业数	企业年度投资总额	年度末剩余投资额
1996	—	-117	440.9
1997	—	136	671.4
1998	—	355	901.4
1999	—	202	889.3
2000	—	-192	758.1
2001	—	-184	625.0
2002	—	233	1232.2
2003	—	430	2051.9
2004	—	378	1628.2
2005	—	25	1331.7
2006	344	899	2700.6
2007	275	1101	3895.3
2008	457	1518	7324.8
2009	484	-301	5733.9
2010	520	-372	6144.6
2011	562	464	8080.9
2012	560	116	6892.3
2013	584	-537	12077.0
2014	657	1510	10011.4

续表

年份	企业数	企业年度投资总额	年度末剩余投资额
2015	687	1431	8914.0
2016	738	−550	9992.3
2017	796	1717	7824.4
2018	910	1733	8776.4

注：1. 年度投资总额为年度投资额与撤资额的差，负值为撤资额大于投资额。2. 企业数为公开信息企业的数值，不包含不公开信息的企业。

资料来源：根据收集外务省、财务省、日本银行、日本贸易振兴机构的数据整理而成。

从总体投资额方面来看，在 TICAD 1 和 TICAD 3 期间，日本企业的年度投资额并不多，这一阶段只有 2007 年的年度投资额超过 10 亿美元，达到 11.01 亿美元。在 TICAD 初期，刚刚开始民主化和政府善治进程以及经济体制转型刚刚起步的非洲大陆的营商和投资环境尚未得到充分改善，直接影响了日本企业的投资热度。TICAD 4 的 2008 年，日本企业对非洲大陆的投资开始有了较大的进展，年度投资额达到将近 15.2 亿美元。但是由于这一时期，非洲地区的政局和社会出现不稳定状态，日本企业的投资也出现波动，2009 年和 2010 年连续两年撤资额多于投资额。从年度末剩余投资额来看，1996 年到 2003 年基本上呈现上升状态，经过 2004 年和 2005 年两年的回落之后，2006 年到 2013 年再次上升，2013 年达到高值之后，2014 年到 2018 年基本上保持稳定。从 1996 年到 2018 年 20 多年间的总趋势上看，日本对非洲投资呈现增加的状态，其原因主要是 1993 年实施 TICAD 之后，不断加大的日本政府投资支撑起了日本对非洲投资。

2013 年"安倍经济学"提出之后，在日本政府以及日本经团联的积极推动下，日本企业加大了对非洲的投资特别是基础设施领域的投资。TICAD 5 时，安倍晋三特别指出："目前，非洲最需要的是民间投资。充分利用民间投资、政府和社会资本合作（PPP），实现官民携手合作。"[①] 日本政府提出了促进民间组织主导非洲经济增长以及促进基础设施建设的举措，与安哥拉等 6 个非洲国家开展了保护外商投资协定的谈判工作，希望

[①] 内阁总理大臣安倍晋三在 TICAD 5 大会上的演说，2013 年 6 月 1 日。

非洲国家改善贸易投资环境并呼吁日本企业加大对非洲的投资。2014年到2018年的5年间，除2016年之外，各年度的投资额基本上保持在15亿美元的水平。另外需要指出的是，日本企业投资在日本对非洲总投资中的份额不高，政府援助投资依然是对非洲投资的主体。

从企业所涉及行业领域来看，根据表7-8可以看出，日本在非洲进行投资和贸易活动的领域基本上分布在制造业、建筑业以及信息通信业、运输邮政业等基础设施建设相关联的产业、大型批发及零售业、学术研究及专业技术服务业以及餐饮及酒店业等服务业。910家企业中有660多家为农林水产、制造、基础设施和生产生活服务相关联的行业。

表7-8　　**日本在非洲企业行业分布状况（2018年）**　　（单位：家）

日本企业涉及行业	企业数
总计	910
农林业	21
渔业	7
矿业和采石业	22
建筑业	66
制造业	249
电气、煤气、供热、供水等基础设施业	12
信息通信业	48
运输邮政业	35
大型批发及零售业	225
金融保险业	16
不动产和租赁业	7
学术研究及专业技术服务业	31
餐饮及酒店业	22
生活关联服务业及娱乐业	10
教育及培训业	8

续表

日本企业涉及行业	企业数
医疗及福祉业	17
其他类型服务业	93
无法细分类的产业	8
区分不明确	13

日本企业形态	企业数
日本企业海外支店	193
日本企业全额出资的企业	344
日本企业与当地合资的企业（日方出资额10%以上）	219
日本个人兴办的企业	136
区分不明确	18

注：数据截止日期为2018年10月。

资料来源：根据日本外务省2019年发布的《海外在留邦人数调查统计》整理而成[①]。

日本企业从20世纪60年代开始就在扎伊尔（现刚果民主共和国）、赞比亚等国家投资铜矿以及矿产勘探活动，在矿物质资源和农林水产原材料资源领域建立了关系积累了经验。2000年之后，日本企业依旧在资源领域进行投资。三井海洋开发（MODEC）在加纳、科特迪瓦等国参与海上石油天然气开发建设，在安哥拉、喀麦隆等5个国家参与石油采掘设备的建设。伊藤忠丸红钢铁和新日铁住金在莫桑比克投资原料炭工程。日本海外铀资源开发在尼日尔投资铀矿开发。UCC上岛咖啡在非洲五国投资咖啡原料生产等。另外，由于在非洲大陆，中国在生活用品等小商品零售和批发业具有压倒性竞争优势，日本企业基本上不涉及小商品进出口及零售批发行业。即使是从事进出口贸易，日本在非洲的企业基本上都是像丸红、三井物产、味之素、花王、无印良品、大创产业、东洋水产等大中型上市企业。

在企业形态上，日本企业设立的支店以及日本全额出资的企业共有

---

① 外務省"海外進出日系企業拠点数調査"，https：//www.mofa.go.jp/mofaj/toko/page22_003338.html。

537家，占据日本在非洲企业总数的59%，合资企业为219家，而个人兴办的企业只有136家。以集团性企业和大中型上市企业为主成为日本在非洲企业的一大特色。

近年来，日本政府呼吁企业加大对非洲地区各个行业领域的投资，并推出了"高质量基础设施输出战略"。日本政府进行呼吁的同时，还积极采取各种措施帮助日本企业开展投资活动。外务省所属的国际协力机构（JICA）在非洲29个国家设立了办事机构，通过提供投资援助的形式帮助日本企业开展对非洲的投资。例如，国际协力机构（JICA）向WASSHA会社提供投资援助，支持WASSHA在撒哈拉沙漠以南国家开展农村太阳能照明事业。

在政府的推动下，日本企业拓宽了投资的领域。通过表7-9可以看出，从2016年开始，日本企业对非洲以IT产业为主的通信行业以及运输机械行业等基础设施领域的投资额增长迅猛。通信行业的投资从2016年的53亿日元增长到2019年的2528亿日元。运输机械行业的投资从2016年的91亿日元增长到2019年的384亿日元。例如，富士电机在十多个非洲国家对电力和铁道系统进行了投资，日本电气（NEC）在赞比亚、纳米比亚等20多个非洲国家的手机基站、视频监控系统、海底电缆等通信行业进行了投资，富士通在非洲30多个国家进行了互联网和IT产业的投资。日本企业在通信和运输机械行业领域加大对非洲的投资，是与非洲的社会发展和经济成长带来的需求紧密相连的。

表7-9　　近年来日本企业在非洲部分行业领域的投资额情况　　（单位：亿日元）

年份	2016	2017	2018	2019
一般机械	803	1106	856	413
非铁金属	51	4	—	—
运输机械	91	18	53	384
橡胶皮革	25	235	40	7
医药化学	5	—	—	27
矿业	—	368	—	—
金融保险	1654	13	246	75

续表

年份	2016	2017	2018	2019
通信行业	53	117	332	2528
运输行业	21	493	527	96
商业	19	36	36	66

资料来源：根据收集财务省《对外直接投资（地域别业种别）》的数据整理而成。

日本企业对非洲投资的变化是，从 2016 年开始日本企业以解决社会问题增进公共福祉的社会商业（Social business）的投资明显减少，例如，以公共卫生、食品卫生事业为中心的 SARAYA 株式会社在乌干达和肯尼亚投资消毒液、卫生用品等事业，对当地预防传染性疾病做出了贡献。但是像这样的社会福祉型企业投资活动逐渐减少，而追求利益的纯商业性收益的企业投资活动开始增加。雅马哈在尼日利亚投资生产轻便摩托车，在非洲地区的年营业额达到 100 亿日元，Panasonic 在南非、尼日利亚和埃及投资白家电事业，在非洲的年营业额达到 150 亿日元。日本电气（NEC）投资通信产业在非洲的年营业额达到 240 亿日元。这一变化体现了日本企业在非洲地区强化了与中国、印度等新兴国家的竞争。

日本企业对非贸易和对非投资都是依照市场原理实施的经济行为。对非贸易是根据日本对资源性初级产品以及进入非洲市场的需求而展开的。经过多年的双边贸易活动，日本企业积累了相对丰富的对非贸易经验。与对非贸易相比，影响对非投资的因素更加复杂，涉及对象国的政治和社会、劳动力、原料资源、资金调配、经营环境、交通运输、基础设施等各方面因素，对非投资的风险和难度更大。

日本成规模的对非投资基本上是 2010 年之后展开的。特别是 2012 年 12 月底自民党重新执政，安倍晋三再次就任内阁总理大臣，推出"安倍经济学"呼吁日本民间企业加大对非洲的投资力度，企图通过加大对非洲地区基础设施建设的投资拉动日本经济。尽管 2013 年之后，日本企业对非洲的投资有所增加，但是远远不能满足需求。TICAD 6 内罗毕会议的一个重要议题就是促进对非洲地区的投资。安倍晋三在会议上曾经做出"在 2016 年到 2018 年的 3 年间，实现官民投资总额达到 300 亿美元规模"的承诺。但是实际上到 2018 年，日本对非洲的 3 年累计投资额只有约 266 亿美元，没有实现对非洲和国际社会的承诺。为此，2019年8月的TICAD 7大会再一次将民间组织对非洲的投资列为TICAD 7的三大支柱之一，安倍晋三再一次呼吁日本企业加快加大对非洲的投资，积极参与非洲地区的高质量基础设施建设。

在日本政府的推动下，日本对非洲投资活动从投资领域、投资规模、涉及的国家范围、参与的企业规模、与第三方市场合作等方面开始进入变化时期。

第四节　日本外交大战略与今后的TICAD

TICAD源始于日本实现"自主外交"的战略构想。20多年来日本通过成功主导TICAD实现了"自主外交"。日本在继续主导TICAD的同时，决心借助具有影响力的TICAD再次实现"引领外交"方面的突破。TICAD框架内提出的"致力于解决全球性规模问题""高质量基础设施输出战略""自由开放的印度洋—太平洋战略"都是这种外交思维的结果。日本提出的外交设想已经在某种程度和某种范围内开始起到先行的作用。日本外交战略已经发生转变，正在朝"引领外交"的方向努力。TICAD不仅是为了非洲发展的多方合作机制，而且已经成为日本外交实践的舞台。TICAD在日本外交战略转变中的作用更加重要。

一　世界新格局下日本外交大战略的转变

2006年7月，安倍晋三为参选自民党总裁在《文艺春秋》上发表了《迈向美丽国家》的文章，9月，又根据此篇文章的中心思想以"美丽国家——日本"为题发表了政策报告。

安倍晋三首次当选内阁总理大臣之后，在国会众议院第一次发表执政方针演说时向全体国民和国际社会展示了构成"美丽国家——日本"的四个核心部分，指出："我所追求的国家目标是一个充满活力、机会、和蔼并重视自律精神的面向世界开放的'美丽国家——日本'。这个美丽的国家应向世人展现出以下姿态。第一，重视文化、传统、自然和历史的国家；第二，以自由社会为基础知晓规律凛然而作的国家；第三，面向未来拥有持续成长能量的国家;第四,被世界信任、尊敬、喜爱、有领导能力的国家。"①

从1982年,中曾根康弘时代提出的"为了成为世界各国值得信赖的国家,必须开展与我国国力国情相适应的更加积极的自主外交"②,到2006年的安倍晋三时代提出的"被世界信任、尊敬、喜爱、有领导能力的国家",经过20多年的外交努力,特别是通过TICAD的成功实践,日本外交的总体战略已经有意识地从"自主外交"向"有领导能力"的"引领外交"方向转变。日本所追求的"引领外交"的作用具有率先推动或主导推进的性质。

对日本而言,推进"自主外交"与"引领外交"的大前提是坚持"日美同盟",也即在"日美同盟"的基础上推进"自主外交"与"引领外交"。2006年以来日本外交提出每年度核心任务中的第一条就是继续坚持"日美同盟",即使在2006年之前没有明确外交核心任务的时期,保持和强化对美关系也是日本外交的首要任务。今后,日美同盟关系始终是日本对外关系中最重要与最核心的部分。日本在坚持"日美同盟"的前提下推进"引领外交",并不是将日本的外交置于对美依从的地位,不是要完全唯美国的意志追随美国的行动,日本谋求的是在日美同盟中坚持与美国平等的地位,通过积极的对美协调来实现"引领外交"。这样一个外交策略日本已经通过推进TICAD实现"自主外交"得到了实践的验证。日本会将"自主外交"的实践经验如法炮制地运用于"引领外交"的努力当中。

日本进行外交战略调整并提出"引领外交"是应对国际社会形势变化以及谋求"政治性大国"自身需求的反映。内阁官房副长官候补兼国家安全保障局次长的兼原信克曾经指出:"日本必须从以被动和平主义为特征的战略转为积极的和平主义……日本必须从经济超级大国转型为政治超级大国以获得世界上其他国家的尊重,而且日本必须有自己的条件,并按照自己的节奏进行这样的转型。"③ 所谓积极的和平主义就是要在决定国际社

---

① 内阁总理大臣安倍晋三在第165回国会众议院上所做的施政方针演说,2006年9月29日。
② 外务省『外交青书(1983)』第一部分"总说"中第一章"我が外交的基本的课题"。
③ [美]理查德·塞缪尔斯:《日本大战略与东亚的未来》,刘铁娃译,上海人民出版社2010年版,第250页。

会秩序的领导性集团中拥有一席之地,并能够在政治决策方面发挥主导性作用。日本绝大多数外交决策者"希望日本成为'负责任的国家',而不仅仅是'正常的'国家。日本已经从'热爱和平'的国家转变为'支持和平'的国家,但是如今如果日本想要在世界事务中找到自己的恰当位置,它必须成为一个'缔造和平'的国家。"① 这些外交决策者的建议和主张对日本政治领导人的外交思想产生了影响进而决定了日本外交战略的核心内容。日本希望通过改变在国际社会中的角色实现充当国际社会引领者的作用。

2012年12月,安倍晋三再次就任内阁总理大臣之后,日本外务省在2014年到2019年连续6年的《外交蓝皮书》中以"日本外交的战略展开"为题提出:"日本在全力增进国家利益的同时,也在积极地致力于解决全球性规模的问题。迄今为止的外交努力提高了日本在国际社会的存在感以及扩大了合作网络的空间。今后,日本应从基于国际协调主义的'积极和平主义'的立场出发,必须为确保国际社会的和平、稳定与繁荣做出更加积极的贡献。""由普世价值支撑的安定与繁荣的国际秩序受到各种各样的挑战时,日本在谋求与各国合作的同时,必须发挥比以往更大的责任和作用。"② 日本《外交蓝皮书》中所言明的"更加积极的贡献"以及"更大的责任和作用"都充分表明了日本"引领外交"的态度与决心。

表7-10的数据显示,2013—2018年,日本内阁总理大臣和外务大臣各年度的出访次数和出访国家明显增加。日本日益活跃的外交活动与"更加积极的贡献"以及"更大的责任和作用"不无关系,体现了为积极推动"引领外交"所做出的努力。

表7-10　2013年之后内阁总理大臣以及外务大臣各年度出访情况

(单位:次,个)

年份	2013	2014	2015	2016	2017	2018
总理大臣安倍晋三出访次数	16	28	39	51	60	73

---

① [美]理查德·塞缪尔斯:《日本大战略与东亚的未来》,刘铁娃译,上海人民出版社2010年版,第250—251页。

② 外務省『外交青書』2014—2019年各年度第一章"日本外交の展開"。

续表

年份	2013	2014	2015	2016	2017	2018
出访国家	31	54	63	66	76	78
外务大臣出访次数	16	29	42	55	73	45
出访国家	25	35	42	49	62	63

注：年度数据为显示的年度到第二年1月底或2月底期间的数据。

资料来源：外务省《外交蓝皮书》（2014—2019年版）。

在国际社会，当一些国际舆论界甚至是国际学界还沉浸在被日美同盟掩盖的"日本完全追随美国"以及"日本完全依从美国"等看法当中时，日本的"引领外交"就如同20多年前不露声色地推进"自主外交"那样已经悄然上路了，并且这种"引领外交"将会与修改宪法以及创建自主防卫体制进程相伴而行，相互借势不断地向前拓展推进。

在日本国内，日本政府为赢得国民对"引领外交"的认同和支持，已经开始通过各种方式向国民宣介和力推日本在国际社会中的应有地位和作用。如果说"自主外交"的主张还多少体现了一些民族主义意味，容易引起国民对日本战前退出国联时主张"自主外交"的联想而产生争议的话，那么提高日本国际地位和作用的"引领外交"已经基本上没有了这种障碍而更加适合国民的心理，并也都满足了左右势力的政策主张。

当今国际社会政治、经济、社会全面动荡，全球性规模问题困扰着每一个国家。在全球化与反全球化两股势力的较量和角逐中，各种思潮泛起并交织缠斗在一起。自由主义与民族主义、精英主义与民粹主义等在全世界范围内相互碰撞，旧有的势力格局和社会秩序面临严重的挑战，经济全球化受到冲击，面临新的定位和调整。全球正处在风云变幻最激荡的时代。在这种大背景下，世界第三大经济体的日本不甘于在应对和处理国际事务中处于被动的地位，因时而变随事而制地谋求外交战略的转变，期望着在联合国行动、G7、G20以及其他国际场合中发挥强有力的作用。日本提出并推动"引领外交"正是外交战略转变的具体实践，也是在国际社会激荡变化时力图在决定国际社会秩序的势力中迅速占位的体现。

今后，面对世界形势和格局激荡的变化，日本将在推进"引领外交"

方面一路前行。

二 "引领外交"与TICAD

TICAD是日本实现"自主外交"的路径和方式。经过20多年的努力经营，日本在TICAD框架内形成了比较高的信誉度以及政治推动力，并将凭借着信誉度和政治推动力继续通过TICAD努力实现"引领外交"。近年来，日本通过TICAD提出了"致力于解决全球性规模问题""高质量基础设施输出战略""自由开放的印度洋—太平洋战略"等外交概念和主张，并极力将这些外交概念和主张推广到国际社会。

(一) 致力于解决全球性规模问题

"致力于解决全球性规模问题"始终是日本在最初推动和持续推进TICAD时的主张。"致力于解决全球性规模问题"的设想源于20世纪70年代国际社会普遍关注和谈论的全球环境问题。1992年6月巴西里约热内卢联合国环境与发展大会上将环境、经济与社会作为可持续发展的三大要素。此后，日本根据自身20世纪60年代经济快速发展时出现的环境污染教训，提出了化解经济发展与环境污染之间的矛盾以及通过治理贫困解决环境问题的设想，形成了初步的"致力于解决全球性规模问题"框架。

20世纪90年代之后，国际社会由于没能及时解决经济全球化带来的负面问题，以及从这一时期开始频发的世界局部战争、难民问题、恐怖活动、有组织犯罪活动、粮食问题、人口问题、灾害问题以及传染病问题等一系列全球性规模问题。日本将上述这些问题整合之后，提出了"致力于解决全球性规模问题"的外交构想。联合国在2000年9月提出千年发展目标（MDGs）以及2015年9月提出可持续发展目标（SDGs）之后，日本将其内容纳入"解决全球性规模问题"当中。

日本不断地通过G7、G20、可持续发展世界首脑会议、世界水论坛、联合国世界减灾大会、联合国大会、安理会、TICAD等国际场合持续推广"致力于解决全球性规模问题"的外交构想。日本分别在不同的国际场合提出各不相同的具体的"致力于解决全球性规模问题"的主题。例如，针对人类卫生与发展问题，1994年日本提出人口增长与防治艾滋病设想，1998年提出预防寄生虫病设想。沿着这些卫生领域全球规模问题的主线，

2000年7月的G8九州·冲绳峰会，日本首次将防治传染病问题纳入G8峰会重点讨论议题，率先提出了国际社会开展合作在全球范围内共同解决传染性疾病的构想。之后日本在2008年G8北海道洞爷湖峰会上提出了完善医疗卫生体系预防传染病的构想，在2016年G7伊势志摩峰会上提出了强化国际社会紧急处置传染病等公共卫生事件能力的构想。

根据上述外交构想，日本与美国政府之间的"美日合作医学计划"（USJCMSP）、外务省和厚生劳动省与联合国计划开发署以及美国比尔盖茨基金会和惠普基金会等NGO共同主办的"全球卫生创新技术基金"（GHIT）、日本与14个国家的科研机构共同参与的"E-ASIA联合研究计划"（JRP）、日美两国智库之间的日本国际交流中心（JCIE）与美国国际战略研究中心（CSIS）和美国国家医学院（NAM）共同主办的"全球卫生对话"都将预防和紧急处置传染性疾病纳入重点工作领域。日本在呼吁和动员国际社会防治及紧急处置传染病问题上起到了率先推动作用。

由于受制于经济和社会发展水平，非洲地区防控和治疗传染性疾病的能力有限，日本将防治艾滋病、结核病、疟疾等传染病对策纳入TICAD行动计划之中，通过解决非洲国家面临的医疗卫生等问题来减轻全球性规模问题。根据TICAD行动计划，当非洲一些国家暴发埃博拉病毒疫情时，日本通过启动防治及紧急处置传染病项目为处置埃博拉病毒疫情提供了援助。"引领外交"下的TICAD在防治及紧急处置传染病方面对"致力于解决全球性规模问题"做出了贡献。另外，在处理难民、粮食危机、自然灾害以及反恐等全球性规模问题方面，日本在TICAD中也起到了"引领外交"的作用。全球性规模问题是国际社会共同面临并下大力气要解决的问题，也是联合国可持续发展目标（SDGs）的重要内容，今后为了积极推进"引领外交"，日本会在TICAD框架下更加致力于解决全球性规模问题。

（二）高质量基础设施输出战略

"高质量基础设施输出战略"是2013年以来日本为实现经济复兴下大力气推进的经济方策。内阁府还特别设立"经协基础设施战略会议"统合各个政府机构协调开展针对海外的基础设施建设事业。日本在自身拓展海外基础设施建设事业的同时，还积极努力将"高质量基础设施输出战略"

融合到国际社会的经济发展当中。

2015年9月,联合国提出"可持续发展的2030议程",其中的第九项可持续发展目标(SDGs-9)就是"构筑强劲的基础设施建设"[①],日本对此留意并加速推进"高质量基础设施输出战略"与国际社会的融合。2015年11月的G20土耳其安塔利亚峰会上,全会讨论日本经济成长战略的同时,时任内阁总理大臣安倍晋三在大会上向全体与会国家介绍了同年5月日本推出的"高质量基础设施建设伙伴计划",表明日本加大了对海外基础设施建设事业的投资。2016年5月,在G7伊势志摩峰会上,通过了《为推进高质量基础设施建设的G7伊势志摩原则》,"高质量基础设施输出战略"与国际社会经济发展实现了融合。同年8月的TICAD 6以及9月的G20杭州峰会上,日本介绍了日本经济成长战略以及"高质量基础设施输出战略",这两个会议的宣言都着重强调了高质量基础设施建设的重要性。日本将"高质量基础设施输出战略"从G7拓展到G20和TICAD。

此后在经济合作与发展组织巴黎会议、联合国"推进高质量基础设施建设"专题活动、东亚国家首脑会议、东盟十国加中日韩三国首脑会议、亚太经济合作组织APEC首脑会议、G20大阪峰会、TICAD 7大会上,日本都继续推介"高质量基础设施输出战略"。特别是日本第一次作为G20主席国,在G20大阪峰会上主持通过了"高质量基础设施建设的G20原则",强调以开发性、透明性、经济性以及可持续债务能力为原则,国际社会齐心协力共同合作在全球领域拓展高质量基础设施建设事业。日本成功地将本国的"高质量基础设施输出战略"与国际社会的经济发展融合在一起。日本将非洲大陆作为实施"高质量基础设施输出战略"的重点区域,在TICAD框架下主导推进基础设施建设项目。

"引领外交"体现的主导性还意味着TICAD框架下日本在非洲开展基础设施建设事业要保持竞争优势。日本在主导TICAD基础设施建设项目时,十分留意非洲地区的中国因素。面对中国等国家在非洲地区蓬勃发展的事业,日本决心通过政府与企业合作的方式强化日本的竞争力。

---

① 第70届联合国大会采纳通过的《改变我们的世界:为实现可持续发展的2030议程》(日文版),https://www.mofa.go.jp/mofaj/gaiko/oda/files/000101402.pdf,2015年9月25日。

2016年7月,首相官邸召开第25次"经协基础设施战略会议"专门讨论TICAD框架下日本针对非洲地区拓展基础设施建设事业的问题,明确指出:"虽然在非洲的日本企业面临着与以中国为首的各国日益激烈的竞争,但是通过最大限度地宣传我国高质量基础设施建设的长期优势,在实现差别化的过程中推进政府与企业合作,官民一体携手赢得竞争是非常重要的事情。"① 国土交通省在海外基础设施建设事业报告中针对非洲地区特别突出重点,提出要"重视非洲丰富的资源"与"以中国为竞争意识"②。

在提高竞争力的意识下,日本政府设置"经协基础设施战略会议"以及驻外大使馆的基础设施工程专门官,日本企业界以"推进高品质基础设施投资领导机制"为目的成立非洲基础设施协议会(JAIDA),官民一体的合作机制基本形成。日本在强化竞争力的同时,为避免竞争造成的损失也在寻求与竞争国家形成竞合关系。2018年开始,日本强调与竞争国家开展"第三方市场合作"。G20大阪峰会前夕,日本国土交通省发表《基础设施建设体系海外展开行动计划2019》报告,指出:"针对G20大阪峰会,在形成高质量基础设施建设投资原则方面,日本作为G20主席国起到了引领作用。同时,日本与美国、英国、法国、欧盟、印度以及中国携手在印太地区开展包括基础设施建设在内的'第三方市场合作'已经开始。"③ 在此背景下,日本与中国签署了《关于中日第三方市场合作的备忘录》,共同举办了"中日第三方市场合作论坛"。日本与美国共同举办了日美基础设施论坛力图促成合作伙伴关系。2019年1月,日本与土耳其决定在非洲、中东和中亚地区合作开展基础设施建设事业,并在坦桑尼亚和肯尼亚的相关事业中开始携手。

TICAD是由日本主导的对非洲援助机制,基础设施建设是TICAD的重点领域。日本在积极力推"引领外交"的前提下,如何处理好竞争与竞合关系,在TICAD行动计划中真正落实"第三方市场合作"对日本来说是

---

① 第25回経にフラ戦略会議議事次第『第6回アフリカ開発会議(TICAD VI)と今後のアフリカ支援策』, https://www.kantei.go.jp/jp/singi/keikyou/dai25/siryou1.pdf, 2016年7月27日。
② 国土交通省:『建設企業の海外展開』, http://www.mlit.go.jp/common/001187356.pdf。
③ 国土交通省:『国土交通省インフラシステム海外展開行動計画2019』, http://www.mlit.go.jp/common/001284623.pdf。

一个考验。

（三）自由开放的印度洋—太平洋战略

"自由开放的印度洋—太平洋战略"是 2016 年 8 月安倍晋三在 TICAD 6 大会上提出的主张，提出："为了保障印太地区的和平给所有域内国家带来安定与繁荣，将重视东盟的中心性和印太的整体性，以包容和透明的方式通过遵守规则确保国际秩序，将自由开放的印度洋—太平洋地区发展成为'国际公共财产'。"①

外务省具体阐述了支撑"自由开放的印度洋—太平洋战略"的三个核心支柱。第一，普及和巩固遵循国际法、航行自由、自由贸易等基本价值。日本与承认上述基本原则和持有共同理念的国家展开合作，并通过国际场合以及媒体对上述基本原则和共同理念进行战略性推广。第二，追求经济的繁荣。对自由开放的印太区域，日本通过高质量基础设施建设进行物理性联结，通过人才培育进行人与人的联结，通过贸易通关的快捷化进行制度性联结，并且强化经济伙伴关系以及完善营商和投资环境。第三，确保和平与安定。日本通过强化海上执法能力和掌握海上动态能力以及培育相关人才对印太区域沿岸国家进行支援，并且在人道主义救援、灾害救援、防止海盗行为和恐怖活动、防止武器扩散等方面开展合作。

在"自由开放的印度洋—太平洋战略"中，日本将成长显著的亚洲和具有潜力的非洲定位为保持和巩固国际社会安定与繁荣的关键所在。日本认为"日本的经验"曾经在亚洲的发展中起到了领头雁的作用，而通过"自由开放的印度洋—太平洋战略"则可以再次起到牵引亚洲和非洲的作用。

"自由开放的印度洋—太平洋战略"是 2006 年安倍晋三第一次执政时期提出的价值观外交的翻版与扩展。2006 年 11 月，时任外交大臣麻生太郎发表题为《自由与繁荣之弧》的演讲，其主旨是日本的外交活动将围绕着基于自由、民主、基本人权、遵循国际法和市场经济等所谓普世价值展开。日本通过对新兴民主国家提供民主化支援和经济援助，在东欧和巴尔

---

① 外務省：『自由で開かれたインド太平洋』，https://www.mofa.go.jp/mofaj/files/000430631.pdf。

干地区、中亚地区、南亚次大陆到东南亚的欧亚大陆区域范围内形成"自由与繁荣之弧"。但这样的以意识形态为标准的"价值观外交"随着2007年9月安倍晋三辞任而终止。

2012年12月，安倍晋三再次就任内阁总理大臣之后重新拾起"价值观外交"，在访问越南等东南亚三国时提出日本与东盟国家一起扩大和巩固自由民主和基本人权等普世价值、实现不凭借武力并遵循法治的治理、让自由开放的海洋成为公共财产、欢迎美国重视亚洲的姿态、通过经济合作促进贸易和投资实现日本经济复兴以及东盟各国的共同繁荣、保存亚洲多样性文化和传统、促进青年人交流。扩大和巩固自由民主和基本人权成为日本外交的核心内容。

但是即使从日本认可的《经济学人》民主化指数来看，日本也被列为有缺陷的民主国家。自身有缺陷的民主国家提出自由民主和基本人权的"价值观外交"不禁让国际社会以及日本政界、经济界一些人士对安倍晋三提出"价值观外交"的动机目的产生了强烈的怀疑。同时，美国特朗普执政之后提出"让美国再次伟大"的口号强调美国利益优先的理念。为此，安倍晋三不得不在外交政策中淡化了"价值观"色彩开始转向强调"国家利益"。2016年8月，安倍晋三在TICAD 6内罗毕大会上提出的"自由开放的印度洋—太平洋战略"刻意去掉了自由民主和基本人权等提法，而保留了不凭借武力并遵循法治的治理、自由开放的海洋与航行自由、自由贸易和市场经济、加大基础设施建设等内容，并强调重视东盟的中心性和印太的整体性。

从"自由与繁荣之弧"的"价值观外交"到"自由开放的印度洋—太平洋战略"，日本的动机和目的是企图通过援助等手段笼络东南亚、南亚和非洲国家形成防范和抗衡中国的势力圈。在"自由与繁荣之弧"的"价值观外交"失败之后，日本依然没有放弃防范和抗衡中国的念头，力图通过TICAD实现"自由开放的印度洋—太平洋战略"。美国接盘"自由开放的印度洋—太平洋战略"之后，2018年开始日本将"自由开放的印度洋—太平洋战略"列为外交核心任务，并在TICAD 7《横滨宣言2019》中加进了"自由开放的印度洋—太平洋战略"。今后，日本在TICAD的框架下将通过开展具体的活动来推进"自由开放的印度洋—太平洋战略"。

20多年来，TICAD已经成为日本规模最大的重要外交活动，为日本实现"自主外交"做出了积极贡献，今后也还将在"引领外交"方面继续发挥作用。只要TICAD还能帮助日本拓展外交空间，日本就不会停止推进TICAD进程的脚步。

参考文献

中文参考文献

［美］巴弗尔·安科曼：《90年代：非洲的转折点》，陈宗德译，《国际经济评论》1990年第9期。

崔戈：《美国非洲战略在国家安全战略中地位的演变》，《亚非纵横》2014年第1期。

贺文萍：《非洲军事政变：老问题引发新关注》，《西亚非洲》2005年第3期。

［美］杰弗里·里夫布维尔：《冷战时期及冷战后的莫斯科对非洲政策》，朱静芳、赵巍译，《西亚非洲》1998年第3期。

梁根成：《美国对非洲的政策（第二次世界大战结束到50年代后期）》，《西亚非洲》1986年第1期。

梁根成：《美国同苏联争夺加纳和几内亚（五十年代后期至六十年代中期）》，《国际政治研究》1989年第3期。

王延庆、姬庆红：《20世纪50年代美国非洲政策述论》，《史学集刊》2010年第5期。

许亮：《美国援助非洲政策评析》，《西亚非洲》2010年第7期。

易文：《非洲国家军事政变简况表》，《西亚非洲》1982年第3期。

［澳］加文·麦考马克：《附庸国：美国怀抱中的日本》，于占杰、许春山译，社会科学文献出版社2008年版。

［法］戴高乐：《战争回忆录》，陈焕章译，中国人民大学出版社2005年版。

［美］理查德·塞缪尔斯：《日本大战略与东亚的未来》，刘铁娃译，上海

人民出版社2010年版。

［美］约翰·道尔：《拥抱战败》，胡博译，生活·读书·新知三联书店2008年版。

［日］北冈伸一：《日本政治史：外交与权力》，王保田等译，南京大学出版社2014年版。

［日］井上清：《战后日本史》，天津市历史研究所、南开大学历史系译，天津人民出版社1972年版。

［日］五百旗头真：《日美关系史》，周永生译，世界知识出版社2012年版。

［日］正村公宏：《战后日本经济政治史》，上海社会科学院世界经济研究所译，上海人民出版社1991年版。

［日］中曾根康弘：《日本：21世纪的国家战略》，联慧译，海南出版社2004年版。

日文及外文参考文献

外務省：『広報刊行物』。

外務省：『外交青書』，1957年至2019年各年度版。

外務省：『開発協力白書』，1997年至2019年各年度版。

外務省：『開発協力参考資料集』。

外務省：『TICAD報告書』各年度。

外務省：『TICAD資料集』各年度。

外務省：『日本外交年表并主要文書』，原書房出版，1965年。

外務省外交史料館：『日本外交文書』。

日本内閣官房：『国家安全保障戦略』報告書。

内閣府：『経済財政白書』，2001年至2019年各年度版。

内閣府：『年次経済報告（経済白書）』，1954年至2000年各年度版。

内閣制度百年史編纂委員会：『歴代内閣総理大臣演説集』，1985年12月。

日本防衛省防衛研究所図書館所蔵："終戦事務情報第1—2号"『降伏後二於ケル米国ノ初期ノ対日方針』。

日本国立国会図書館所藏：『アメリカの対日政策に関する勧告』，Sheet No. TRUMAN-4847。

国立公文書館所藏：『日本国との平和条約』原件，資料号00393100。

山県有朋：『日本帝国の国是及其実行の方針に付き山県総理大臣の演説』，日本帝国国会"衆議院第一回通常会議事速記録"。

アメリカ大使館：『米国の歴史と民主主義の基本文書大統領演説——上下両院合同会議でのハリー・S・トルーマン大統領の演説』。

アメリカ国家安全保障会议 NSC68 号報告，1950 年 4 月。

アメリカ国家安全委員会第 135/1（NSC135/1）号文件，1952 年 8 月。

アメリカ国家安全委員会第 6008/1（NSC6008/1）号文件，1960 年 6 月。

アメリカ国家安全決策指令（NSDD）32 号文件，1982 年 5 月。

アメリカ国家安全指令（NSD）23 号文件，1989 年 9 月。

中曽根康弘：『新しい世紀へ向かって：中曽根内閣総理大臣演説集』，1988 年 9 月。

大平正芳：『大平正芳全著作集』第 5 巻"大平総理・政策研究グループにおける発言"，講談社，2011 年 9 月。

『竹下内閣総理大臣演説集』，日本広報協会，1990 年。

『宇野内閣総理大臣演説集』，日本広報協会，1991 年。

『海部内閣総理大臣演説集』，日本広報協会，1992 年。

『宮沢内閣総理大臣演説集』，日本広報協会，1994 年。

『村山内閣総理大臣演説集』，日本広報協会，1998 年。

『橋本内閣総理大臣演説集』，日本広報協会，2001 年。

『小渕内閣総理大臣演説集』，日本広報協会，2003 年。

『森内閣総理大臣演説集』，内閣官房，2005 年。

『小泉内閣総理大臣演説集』，内閣官房，2009 年。

『安倍内閣総理大臣演説集』，内閣官房，2010 年。

早稲田大学所藏：『御宸翰之御写』（藏号：02 04867 0077）。

西川如見：『増補華夷通商考』（第 4 編），国立国会図書館所藏図書。

高嶋久也：『欧西紀行』（巻六）、政教社編集『日本人』第 3 次第 34 号。

尾佐竹猛所著：『夷狄の国へ：幕末遣外使節物語』。

神戸大学図書館所藏：『国民新聞』，1934年2月11日。

神戸大学図書館所藏：『時事新報』，1934年12月29日。

アジア経済研究所、中国社会科学院など：『成長するアフリカ：日本と中国の視点』，2007年9月。

日本大学、北京大学：『日中両国の対アフリカ政策の比較』，日本大学2010年度人文科学研究所共同研究報告，2010年。

田中明彦：『アフリカの可能性と課題——TICAD Vに向けて‐』，国際協力機構，2013年5月。

国際協力事業団国際協力総合研修所：『サブサハラ・アフリカにおける貿易政策改革：貧困削減への取り組みにおける開発援助への有効性』，2002年3月。

神和住愛子：『中国の対アフリカ政策と貿易投資』，アジア経済研究所，2006年。

神和住愛子：『アフリカに進出する中国企業』，アジア経済研究所，2006年12月。

山形辰史、高橋基樹：『トップ・ドナーからスマート・ドナーへ：民主党政権のODA政策に対する提言』，アジア経済研究所，2010年12月。

高橋基樹：『TICADの変遷と世界：アフリカ開発における日本の役割を再考する』，アジア経済研究所，2010年。

岸真由美：『アフリカの農業農村農民』，アジア経済研究所，2015年8月。

岸真由美：『「アフリカレポート」で読むアフリカの選挙』，アジア経済研究所，2016年8月。

岸真由美：『アフリカ開発会議（TICAD）の四半世紀を振り返る——「アフリカレポート」掲載記事から』，アジア経済研究所，2016年10月。

小野充人：『アフリカ開発の現状と課題』，国際貿易投資研究所，2001年。

植田大祐：『開発援助の経済効果をめぐる諸論点』，国立国会図書館調査及び立法考査局レファレンス，2009年1月。

公益社団法人経済同友会：『TICADプロセスの進化により、アフリカのパートナーとしての日本の存在感の可視化を』，経済同友会の提言，2016年6月。

平野克己：『アフリカ経済の現状と日本の対応』，経済産業研究所，2014年2月。

酒向浩二：『アフリカ重視を続ける中国：積極的な資源輸入とインフラ開発支援で関係強化』，みずほ総合研究所，2014年3月。

白戸圭一：『サブサハラ・アフリカの課題と日本』，三井物産戦略研究所，2016年10月。

岡田康夫：『サブサハラ・アフリカの成長とともに：日本とのビジネスをつなぐ視点』，プライスウォーターハウスクーパース株式会社，2014年9月。

二村伸：『影響力増す中国，日本のアフリカ戦略は』，NHK，2018年10月4日。

FNN：『最後のフロンティアに世界が熱い視線：中国に対抗する日本の戦略は』，FNN，2019年8月29日。

比嘉陽子：『アフリカを席巻する中国：新植民地主義の台頭』，ジャパン・インデプス（japan-indepth），2016年2月21日。

Panos Mourdoukoutas：『アフリカを"植民地化"する中国、本当の狙いは何か』，福布斯日本版，2018年8月8日。

Panos Mourdoukoutas：『日本がアフリカで進む「中国支配」を阻止できない理由』，福布斯日本版，2019年9月11日。

独立行政法人"石油天然ガス金属鉱物資源機構"（JOGMEC）：『銅貿易の歴史』，2006年8月。

経済産業省：『アフリカの鉱物資源の重要性と我が国の取組み』，2009年10月。

浦野起央編：『資料体系アジア・アフリカ国際関係政治社会史』第5巻第2分册"ソ連のアジア・アフリカへの関与"，パピルス出版，1983年1月。

木村俊夫：『対談：木村外務大臣のアフリカ歴訪』，日本アフリカ協会編

『月刊アフリカ』，1975年2月号。

林晃史編：『冷戦後の国際社会とアフリカ』，アジア経済出版会，1996年3月。

吉田栄一：『アフリカに吹く中国の嵐、アジアの旋風——途上国間競争にさらされる地域産業－』，アジア経済研究所，2007年。

吉田栄一：『アフリカ開発援助の新課題——アフリカ開発会議TICAD IVと北海道洞爺湖サミット』，日本貿易振興機構，2008年。

楠原彰：『アパルトヘイトと日本』，亜紀書房，1988年6月。

牧野久美子：『反アパルトヘイト国際連帯運動の研究：日本の事例を中心として』，2017年。

太田牛一：『信長公記』（巻下），東京甫喜山景雄出版，1881年。

ジョアン・ロドリーゲス（Joao Rodriguez）：『日本教会史』，大航海時代叢書第9巻，岩波書店出版，1967年

フランソワ・ソリエ（Francois Solier）：『Histoire Ecclesiastique Des Isles Et Royaumes Du Japon』，1627年。

大蔵省財政史室編：『昭和財政史——終戦から講和まで－』（第19巻統計），1978年，東洋経済新報社。

独立行政法人国際協力機構編纂委員会：『国際協力機構史（1999—2018）』，2019年3月。

国際協力事業団編纂委員会：『国際協力事業団25年史』，1999年8月。

海外経済協力基金史編纂委員会：『海外経済協力基金30年史』，1992年8月。

国際協力銀行編纂委員会：『海外経済協力基金40年史』，2003年3月。

シュレジンガー：『ケネディ——栄光と苦悩の一千日』，中屋健一訳，河出書房，1966年。

obert I. Rotberg, "The Clinton Administration and Africa", *Current History*, Vol. 92, No. 574, May 1993.

Paul Bennell, "British Industrial Investment in Sub-Sharan Africa: Corporate Response to Economic Crisis in the 1980s", *Development Policy Review*, Vol. 8, 1990.